AF552269

Über dem Luftmeer

MARTIN BURCKHARDT

Über dem Luftmeer

Vom Unbehagen in der Moderne

Psychologie der Maschine I

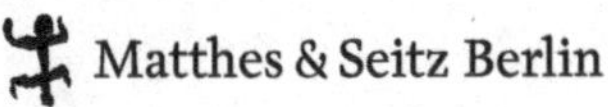
Matthes & Seitz Berlin

Einleitung

Denken Sie sich die Luft weg.

Galileo Galilei, *Dialog über die beiden hauptsächlichsten Weltsysteme*

Wenn Totgesagte länger leben, so deswegen, weil die Rede über die Welt nicht mit der Welt deckungsgleich sein muss, ja weil das Totsagen, wie der Traum auch, eine Form des Wunschdenkens ist. Sigmund Freud hat diesen Zusammenhang auf überaus lakonische Weise festgehalten: Habe sich nach seinen Vorträgen ein Schweigen eingestellt, als habe er an den »Schlaf der Welt« gerührt, habe man später die Ausbreitung des psychoanalytischen Denkens nach Leibeskräften negiert – was Freud als Zeichen zunehmender Vitalität verzeichnete: »Totgesagt war doch ein Fortschritt gegen Totgeschwiegen!«[1]

Dieser Logik zufolge wäre auch die totgesagte, ins Postmoderne hinübergerutschte Moderne vitaler denn je. Denn wie häufig ist schon ihr Ende ausgerufen worden! Bereits im Jahr 1944 schrieben Adorno und Horkheimer, in der Antizipation des Atompilzes, die folgende Zeile: »Aber die vollends aufgeklärte Erde strahlt im Zeichen triumphalen Unheils.«[2] Waren mit der Atomspaltung Religion und materielle Welt zertrümmert, so war mit dem Holocaust auch der Glaube an die Menschheit Geschichte, mehr noch: das Vertrauen in jeglichen Fortschritt verloren. Mit dem Sturz in die Nachgeschichte erscheint die Moderne als eine Art Schattenreich.[3] Trotzdem sollte das Vertrauen in die Moderne in der Nachkriegszeit einen überraschenden Aufschwung erleben – eine Zeit des Atemholens zumindest. Im Laufe der Sechziger- und Siebzigerjahre jedoch wurden Stimmen laut, die mit dem Übergang in die postindustrielle und postmaterialistisch atomisierte Gesellschaft das Thema erneut aufgriffen.[4]

In Anbetracht dieser Vorgeschichte ist Lyotards Diagnose vom Ende der großen Erzählungen keine einschneidende Geste, vielmehr eine Rede am offenen Grab. Zwar ist seit der Ausrufung der Postmoderne bald ein halbes Jahrhundert vergangen, jedoch ist nicht einmal in Ansätzen sichtbar, was der Moderne nachfolgen könnte. Es scheint, als ob der Moderne das Schicksal eines Serienhelden bevorsteht, der, kaum dass man ihn glücklich aus der Welt rauskatapultiert hat, in neuer Gestalt wiederauftreten muss. Und weil diese postheroischen Wiedergänger zunehmend finster ausschauen, drängt sich der Eindruck auf, als stünde man einer Zombiegestalt gegenüber.[5]

Konnten sich Adorno und Horkheimer noch der Ahnung nahenden Unheils hingeben, beschreibt die Gedankenfigur des *Anthropozäns* eine Form des Futur II, genauer: eine Zukunft, die längst schon Vergangenheit ist. Dabei wird der erdgeschichtliche Auftritt des Weltzerstörers auf das Jahr 1784 angesetzt und mit der Erfindung der Dampfmaschine verknüpft.[6] Kippt hier das Unbehagen an der Moderne in eine Form des Millenarismus hinüber, ist diese apokalyptische Geistesaustreibung zu einem regelrechten Schlachtgesang angeschwollen. Gewissermaßen erscheint das System als symbolische Zwangsjacke, die ihre Insassen einhüllt und nicht mehr in die Freiheit entlassen will. Als hätte sich das helle Licht der Aufklärung in eine schwarze Sonne, eine menschengemachte Finsternis verwandelt, erhebt das Monster einer weltlichen Apokalypse sein Haupt.

*

Das Gefühl, in einer Untergangskultur zu leben, ist so groß, dass fast alle gegenwärtigen Zeitstrebungen mit dem Präfix des *Post* ausgestattet werden. Konnte der Postmaterialismus, von der Digitalisierung befördert, der Angestelltenkultur noch ein papierloses Büro in Aussicht stellen, lässt die postnationale, postdemokratische, postfaktische Trias keinen Zweifel daran, dass das moderne Selbstverständnis in einen Dämmerzustand, ja eine tiefe Depression verfallen ist. Weil das eigene Haus, wie in dem Film *The Omega Man*, von eine Zombiearmee belagert scheint, hat die zurückgebliebenen Einwohner das übermächtige Gefühl der Oikophobie[7] erfasst. Es scheint nur mehr darum zu gehen, die passende Exit-Strategie zu finden. Aber da jeder Ausweg verstellt scheint, bleibt als einziger Fluchtweg die Apokalypse. Wenn es einfacher ist, »sich das Ende der Welt vorzustellen als das Ende des Kapitalismus«,[8] geht mit diesem Offenbarungseid der Einbildungskraft das bittere Eingeständnis einher: So wenig Zukunft war nie!

In schärfstem Kontrast zu den Untergangsfantasien, die seit den Siebzigerjahren die Köpfe beherrschen, steht der Umstand, dass die Moderne, als technologische Entwicklung begriffen, sich nicht die geringsten Ermüdungserscheinungen anmerken lässt – ja dass sie sich auf eine Weise entfesselt, welche noch ihre leidenschaftlichsten Apologeten in Staunen versetzt hätte. Denn während sich im Psychologischen eine Zukunftsverzagtheit hat herausbilden können, erlebt die Gesellschaft technologisch eine grundstürzende Modernisierung. Ist das 19. Jahrhundert mit Eisenbahn und Telegrafie in den Geschwindigkeitsraum der Moderne eingetreten,[9] hat die Digitalisierung die Welt in den Zustand des Instant Karma überführt: in das *anything, anytime, anywhere* der globalen Echtzeitkommunikation. Von daher ließe sich mit Fug und Recht behaupten, dass die Moderne nicht vorüber ist, im Gegenteil, dass sie erst im Begriff ist, hochzufahren und zu ihrer Betriebstemperatur zu finden. Die Frage stellt sich: Wie konnte man sich zu der verwegenen Behauptung versteigen, dass die Moderne vorüber ist? Und: Wäre es möglich, dass dieses Totsagen nichts anderes ist als der Beweis unerschütterlicher Vitalität?

*

Die einzig plausible Antwort auf diese Fragen besteht in der Hypothese, dass die großen Erzählungen, die man sich über die Moderne erzählt hat, die falschen gewesen sein müssen, ja dass sich die Moderne auf denkwürdige Weise selbst missverstanden hat. Man könnte sogar einen Schritt weiter gehen und die Frage stellen, ob dieses Verkennen nicht ein verlässlicher Begleiter der Moderne ist, ihre Zwillingsgestalt geradezu. Bezeichnenderweise ist nämlich das Schreckbild der triumphierenden Moderne (in Form der Digitalisierung) keineswegs ein Produkt unserer Zeit, sondern nimmt seinen Ausgang bereits im 17., machtvoller noch im 18. Jahrhundert.[10] Offenbar ist im Bauch der Moderne ein Monster herangereift, ein gesellschaftliches Unbewusstes, das sich peu à peu den Lebensverhältnissen eingeschrieben, das Denken formatiert und die Verhältnisse, im Wortsinn, auf den Kopf gestellt hat. Dass man ernsthaft von einem *Digital Native* sprechen kann, ist das Resultat dieses Wandels, ebenso wie es Ausdruck einer Begriffslosigkeit ist, wenn nicht gar einer flagranten Illiteralität. Denn wenn dieser Geisteskontinent nicht ebenso unversehens, wie die Insel Atlantis versunken ist, aus den Tiefen des Meeres aufgetaucht sein sollte, woher kommt er dann? Und worin bestehen seine geistigen Wurzeln?

Insofern diese Fragen weitgehend unbeantwortet geblieben sind, tut sich eine Leerstelle auf: die große Erzählung, die *nicht* erzählt worden ist. Tatsächlich überträgt sich das Paradox des totgesagten, gleichwohl quicklebendigen Monsters auch auf das Verhalten der Menschen. Denn die Bewohner dieses Kontinents, die sich als konsumistische Internationale aller digitalen Segnungen erfreuen, sind vor allem darauf erpicht, sich ihre Zumutungen vom Leib zu halten – dort jedenfalls, wo sie mit Kosten und Mühen verbunden sind. Folglich nehmen sie, wie die Apokalyptiker, Zuflucht zu einer Strategie des *katechon*, und diese gebärdet sich, je nachdem, als Entschleunigungs- oder als Entgiftungsmaßnahme: *digital detox*. Ex negativo ist damit das moderne Gesellschaftstriebwerk benannt. Und wie Freud uns gelehrt hat, ist das Totsagen ein Fortschritt. Die Welt scheint aus ihrem Schlaf aufgeschreckt.

*

Ist von einem Unbehagen in der Moderne die Rede, ist die Erinnerung an Sigmund Freuds *Das Unbehagen in der Kultur* nicht fern – und diese Doppelbelichtung wiederum gibt Anlass, das Verbindende wie das Trennende deutlich zu machen. Der Grundkonflikt, den Freud in diesem Werk zeichnet, läuft zwischen Trieb und Kultur – und das Unbehagen, das Freud zufolge den Zivilisierten ergreift, hat damit zu tun, dass der Kultivierungsprozess mit einem Triebverzicht, ja einer Form der *Kulturversagung* einhergeht.[11] Aus der Freud'schen Warte betrachtet, kann jede Kultur nur ein Schattenreich ursprünglicher, mächtiger Strebungen sein, eine platonische Höhe, die ihren Insassen bloß das Schattenspiel jener schwarzen Sonne zuteilwerden lässt, die am Anfang allen Gesellschaftslebens steht: der Libido.[12]

Insofern diese Gedankenlinie eine unwandelbare, dunkle und per se ahistorische Triebstruktur voraussetzt, ist Freuds psychischer Apparat, seinem Namen zum Trotz, keine kulturelle Errungenschaft, sondern ein Residual der Urzeit. Und in dieser Dunkelzone wiederum tobt sich aus, was Freud die *Urhorde in uns* getauft hat. In Anbetracht dieser Tatsache läuft der Umstand, dass Freud mit dem Apparate-Begriff eine technische Konnotation durchklingen lässt, nachgerade auf eine Irreführung hinaus. Denn hier werden Apparat und Unbewusstes, Maschine und Natur als ein und dasselbe gedacht. Zudem widerspricht diese Gleichsetzung der Vorgeschichte des Apparates, den Freud als neuronale, elektromagnetische Maschine konzipiert hat – weswegen Begriffe wie *libidinöse Ladung*, *Affektentladung* etc. einen selbstverständlichen Platz in seinem Denken besitzen, während die Urhorde, ebenso wie die Urszenen, diesen Apparat erst in einem relativ späten Stadium besiedeln.[13]

Diese Vorgeschichte, die man ebenso gut als ein *Unbewusstes des Unbewussten* auffassen kann, wird uns im Folgenden noch häufiger beschäftigen – und sie wird auf eine Gedankenfigur hinweisen, mit der ein anderes, sehr viel geschichtsmächtigeres Modell des Unbewussten verknüpft ist: das Gesellschaftstriebwerk. Schon der Name verrät, dass man es mit einem kollektiven Unbewussten zu tun hat. Das unterscheidet es vom psychischen Apparat Freud'scher Prägung, der von dezidiert individualpsychologischem Zuschnitt ist. Freud trägt dem in der Wortprägung des Über-Ich Rechnung. Diese ist, was wenig bekannt ist, die Umformulierung eines Konzeptes, das erstmals in Heinroths *Lehrbuch der Störungen des Seelenlebens oder der Seelenstörungen und ihrer Behandlungen* von 1818 erscheint, hier aber den Namen des »Über-Uns« trägt.[14] Freud übernimmt das Konzept, aber verengt es auf den Einzelnen. Damit wird das kollektive Unbewusste privatisiert und der psychische Apparat erfolgreich in der bürgerlichen Welt angesiedelt. Und genau darin liegt auch seine erkenntnistheoretische Grenze, das Problem, das die Psychoanalyse mit der Moderne hat.

Es ist also nichts Geringeres als der psychische Apparat selbst, welcher der Erkenntnis dieses modernen *Gesellschaftstriebwerks* im Weg steht. Zwar konzediert Freud, dass der Mensch durch die Technik zu einem *Prothesengott* geworden sei, ja ein geradezu märchenhaftes Vermögen erworben habe – gleichwohl kommt Freud aber immer wieder auf den *alten Adam* zurück.[15] Demgegenüber zeigt schon die Begriffsprägung des *Gesellschaftstriebwerks* die Richtung an, in die die Kritik geht. Denn der Trieb, der zum Triebwerk wird, lässt die Vorstellung einer unwandelbaren Libido hinter sich.[16] Stattdessen tut sich der fremde Kontinent eines *historischen Unbewussten* auf, welches die Triebstruktur modifiziert – und auf diese Weise nie zuvor da gewesene, moderne Begierden ins Spiel bringt. Damit aber verschiebt sich der Schwerpunkt.

Denn während die klassische Psychoanalyse auf die immer wiederkehrenden Urszenen zurückkommt (Ödipus, den Vatermord etc.), verlangt das Gesellschaftstriebwerk, dass man sich mit dem je gegebenen historischen Triebwerk, und damit auch dem psychischen Treibstoff einer Epoche, auseinandersetzen muss. Das setzt voraus, dass man die Grenzen der Individualpsychologie überschreiten muss. Nur so kann sich der Blick auf jenes kollektive Unbewusste öffnen, das die Mentalität einer Epoche bestimmt. Genau das ist mit dem Begriff des *Gesellschaftstriebwerks* gemeint. Wir können es uns als einen kollektiven psychischen Apparat denken, der sich nicht mehr im Innenleben der Menschen befindet, sondern in die Realität ausgelagert worden ist: in ihre Werkzeuge, Institutionen, Diskurse. Man könnte - was vor dem Prospekt der Guillotine durchaus eine Sinnfälligkeit besitzt - von einem *kopflosen Unbewussten* sprechen, das heißt einer Kraft, die sich im Raum *zwischen* den Menschen artikuliert.

Schon der Begriff des Interesses, der als *inter-est* im Angelsächsischen für das zinsheckende Geld steht, verortet diesen Gedanken in der uns vertrauten Umgebung: dem modernen Kapitalismus. Diese Verortung unterscheidet das Gesellschaftstriebwerk auch vom kollektiven Unbewussten Jung'scher Prägung. Denn insofern dieses in die Welt der Mythen und Märchen hineinreicht - und mit seinen Archetypen die Problematik des Immer-schon esoterisch verkleidet[17] -, gelingt es Jung, die Historizität der Psyche aus dem Blick zu verbannen. Der Kunstgriff besteht, wie im Fall Freuds, in einer *psychologia perennis*: einem psychologischen Grundverständnis, das die Gegenwart als Verkleidung uralter, immerwährender Problemstellungen begreift.

Demgegenüber stellt das Gesellschaftstriebwerk einen in die Wirklichkeit ausgelagerten, zugleich historischen *apparatus communitatis* dar - ein Phänomen, dem die Humanwissenschaften mit Verlegenheitsbegriffen wie Zeitgeist oder Mentalität begegnet sind. Dieser Apparat kann, obzwar allgegenwärtig und tagtäglich bearbeitet, zu großen Teilen unbewusst wirken. Man muss nicht lange suchen, um sich von der Gültigkeit dieser Aussage zu überzeugen.

Schon ein Geldschein reicht aus, um zu sehen, wie sich ein abstraktes Zeichen der Psyche eines Menschen bemächtigt; das gilt nicht minder für jene sozialen Zauberwirkungen, die wir den Monstern unserer Vernunft, den Maschinen und Künstlichen Intelligenzen, angehängt haben. Das Gesellschaftstriebwerk setzt sich als Introjekt in das Denken der Menschen hinein – vor allem aber strukturiert es die Art und Weise ihres Begehrens. Folglich verwundern wir uns nicht weiter, wenn wir von einem Menschen hören, der sich einer Schönheitsoperation unterzieht, um endlich dem eigenen Profilbild ähnlich zu sehen. Erinnern wir uns daran, dass Freud den Zivilisationsprozess weitgehend als Kulturversagung auffasst – das heißt: als homöopathische Verdünnung einer ursprünglich übermächtigen Libido –, kommen mit den künstlichen Paradiesen der Moderne auch neuartige Gelüste ins Spiel.

*

Auf die gleiche Weise, wie wir von einem Biotop sprechen, könnte man demgemäß von einem *Psychotop* der Moderne sprechen – einem geistigen Raum, der auf die Individuen zurückwirkt und damit eine psychotrope, also bewusstseinsverändernde Größe darstellt. An diesem Punkt wäre die Frage zu stellen, inwieweit das Psychotop überhaupt eine Einheit vorzuweisen hätte – oder ob man es nicht mit einem Komplex zu tun hat, der sich nur in bildlicher Form als Einheit fassen lässt. Wir begegnen hier dem Dilemma aller Soziologie, die, wann immer sie mit der Problematik des Gesellschaftsganzen konfrontiert wird, sich in allerlei Hilfsbegriffe hineinflüchtet. So spricht man, je nachdem, vom Gesellschaftssystem – und assoziiert diesem eine Maschine oder einen Apparat, allerdings nur, um im gleichen Atemzug darauf zu insistieren, dass man das lediglich im metaphorischen Sinn tue, wie man etwa von einer *machina mundi* redet.

Aber auch das uneigentliche Sprechen bringt, mit der Wahl der Metapher, einen Realitätsbezug auf den Tisch – und damit: das

Problem der Geschichte. Redet man beispielsweise davon, dass die Welt ein großes Räderwerk, ärger noch: eine Mühle sei, würde jeder aufgeweckte Student einwenden, dass das mechanische Zeitalter vorüber ist. In Anbetracht dieses Metaphernproblems ist es sehr viel eleganter, wenn man dem Freud'schen Vorbild folgend das System zu verewigen weiß - etwa dadurch, dass man es in einen übergeschichtlichen Rahmen verpflanzt. So hat Niklas Luhmann die der Biologie Maturanas entlehnte Formel vom *autopoietischen System* auf die Gesellschaft übertragen - und mit dieser biologisch-evolutionären Logik das Problem der konkreten Historizität abgestreift.[18] Eine andere, nicht minder erfolgreiche Verleugnungstechnik besteht darin, dass man den Gesellschaftsbegriff versprachlicht: *Das Begehren schreibt den Text*, wie Roland Barthes formuliert hat. Das ist der Kunstgriff Foucaults, der eine alte rhetorische Technik aufgreift, das »Dispositiv«, um die Gesellschaft als *écriture mecanique* zu charakterisieren: einen sich selbst schreibenden Text, der vor allem die gesellschaftliche Macht-Batterie paraphrasiert, organisiert und verwaltet.[19]

Inwiefern nun unterscheidet sich das Gesellschaftstriebwerk von diesen Gesellschaftsmetaphern? Handelt es sich ebenfalls nur um eine Metapher - oder besitzt das Gesellschaftstriebwerk umgekehrt eine dingliche Kraft? Um diese Frage zu beantworten, möchte ich auf das Konzept der universalen Maschine rekurrieren, das seit den *Metamorphosen von Raum und Zeit* ein Leitmotiv meines Denkens ist. Ausgangspunkt dieser Gedankenfigur war eine Frage, die in ihrer Schlichtheit einer Kinderfrage gleichkommt: Was ist ein Computer? Versucht man den Werkzeugcharakter eines Computers zu fassen, ist man mit der Verlegenheit konfrontiert, dass seine Zwecke unabschließbar sind, ja dass man es weniger mit einem Werkzeug als vielmehr mit einer Werkstatt zu tun hat, der alle erdenklichen Werkzeuge entspringen können - auch solche, die noch nicht einmal ersonnen sind. Die universale Maschine wirkt also morphogenetisch - das heißt: Sie erzeugt Formen nach ihrem Bild.[20] Folglich skandiert jedes Stück Software, auch wenn es im Detail neu und unerhört sein mag, die Logik der Null und der Eins – und reiht sich auf diese Weise in eine gedankliche Kette ein. In diesem Sinn scheint in jedem Werkzeug, der *forma formata*, die formgebende Form, die *forma formans*, auf.[21]

Genau dieser nicht versiegenden Schöpfungskraft wegen kann das Verhältnis, das die Gesellschaft zu einem solchen Triebwerk entwickelt, eine libidinöse Aufladung erhalten. Die universale Maschine erscheint als magischer Spiegel, der einerseits das Gegebene auf den Begriff bringt, andererseits die Zukunft vorherzusagen vermag. Folglich spricht man der Maschine eine künstliche Intelligenz zu, die über den Kopf des Einzelnen deutlich hinausgeht – und macht sie solcherart zu einem kollektiven Phantasma, das die Position eines Gottes besetzt. Insofern wohnt dem Gesellschaftstriebwerk ein Doppelcharakter inne. Zum einen stellt es, in Gestalt der universalen Maschine, ein reales, wirkmächtiges Gesellschaftstriebwerk dar – zum anderen tritt es, als Verheißung der Zukunft, als transzendente Batterie in Erscheinung. Schon deswegen greift man zu kurz, wenn man sich lediglich mit der Gesellschafts*metapher* bescheidet. Denn wenn der Maschine eine phantasmatische Aufladung zuteilwird, ja wenn die Maschine als gesellschaftsüberwölbende Größe erscheint – als *apparatus communitatis*, als Über-Uns –, so besagt das umgekehrt, dass das Gesellschaftstriebwerk nicht bloß auf eine Positivität verweist, also das, was wir üblicherweise »Realität« nennen, sondern eine psychische Realität darstellt: das, was ich ein Psychotop nenne.

*

Das Psychotop, das sich mit dem neuen, digitalen Gesellschaftstriebwerk einstellt, lässt sich nicht als etwas Immer-schon-Dagewesenes begreifen, sondern verändert, mit der *conditio humana*, auch das Begehren. Charles Baudelaire hat diese Einsicht seiner Widmung zu *Die künstlichen Paradiese* vorangestellt, das sich vor allem mit der Wirkung von Haschisch und Opium beschäftigt: »Liebe Freundin, der gemeine Verstand sagt uns, dass die Dinge der Erde nur wenig Dasein haben, und dass es Wirklichkeit nur in den Träumen gibt.«[22] Anders gesagt: Realität konstituiert sich über die Träume, denen eine Gesellschaft nachhängt und zu deren Realisierung sie sich symbolischer Formen bedient. Demgemäß ließe sich das Gesellschaftstriebwerk, in einem buchstäblichen Sinn, als *Traumfabrik* auffassen.

Ein *advocatus diaboli* könnte an dieser Stelle einwenden, dass der Begriff des Gesellschaftstriebwerks ebenso gut durch den Begriff der Kultur ersetzt werden könnte. Darauf wäre zu entgegnen, dass ein Kulturbegriff, der der Logik des Ackerbaus entspringt, also den Dingen der Erde, die Gedanken auf eine falsche Fährte führt, ja, sie stumpfsinnig die immergleiche Ackerfurche entlangtrotten lässt.[23] Warum? Weil die diesseitigen Artefakte sich nicht der *cultura*, sondern einem Denken verdanken, das der Maschine entspringt.

Und die Maschine wiederum, die man, ins Altgriechische zurückübersetzt, als *Betrug an der Natur* auffassen muss, verlagert den Standpunkt: weg von den Dingen der Erde, hin zu den Fantasien, die sich mit den Symbolen verbinden. Mit ihr kommt ein Begehren ins Spiel, das man als Droge der Weltfremdheit auffassen kann: *alien logic*. In jedem Fall werden hier all die Gespenster in die Welt entlassen, die sich als die verlässlichsten Begleiter des Abendlandes herausgestellt haben.[24] Das Begehren des Gnostikers - der, um seines Seelenheils willen, seinen Leib zu überwinden, ja abzutöten sucht - mag uns Nachgeborenen als Überspannung, geradezu als religiöses Delirium erscheinen. Aber strukturell nimmt es die Ratio vorweg, die unsere Gegenwart charakterisiert. Der Computerchip, der alle anderthalb Jahre eine Verdopplung der Geschwindigkeit bietet, bringt die Überwindung der Körperlichkeit auf den Begriff - denn mit ihm lässt sich das Wissen der Welt buchstäblich auf einem Sandkorn speichern. Während der Sand am Meer in der Bibel noch als Zeichen des Inkommensurablen gilt, hat sich die industrialisierte Gnosis seiner bemächtigt – und ein künstliches Paradies geschaffen, in dem das Glück stets nur einen Mausklick entfernt liegt. In dieses Gesellschaftstriebwerk verstrickt und vernetzt, muss jeder Rekurs auf die Erdgebundenheit – mag sie als unberührte Natur oder in Gestalt des edlen Wilden auftreten – auf die Verleugnung der wahren Kräfte hinauslaufen.

Wie im französischen Park die Wege schnurgerade auf das Zentrum politischer Macht abzielen, während die Bäume wie Soldaten zum Defilee hintereinander aufgereiht stehen, gibt es im künstlichen Paradies kein urwüchsiges Wachstum, so wenig wie man eine unveränderliche Triebstruktur voraussetzen kann.[25] Das Gesellschaftstriebwerk, das den Gesetzen der je vorherrschenden universalen Maschine folgt, bedient sich eines neuartigen Treibstoffs. Folglich hat es, als symbolische Form, mehr mit einer bewusstseinserweiternden Droge als mit einem Naturprodukt zu tun. Und weil die Droge, wie man weiß, abhängig macht, ist dem endogenen Trieb eine konkurrierende Triebstruktur zur Seite gestellt – ein Begehren, das wie eine synthetische Droge sich einem bestimmten historischen und gesellschaftlichen Laboratorium verdankt. Greifen wir die Frage nach dem Archetypen auf, so ist dieser nicht immer schon da gewesen, sondern modern, wie der *Rave* der Technokultur, der sich dem Blubbern eines Acid-House-Synthesizers verdankt.

*

Weil das Psychotop, das sich im Zeichen eines Gesellschaftstriebwerks herausbildet, formierenden Charakter besitzt, also psychotrop wirkt, spricht man von *Digital Natives*.[26] Damit ist implizit gesagt, dass diese sich in ihrer Trieb- und Charakterstruktur wesentlich von ihren Vorfahren unterscheiden. Eine derartige Zäsur ist im psychischen Apparatur Freud'scher Prägung nicht vorgesehen – so wenig wie der Umstand, dass das Gesellschaftstriebwerk Rückwirkung auf die Individualpsychologie hat. Denn das würde implizieren, dass der individuelle psychische Apparat als Phänotyp eines je historischen Genotyps zu lesen ist, also eine mentalitätsgeschichtliche Codierung besitzt.

Eine solche Historisierung könnte erklären, warum die klassischen Krankheitsbilder wie Hysterie, Zwangsstörungen etc. einer diffusen Borderline-Symptomatik Platz gemacht haben und was das über die zeitgenössische Netzwerkgesellschaft aussagt. Damit verlöre der Begriff der »Moderne« seine Vagheit - wäre damit doch gesagt, dass die Modernität der Moderne genau darin besteht, dass die Gesellschaft sich eines neuartigen Gesellschaftstriebwerks bedient. An die Stelle der untauglich gewordenen großen Erzählungen würde nun eine neue Erzählung treten. Und eine ihrer ersten Aufgaben bestünde darin, das Paradox der totgesagten, de facto jedoch nur mehr sich beschleunigenden Moderne aufzulösen.

Denn wenn der Fortschrittsglaube der Moderne erlahmt ist,[27] die Beschleunigung des Internetzeitalters jedoch ins Exponentielle übergegangen ist, so zeigt das nur, dass das Gesellschaftstriebwerk seinen Insassen über den Kopf gewachsen ist.[28] Aus diesem Grund wird das System als unzugehöriger Fremdkörper erlebt, als toxische Größe, die dem Einzelnen uneinlösbare Forderungen auferlegt. Andererseits ist unübersehbar, dass die digitale Welt neue Begierden erzeugt und auf diese Weise den psychischen Apparat modifiziert. Deswegen greift das Freud'sche Konzept der Kulturversagung deutlich zu kurz, lässt sich das Gesellschaftstriebwerk ebenso gut als Kulturzumutung auffassen.

Dabei besteht die Zumutung darin, dass sich mit der Änderung des psychischen Apparats neue Praktiken, Persönlichkeitsstrukturen und Ziele einstellen. So kann das, was gestern eine Verheißung war und heute als Verpflichtung verbucht wird, morgen bereits die Gestalt einer unerträglichen Zumutung annehmen. Waren die ersten Benutzer des Internets verzückt, endlich »drin« zu sein, zeigt sich eine Generation später, dass die Immersion ihren Preis hat und dass dieser in einer beständigen Erreichbarkeit besteht:

24/7, allüberall, rund um die Uhr. Was Marx ominös »Entfremdung« genannt hat, hat in Gestalt des digitalen Zwillings Dingform angenommen. Dass man der Pflege seines Avatars eine solche Sorge angedeihen lässt, dass mancher auf den Gedanken verfällt, den eigenen Leib einer angleichenden Operation unterziehen zu müssen, belegt, dass die digitale Heimsuchung auf eine Dezentrierung hinausläuft: einen Exodus aus dem eigenen Ich. Das ist es, was sich mit der Postmoderne und dem Ende der großen Erzählungen verbindet: die Angst, aus den Selbstverständlichkeiten der Vergangenheiten vertrieben zu werden. Das Unbehagen in der Moderne.

*

Wie man weiß, ist ein Computer nicht denkbar ohne die materielle Überwindung der Körperlichkeit. Diese nimmt ihren Anfang in der wissenschaftlichen Revolution des 17. Jahrhunderts, die mit dem Koordinatensystem und dem Vakuum den geistigen Nullpunkt bietet, dem schließlich die Dampfmaschine, die Bemeisterung der Elektrizität und die binäre Logik entspringen. Diese Reihenfolge mag den Apologeten der *Singularity* sonderbar, mindestens aber ungewohnt vorkommen. Wenn jedoch, wie nahegelegt, die Maschine als Betrug an der Natur verstanden werden soll, ist es notwendig, die energetische Vorgeschichte unseres digitalen Gesellschaftstriebwerks ins Auge zu fassen.

Hier freilich stoßen wir auf ein Rätsel. Denn konsultiert man die Wissenschaftsgeschichte, so zeigt sich das 17. Jahrhundert nicht als Kindheitsphase unserer Computerwelt, sondern als Apotheose der universalen Maschine, die dem Computer vorausgeht – der mechanischen Uhr, genauer: des Räderwerkautomaten. Dieser Automat erlebt in der Gedankenwelt eines Descartes seine Himmelfahrt und gilt fortan als Sinnbild der reinen Vernunft. Weil nunmehr die Mechanisierung des Weltbildes *dernier cri* ist, stoßen Geister wie Huygens, La Mettrie, Baron d'Holbach oder Christian Wolff ins gleiche Horn. Zwar lässt sich beobachten, wie der eine oder andere Denker sich tastend auf die neue Welt einlässt – Leibniz beispielsweise, der sich die Logik der Null und der Eins auf seinen Sarg gravieren lässt –, dennoch werden die zarten Blüten des Neuen von den Gedankenfiguren des mechanischen Psychotyps überlagert.

Der Triumphalismus des mechanischen Denkens ist gleich aus mehreren Gründen bemerkenswert. Denn der Räderwerkautomat ist keineswegs ein Produkt der wissenschaftlichen Revolution, sondern bereits seit dem 12., spätestens aber dem 13. Jahrhundert bekannt. Von daher könnte man sich zu der Aussage versteigen, dass Descartes sich gleich um mehrere Jahrhunderte verspätet – oder umgekehrt: dass der Räderwerkautomat des Mittelalters so etwas wie ein Ding ohne Denker ist, eine geistige Apokryphe. Diese Vorgeschichte aber, welche die Nachwelt mit der Scham des Zuspätkommens konfrontiert (der *Hysterese*), fällt jedoch kurzerhand unter den Tisch. Stattdessen deutet Descartes das menschliche Artefakt zur metaphysischen Himmelsmaschine um. Damit ist jenes rein geistige Prinzip etabliert, das ihn zur Formulierung seines Cogito führt. Die Folge ist, dass jeder materielle Körper fortan als *Symptom* dieser Geistmatrix gilt – weswegen es nur folgerichtig ist, dass auch die Tiere als *natürliche Automaten* aufgefasst werden.

Psychologisch betrachtet könnte man von einer narzisstischen Selbstermächtigung sprechen, über die sich das Denken des Besitzes vermeintlich eherner göttlicher Gesetze versichert. Und weil diese Gesetze, in ein metaphysisches Über-uns hinaufkatapultiert, für alle gelten sollen, ist die retroaktive Verdunkelung der Vorgeschichte *conditio sine qua non.*[29] So besehen erweist sich die Mechanisierung des Weltbildes nicht als Öffnung eines neuen Raums, sondern im Gegenteil: als eine Abschließung, als jener Augenblick, da das Psychotop der mechanischen Uhr in eine geistige Dunkelkammer gesperrt wird, wie der Türke in Wolfgang von Kempelens Schachautomat. Vergessen ist, dass man es hier mit dem Kraftwerk des Mittelalters zu tun hat, das in Gestalt von Wind-,

Wasser- und Gezeitenmühlen am Werk war; vergessen, dass die mechanische Uhr bereits an den Kathedralen geprangt und als Notationsautomat Figurengruppen gesteuert hat; vergessen, dass sich der Uhr der Zins und das Ethos des Kapitalismus verdanken (»Zeit ist Geld«); vergessen, dass die Fürstenspiegel des 14. Jahrhunderts die Herrscher zum Takt und zur Pünktlichkeit anhalten; vergessen, dass mit Zentralperspektive und Kartografie der Raum transzendiert und erobert wird.

Gerade in dem Maß, in dem das Psychotop des Räderwerkautomaten zum unhinterfragten Gesellschaftstriebwerk wird, sinkt es in ein Unbewusstes hinab. Insofern sich die Apotheose der Mechanisierung als eine Form des Vergessens deuten lässt, markiert der Nullpunkt des cartesianischen Koordinatensystems ein Grab, eine Maßnahme, bei der die Erinnerung an die Vorgeschichte in ein Nichts hinein entsorgt wird: *creatio ad nihilo*. Nein, ganz richtig ist diese Beschreibung nicht. Denn mit der Löschung der Genealogie kann die Maschine zur Machtbatterie werden. Folglich stiftet Thomas Hobbes mit seinem *Leviathan* einen sterblichen Gott, der nach dem Bild eines Räderwerks gedacht ist: ein Wesen, in dem das Gesellschaftstriebwerk zur Staatsmaschine ordiniert wird. Wurde der Wechsel der mittelalterlichen Regentschaft mit dem Schlachtruf: »Der König ist tot! Es lebe der König!« besiegelt, hebt mit der Beerdigung der mittelalterlichen Welt ein neuer Geisteskontinent an.

Was die Geister dazu veranlasst, im Streit der Alten und der Neuen (*querelle des Anciens et des Modernes*) ein neues Zeitalter, eine strahlend neue Epoche herbeizuimaginieren, ist zu einem nicht geringen Teil Resultat einer Verblendung. Schon im Augenblick ihres Triumphs nämlich wird die Welt der Mechanik mit Phänomenen konfrontiert, die mit der vorherrschenden Ratio nicht zusammengehen wollen. Dem Koordinatensystem und der mathematischen Null gesellt sich das Vakuum zu – jene dunkle Größe, die die wissenschaftliche Welt in einen Glaubenskampf führt: zwischen Plenisten und Vakuisten. Und weil die Fronten hier neuartig sind, finden sich Geister wie Descartes und Hobbes auf der Seite der Traditionalisten, während philosophisch unbedeutendere Geister wie Boyle oder Papin die geistige Avantgarde anführen. Was sich in den Monstern der Vernunft artikuliert, ist nichts anderes als die Geburt einer neuen universalen Maschine, jener Macht, die in der Gegenwart, vor allem in Gestalt der *Digital Natives*, ihren Herrschaftsanspruch angemeldet hat: dem Computer, oder dem, was wir Digitalisierung, *machine learning* oder Künstliche Intelligenz nennen.

*

Mögen viele Zeitgenossen das Gefühl hegen, sie hätten es beim digitalen Gesellschaftstriebwerk mit einem Gebilde der jüngsten Zeit zu tun, wird unsere Erzählung zeigen, dass dieses Monster eine lange Vorgeschichte hat - ja dass es sich den naturwissenschaftlichen, energetischen Grundfragen der Moderne verdankt. In diesem Sinn kann das »Unbehagen in der Moderne« auf gar nichts anderes als eine neue Moderne-Erzählung hinauslaufen, eine Erzählung, die veranschaulicht, wie sich das neue Gesellschaftstriebwerk, ob als Faszinosum oder als Fremdkörper, in das Denken einschmuggelt - und dann, im Laufe seiner Entwicklung, auf untergründige, unterschwellige Art das Bewusstsein verändert. Dass die Veränderungen des Gesellschaftsgefüges nicht nur auf Begeisterung, sondern auf Befremden, nicht selten auf offenen Widerstand stoßen, rührt daher, dass der *Drive* dieses Triebwerks nicht nur neue Begierden freisetzt, sondern mit vielfältigen Zumutungen einhergeht. Die größte Zumutung besteht gewiss darin, dass die Gewissheiten des alten, mechanistischen Weltbildes hinfällig werden. In dem Maß, in dem die neuartigen Praktiken der Netzwerkgesellschaft sich in der Alltagswelt einhausen, kommt es nun zu Abstoßungsreaktionen. Von daher ließe sich das Unbehagen geradezu als Schatten der Moderne begreifen - und nicht selten mag es erscheinen, als seien sie eins.

In jedem Fall ist derjenige, der in diese Erzählung eintaucht, mit einer Gefühlsambivalenz aus Faszination und Widerwille konfrontiert – Empfindungen, die nicht selten ineinander übergehen. So mag dasjenige, was den Geist berauscht hat, dann zum *business as usual* ausgenüchtert sein mag, sehr bald schon als Machination einer entfremdenden, menschenfeindlichen Logik aufgefasst werden. Konnte das 18. Jahrhundert in einem Elektrizitätspionier wie Benjamin Franklin einen *modernen Prometheus* erblicken, ist der neue Prometheus bei Mary Shelley zu einem Wesen mutiert, das aus Leichenteilen zusammengenäht und von einem Blitz ins Leben gerufen worden ist. Karl Marx' Lamento, dass der Mensch »zu einem Anhang aus Fleisch an einer Maschine aus Eisen« zurechtgestutzt wird, bringt das Erniedrigungsgefühl auf den Punkt.

Dabei ist diese Gefühlsambivalenz aus Enthusiasmus und Abscheu, die sich in den Antinomien von Natur und Entfremdung, Freiheit und Sklaverei wiederholt, nur ein Indikator für die psychische Gewalt, als die die Moderne erlebt wird – eine Gewalt, die nicht nur im Äußerlichen verbleibt, sondern wie ein Virus ins Körperinnere dringt und jeden einzelnen Menschen erfasst. Wenn Laurie Anderson in Anlehnung an William S. Burroughs einmal gesagt hat, dass die Sprache ein Virus aus dem Weltall sei (»Language is a virus from outer space«), so ist damit ein durchaus treffendes Motto angestimmt. Denn auch unsere Erzählung beginnt im luftleeren Raum, damit, dass der Geist, »über dem Luftmeer« thronend, einen extraterrestrischen Standpunkt einnimmt.

Mit dem Vakuum entsteht jener thermodynamische Energiebegriff, der schließlich, in Gestalt der Dampfmaschine, die sich industrialisierende Moderne antreiben wird. Dem folgt die Bemeisterung der Elektrizität, über die sich die Moderne von einer Gutenberg-Galaxis zu einer elektrisierten, nervös gewordenen Öffentlichkeit wandelt. Setzt das im Individuellen das Bild des empfindsamen Ästheten frei, hat hier das moderne Unbewusste seinen Ausgang. Im Gesellschaftlichen entsteht das, was wir »Öffentlichkeit« nennen. Und daraus wiederum entwickelt sich, was Gustave Le Bon »Massenpsychologie« getauft hat. Von der erregten Masse gelangen wir zur Guillotine, die als Schnittstelle zur Moderne den Kopf des Königs einfordert, zugleich aber als gesellschaftliche Rationalisierungsmaßnahme gelesen werden kann. Ihr folgt, in Gestalt der unsichtbaren Hand, die abstrakte Ratio des Marktes, wie sie Adam Smith, vor allem aber Jean-Baptiste Say gelehrt haben. Es folgt eine Exkursion in die Voodoo-Ökonomie, genauer in jenes Land, das, obzwar schon früh mit einer Verfassung gesegnet, die Zumutung des modernen Kapitalismus mit der Erfindung des Zombies beantwortet hat. Von Haiti geht es weiter zur *Gothic Novel*, genauer: zu Frankensteins Monster, in dem der *neue Prometheus* in Gestalt seines entlaufenen Doubles, seiner monströsen Zwillingsgestalt, seinen Schöpfer heimsucht. Im darauffolgenden Kapitel ist die Schauergestalt des Romans zum Mann in der Menge geworden – ein stochastisches Selbst, das nicht mehr seiner Besonderheiten wegen, sondern als Abstraktum Angst und Schrecken erregt. Von hier führt der Weg zum modernen Antisemitismus, genauer: zu jener Verschwörungstheorie, die die zeitgenössische Herrschaftstechnik zum Anlass nimmt, das Porträt des Unmenschen zu verfertigen. Ist damit dem Holocaust der Nazizeit der Weg bereitet, führt uns das letzte Kapitel in die Gegenwart, in der sich das digitale Gesellschaftstriebwerk voll ausgebildet hat – aber sonderbarerweise vor allem als toxische, weltzerstörende Megamaschine wahrgenommen wird. Dabei bietet die Flucht in die Apokalypse Anlass, die Frage zu stellen, in welcher Form sie in der Weltflucht eines Don Quijote präfiguriert ist – womit die Betrachtung über das Unbehagen in der Moderne ihren Abschluss findet.

*

Was dieses Buch, das zugleich den Auftakt zu einer auf mehrere Bände angelegten *Psychologie der Maschine* darstellt, leisten will, ist nichts Geringeres als eine neue, große Moderne-Erzählung. Anders jedoch als die großen Erzählungen, die von der Postmoderne zu Grabe getragen worden sind, ist diese Erzählung weniger eine Heldengeschichte als vielmehr die einer großen Kränkung. Denn hier wird erzählt, wie unter der Wahrnehmungsschwelle ein neues Psychotop entstanden ist, das eine Reihe von Phantomschmerzen, Missverständnissen und kollektiven Selbsttäuschungen zur Folge gehabt hat. Vor diesem Hintergrund ließe sich vieles, was wir als Charakteristikum der Moderne verstanden haben, als Symptombildung lesen, ja als ein kollektives Phantasma, das sich über das zugrunde liegende Gesellschaftstriebwerk hinwegtäuscht.

Es ist evident, dass diese Erzählung Dinge verhandelt, die in der traditionellen Geschichtsschreibung kaum berührt, geschweige denn in einen Zusammenhang gebracht werden. Dass diese Zusammenhänge gleichwohl existieren, wird offensichtlich, wenn man versucht, die Geschichte jener großen digitalen Kränkung nachzuvollziehen, die auch heute noch die Köpfe beschäftigt. All die Dinge, die in diesem Buch verhandelt werden – vom Vakuum, der Entdeckung der Thermodynamik, der Elektrizität und der Telegrafie, der Entstehung des Unbewussten, der Statistik, der Massenpsychologie und des Antisemitismus –, finden ihre Einlösung in der Entstehung der modernen Computerkultur. In diesem Sinn ist es kein Zufall, dass die Postmoderne und die Entfesslung des Internetzeitalters zusammenfallen – auch wenn die Postmoderne, um der digitalen Kränkung zu entgehen, das Kind mit dem Bade ausschüttet.

Wie die zeitgenössischen Zukunftsängste belegen, die ihr Heil, je nachdem, in der Apokalypse oder im Ausstieg aus dem fossilen Zeitalter suchen – was auch immer das bedeuten mag –, verhandelt das Unbehagen in der Moderne eine drängende, noch immer unerledigte Frage. Dass einer solchen Erzählung die moderne Selbststilisierung zum Opfer fällt, ist unerlässlich; bedeutsamer freilich ist die Verschiebung des gedanklichen Schwerpunktes: weg vom heroischen Selbstzeugungsakt, hin zu einer Betrachtungsweise, die die sozio- und psychoplastische Bedeutung der Maschine zu würdigen weiß. Damit wäre das Leitmotiv der Psychologie der Maschine intoniert – dass wir nicht die Herren unserer Geschichte sind, sondern dass wir uns mit dem Gesellschaftstriebwerk ein historisches Unbewusstes eingekauft haben, einen psychischen Apparat, der unser Weltbild formatiert – weit stärker, als uns das bewusst sein mag. Warum sollte man das beklagen? Mag sein, dass man die Heldengeschichte zu Grabe tragen muss. Aber das hätte den Vorzug, dass die Moderne endlich anfangen kann.

Am Nullpunkt

Wenn wir das Verschwinden des Mittelalters im cartesianischen Nullpunkt festgemacht haben, so betrifft das nicht bloß die Mathematik und die Philosophie – es hat durchaus politische und gesellschaftliche Implikationen. Das 17. Jahrhundert löst eine Reihe von Problemen, die das ausgehende Mittelalter heimgesucht und in eine Serie nicht enden wollender Konflikte verstrickt haben. In der Figur des Leviathans, der ein sterblicher Gott und eine menschliche Sammelperson zugleich ist, formiert sich der moderne Nationalstaat und werden die Kleinkriege der Renaissance (die *guerilla*) zur Geschichte. Mit der Gründung der Bank of England, die den Zins und die Geldemission zentralisiert, wird die Staatsmaschine mit einem Motor versehen, der einen steten, verlässlichen Fortschritt ermöglicht: »Zeit ist Geld.« Sah man sich im Mittelalter, um Zinsen erheben zu können, noch zu einem Umbau des Himmels genötigt (in Gestalt des Purgatoriums, wo die Wucherer nun ihre Sünden abzuarbeiten hatten), stellen die Zinszahlungen fortan eine Form der Bürgerpflicht dar, und derjenige, der dieser Pflicht gewissenhaft nachkommt, seine bürgerliche Bonität unter Beweis. Der Soziologe Benjamin Nelson hat seine Dogmen- und Mentalitätsgeschichte des Zinses mit dem wunderbaren Untertitel *From Tribal Brotherhood to Universal Otherhood* versehen. Die Weltreligion des Kapitalismus beruht auf der Idee der Fremdheit.

Doch so fremd man einander auch sein mag, so beschreibt der geteilte Glaube an das Geld das gemeinsame Interesse. Mit der Stiftung des Zentralbankgeldes ist das Psychotop des mechanischen Zeitalters zur Psychosphäre geworden, die sich als umfassende Geldillusion der Köpfe und Herzen der Menschen zu bemächtigen weiß – und zwar ohne dass man sich über die Todsünde, die Natur des Geldes und die Souveränität den Kopf zerbrechen muss.

Aus diesem Grund kann man schon bald zur Produktion von Assignaten, also Papiergeld schreiten. Ein unmittelbares Resultat dieses kollektiven Vertrauensvorschusses ist, dass der englische Staat, kaum zwölf Jahre nach dem Staatsbankrott, erstmals genug Geld für eine Flotte hat. Mit der Royal Navy ist der Grundstein für jenes Empire gelegt, das sich mit dem Schlachtgesang der Athene-Wiedergängerin Britannia ein *Rule the Waves!* mit auf die Reise gibt. Die Historikerin Linda Colley hat in ihrem Buch *The Gun, the Ship, and the Pen* den Zusammenhang von militärischer Macht und Massenmobilisierung als Nexus der Moderne begriffen.[1]

Seit 1750 etwa, ausgehend vom korsischen Freiheitskämpfer Pasquale Paoli, sind die politischen Geister damit beschäftigt, ihre Gemeinwesen zu Verfassungsstaaten zu machen. Tatsächlich erhebt mit der Massengesellschaft der Moderne ein neuartiges Gesellschaftsmodell sein Haupt. Im Wesentlichen besteht das Novum darin, dass die entstandenen Kollektivkörper Zugriff auf die gesamte männliche Bürgerschaft reklamieren, sich also jene Möglichkeit zur Massenkonskription sichern, die in den Napoleonischen Kriegen als *levée en masse* erstmals zur Anwendung kommen sollte. Was das Zeitungswesen, aber auch den aufkommenden Konstitutionalismus anbelangt, ist England ein Vorbild des *nation building*, was insofern etwas verwunderlich ist, als sich England niemals eine verbindliche Verfassung auferlegt hat.

Die Hoffnung, sich mit einem Federstrich in die Moderne hineinkatapultieren zu können, verrät freilich ein merkwürdig delusionäres Denken. Nicht selten nimmt das Schreiben einer Verfassung die Gestalt einer *idée fixe* an, insbesondere dort, wo die materiellen Gegebenheiten eigentlich ungünstig sind. So kann sich die deutsche Prinzessin Sophie Auguste Friederike von Anhalt-Zerbst, die als Katharina die Große über ein Riesenreich herrscht, der Illusion hingeben, dass ihr Verfassungsentwurf, den sie aus verschiedenen Schriften kompiliert, den europäischen *state of the art* repräsentiert - jedoch wird das durch den misslichen Umstand konterkariert, dass das Russland des 18. Jahrhunderts kaum über Druckereien, geschweige denn eine Tagespresse oder eine Öffentlichkeit verfügt.[2] Eine solche Geste, die mit einem Federstrich die Wirklichkeit dem eigenen Willen unterwirft, entpuppt sich also weniger als politische Geste denn als Selbstermächtigungsakt. Dass der Geist der Gesetze nur dort eine wirkliche Chance besitzt, wo die Autoren militärische und ökonomische Macht auf sich zu vereinigen wissen, ist der Teil der Geschichte, der über die politische Ästhetik hinausgeht. Weil die Ausnahme die Regel ist, sind die Verfassungen, die in Rauch aufgehen, wie in Haiti, Bolivien, Mexiko, Venezuela, nachgerade Legion.

Die sehr viel tiefergehende Frage ist, wo sich der Geist der Gesetze verwurzeln und die Verhältnisse auf ein solches Schriftstück einschwören kann. Wie man sieht, sind es neben den Vereinigten Staaten vor allem die europäischen Nationalmonarchien, die als Teil der internationalen Gotik auf eine lange Tradition von Kathedralen und Universitäten zurückschauen können – kurzum: die ihrerseits das Psychotop des mechanischen Zeitalters inkorporiert haben. Dass demgegenüber die gesamte muslimische Welt vom Buchdruck ausgeschlossen blieb oder über Venedig beliefert werden musste, zeigt nur, in welchem Maße das Psychotop eine Rolle spielt.[3] Wie will man eine Verfassung schreiben, wenn schon die Lektüre eines gedruckten Buches mit einer Todesstrafe belegt wird, wie vom Sultan Bayezid II. dekretiert? Wie im Hobbes'schen *Mortall God* der Gott des Mittelalters beerdigt wird, basiert auch die Verfassung auf einem konstitutionellen Vergessen – und dessen Vorbedingung besteht darin, dass der Glaube, die Heilige Schrift, aus dem Weg geräumt worden ist. In diesem Sinn ist die Sehnsuchtsfigur des Souveräns nicht die Initiale eines Gemeinwesens, sondern vielmehr ihr Endpunkt. Vor diesem Hintergrund ist verständlich, dass und warum Haiti, obschon einer der ersten Staaten mit einer modernen Verfassung, in Armut, politische Instabilität, Kabalen und rassifizierte Gewalt zurückfiel und mit

Henri I. zudem mit einem Monarchen geschlagen war, dessen Hauptehrgeiz darin bestand, den Hof des Sonnenkönigs wieder zum Leben zu erwecken.

*

Man könnte sagen, dass der Mythos der Moderne zutiefst mit einer Selbstermächtigungslogik zu tun hat: dem Umstand, dass man sich zum Herrn des eigenen Schicksals gemacht hat, zu demjenigen, der den »Ausgang aus seiner eigenen Unmündigkeit« betreibt, Gesetze deklariert und als entfesselter Prometheus, mit immer leistungsfähigeren Maschinen, Industrialisierung und Kapitalismus, das Gesicht des Planeten zu prägen vermag. Betrachtet man die modernen Gründungsmythen, so ist festzuhalten, dass sie durchweg die Struktur einer *creatio ex nihilo* aufweisen. Plötzlich ist da eine überlegene Vernunft, die weder dem Herrscher noch der Kirche tributpflichtig ist, plötzlich erhebt sich über den Köpfen der Menge der Leviathan, der souverän über die Grenzen des Staates und seine Verfassung herrscht, plötzlich ist da eine Form der wirtschaftlichen Potenz, die alles übersteigt, was der Menschheit seit Menschengedenken zuhanden gewesen ist. In diesem Sinn scheint der Nullpunkt des cartesianischen Koordinatensystems durchaus ein passendes Bild, ebenso wie der Umstand, dass Gottfried Wilhelm Leibniz die Schöpfung der Welt, der *universalis mathesis* gemäß, aus den Zahlen, »einer lebendigen Rechenbank«, hervorgehen lässt.[4]

Die Null stellt in diesem Denken das vollkommene Nichts dar, wohingegen Gott als das umfassende Eine fungiert, das folglich durch die Eins dargestellt wird. Mit dieser Zahlenmystik begabt, ist es nur logisch, die Welt der Zahlen auf eine dyadische Logik zu bringen - und sie durch die Null und die Eins zu codieren.[5] Wie wichtig Leibniz diese Entdeckung war, wird daran sichtbar, dass auch sein Sarg mit der Inschrift *Omnia ad unum* versehen war und eine 1 innerhalb einer 0 zeigte - ein fernes Echo des Sophisten

Thrasymachos, der auf seinem Grabstein, um dem Alphabet eine letzte Ehre zu erweisen, seinen Namen buchstabieren ließ: »Der Name ist Theta, Rho, Alpha, San, Ypsilon, My, Alpha, Chi, Ou, San, / Heimat Chalkedon, das Handwerk Sophia.«[6] Die Verwandtschaft zum Alphabet ist insoweit bemerkenswert, als die Behauptung, dass die jeweilige symbolische Ordnung eine *creatio ex nihilo* erlaubt, auf einer *creatio oblivionis* beruht, dem dazugehörigen Vergessen.[7]

Die große Wende, die sich im 17. Jahrhundert abzeichnet, lässt sich als Doppelbewegung auffassen, und sie entspricht dem, was auch dem alphabetischen Zeichen zuteilwurde: eine Apotheose, bei der die Zeichen gleichsam metaphysischen Charakter annehmen. Dies geht mit einer Geisteraustreibung ihrer tatsächlichen Herkunft einher, dem Vergessen, dass das Alpha-Zeichen zuvor eine stierköpfige Gottheit beschrieben hat: ein Phallus- und Fruchtbarkeitszeichen. Als Blackbox ans Firmament des menschlichen Denkens hinaufkatapultiert, handelt sich die absolut gesetzte Vernunft ein Unbewusstes ein. So besehen sind die großartigen Gründungsmythen der Moderne immer auch Monumente einer ebenso großartigen Geschichtsvergessenheit – begraben sie doch die eigene Vorgeschichte unter sich. Nehmen wir die Gestalt des Leviathans, erweist sich der sterbliche Gott als Deckerinnerung, die die Kindheitsgeschichte dieses Souveräns überblendet: den Umstand, dass sich die neuzeitliche Souveränität der Christusebenbildlichkeit des Herrschers verdankt. Mit diesem Vergessen gesegnet, lässt sich die schmerzliche, von Religions- und Währungskriegen gezeichnete Übergangszeit des zerfallenden Mittelalters vergessen.

Das Gleiche gilt für den Begriff der Repräsentation, der bei Hobbes nichts weiter als Stellvertretung bedeutet. Solcherart ausgenüchtert, hat man die religiöse Konterbande kurzerhand ausgelöscht; vergessen ist, dass sich die *repraesentatio* zunächst auf die Realpräsenz Christi, dann auf das Verzeichnis der geretteten Seelen im Buch des Himmels bezog. Nimmt man diesen Blick ein, könnte man die Gründungsmythen als *doctae ignorantiae* auffassen, als eine geistige Entschuldungsmaßnahme, bei der man, um endlich ein neues Leben leben zu können, die Vorgeschichte in ein gnädiges Vergessen hinabsinken lässt. Worin aber besteht der Vorteil dieses Vergessens? Zunächst einmal bedeutet Vergessen, als eine Form der Amnestie aufgefasst, eine Löschung der Schuld. Mit der unreinen Herkunft, der Ambivalenz, der Fragwürdigkeit der geschichtlichen Form ist auch das Ohnmachtsgefühl ausgelöscht, kann man sich im Besitz einer Universalsprache wähnen. Es handelt sich, kurzgefasst, um eine Selbstermächtigungsgeste: die Verheißung aller Metaphysik. Alle großen Errungenschaften, die man dem 17. Jahrhundert zuschreibt, weisen diese Struktur auf. Mit der Erfindung des Koordinatensystems lässt sich der Raum erobern – aber zugleich wird die Erinnerung daran ausgelöscht, dass dieser Raum letztlich aus der malerischen Zentralperspektive hervorgeht und dass das mit einem neuartigen kulturellen Selbstbild verknüpft ist. In einem durchaus prägnanten Sinn ist mit der Abstraktion eine Form des Unpersönlichwerdens, ja geradezu eine Auslöschung der historischen Physiognomie verknüpft.

*

Man könnte diese erstaunliche historische Metempsychose an der Geschichte der Null exemplifizieren,[8] ebenso gut und zudem sehr viel anschaulicher lässt sie sich an der Entdeckung des Vakuums verdeutlichen. Diese Geschichte führt uns nicht bloß zur Dampfmaschine und zur modernen Thermodynamik – einer Kraft, die alles *Stehende und Ständische* verdampfen lässt –, sie hat darüber hinaus den Vorzug, dass sie sich jener Geburtshöhle zur Seite stellen lässt, die wir als Initiale der Maschine genauso wie der griechischen Antike dingfest gemacht haben: den Prozess der verlorenen Form.

Dieser ist nicht nur deswegen von Bedeutung, weil er eine metallurgische Revolution ersten Ranges darstellt (was sich auch darin niederschlägt, dass auch der Geburts- und Kindheitsmythos des kretischen Zeus auf ihn verweisen), sondern vor allem, weil sich darüber die Welt zu Kunststoff verwandelt, zu einem Plasma, dem sich jede erdenkliche Form zuweisen lässt. In diesem Sinn könnte man die Hohlform als eine Art geistiges Utopia, als Geburtsstätte der abendländischen Einbildungskraft feiern.[9] Auch wenn mehr als dreitausend Jahre dazwischen liegen, weist das Vakuum, das Otto von Guericke und Robert Boyle in das Zentrum des Denkens gerückt haben, einige Verwandtschaft zu dieser Gedankenrevolution auf. Schon aus diesem Grund ist die Frage bedeutsam, inwiefern die *Vakuum-Maschine*, wie sie verschiedentlich genannt wurde, das Feld des Wissens umstrukturiert.

Dass mit dem Vakuum eine grundlegende Umdeutung gegeben ist, wird schon daran deutlich, dass dieses den klassischen *horror vacui* wiederaufleben ließ, die Überzeugung, dass es in der Natur kein Vakuum geben könne - eine Überzeugung, der selbst noch ein so revolutionärer Denker wie Descartes huldigte.[10] Aus heutiger Sicht ist unübersehbar, dass mit dem Vakuum nicht nur die Geburt des Labors und des modernen wissenschaftlichen Instrumentariums einhergeht,[11] sondern dass es einen neuartigen, experimentellen Wissenschaftsbegriff gebiert.[12] Hatte sich die antike Metallurgie im Prozess der verlorenen Form die Leere dienstbar gemacht, war das Novum, das Robert Boyle mit seiner Versuchsanordnung einbrachte, die vollständige, kontrollierte Abwesenheit. Markiert der Prozess der verlorenen Form die Entbindung der Einbildungskraft, bedeutet das Vakuum jene Art Neuanfang, wie ihn Francis Bacon dem Denken ins Stammbuch geschrieben hatte: »Es [bleibt] nur ein Weg übrig, nämlich, die ganze Sache auf einem besseren Plan neu zu versuchen und, auf den richtigen Fundamenten aufbauend, eine totale Rekonstruktion der Wissenschaften, Künste und des gesamten menschlichen Wissens zu beginnen.«[13]

Dass ausgerechnet ein künstliches Nichts sich als Fundament für die moderne Wissenschaft erweisen sollte, ist eine

Merkwürdigkeit, die wahrscheinlich nicht einmal Galileo hatte voraussehen können, als er Anfang des 17. Jahrhunderts das Gewicht der Luft hatte feststellen wollen. Eher zufällig war sein Schüler und Lehrstuhl-Nachfolger Evangelista Torricelli im Jahr 1644 auf die Existenz eines Vakuums gestoßen, als er, um den Pumpeneffekt zu studieren, eine quecksilbergefüllte Glasröhre auf den Kopf stellte und dabei notierte, dass sich oberhalb des Quecksilbers ein Nichts auftat. Die Konstruktion dieses ersten Barometers brachte den Magdeburger Bürgermeister Otto von Guericke auf den Gedanken, sich an die Konstruktion einer Pumpe zu setzen, mit der sich Luft aus Hohlkörpern herauspumpen ließe. Überaus spektakulär war seine öffentliche Demonstration, als er im Sommer 1657 zwei große, kupferne Halbkugeln aneinandergefügt, abgedichtet und evakuiert hatte - mit der Folge, dass die sechzehn Pferde, die man davorgespannt hatte, es nicht vermochten, die Halbkugeln voneinander zu trennen. Aber kaum, dass man die Luft wieder hineingelassen hatte, fielen sie von selbst auseinander. Offenkundig ging von dem künstlichen Nichts eine bemerkenswerte Kraft aus.

Guerickes Zeitgenosse Robert Boyle, selbst ein vermögender Mann, ließ sich von den Kosten, die ein solches Instrumentarium beanspruchte, nicht abschrecken, sondern baute eine Apparatur, mit der sich die Luft aus Hohlkörpern abpumpen ließ. Anders als Guericke, der mit seinen beiden Kupferhalbkugeln vor allem den Showeffekt bediente, war Boyle daran interessiert zu sehen, was im Innern seines Hohlkörpers vorging - weswegen er sich eine Kugel aus Glas bauen ließ. In einem ersten Versuch platzierte er eine Schafsblase im Innern und beobachtete beim Abpumpen, wie sich die Blase ausdehnte, und zwar so sehr, dass sie zu platzen drohte. Beim nächsten Versuch beobachtete er, dass eine Kerze verlosch, als die Luft abgepumpt war; bei einem dritten Versuch, bei dem eine tickende Uhr in der Glaskugel platziert worden war, stellte er fest, dass das Ticken beim Abpumpen stetig leiser wurde, bis überhaupt kein Geräusch mehr zu vernehmen war. Weitere Versuche kosteten Mäuse und Vögel das Leben: »für eine Weile erschien der Vogel durchaus lebhaft; aber mit der weiteren Abnahme der Luft begann er deutlich zu ermatten und krank zu erscheinen und bald darauf heftige und ungleiche Krämpfe zu zeigen, wie sie Geflügel zeigt, dem der Kopf abgedreht wird: Denn der Vogel warf sich zwei- oder dreimal herum und starb mit dem Bauch nach oben, dem Kopf nach unten und dem Nacken schief.«[14]

*

Tatsächlich trägt das Experiment einen neuen Weltzugang in sich. So insistiert Boyle darauf, seinen Geist nicht durch die Lektüre naturphilosophischer Schriften zu beeinflussen, sondern allein die Tatsachen für sich sprechen zu lassen. Die Transparenz der Glaskugel, das Durchnummerieren der Experimente, die sorgsame Niederschrift der Beobachtungen, die auch Fehlschläge verzeichnet, welche Boyle in einem Pamphlet über »erfolglose Experimente« der Öffentlichkeit zugänglich machte – all das verrät einen neuartigen *discours de la méthode*, der nur gelten lässt, was sich mit Gewissheit und unter Hinzuziehung mehrerer Zeugen beobachten lässt. Dabei ist die naturphilosophische Abstinenz ein wesentliches Desiderat – gilt es doch, dass sich der experimentelle Geist nicht durch Vorannahmen in ein bestimmtes Interpretationsmuster hineinzwängen lässt.

Dass die Beobachtungen umgekehrt *matters of fact* genannt werden, ist insoweit treffend, als hier nicht nur die Resultate gemeint sind, sondern die Handgriffe: die Art und Weise, wie ein Objekt in einem bestimmten Kontext manipuliert wird. Demgemäß ließe sich das Experiment als *ars fingendi* auffassen, die den Kunstgriff des Experimentators zur Sache, genauer: zur Tatsache macht – etwas, was Goethe sehr treffend als eine neuzeitliche Inquisitionspraxis gedeutet hat: »Die Natur verstummt auf der Folter;

ihre treue Antwort auf redliche Frage ist: Ja! ja! Nein! nein! Alles übrige ist von Übel.«[15] Wenn man ein Faktum oder eine Tatsache als verbürgte Wahrheit begreift, so übersieht man dabei, dass sie sich einem bestimmten Kontext verdanken. Nehmen wir den Ort in den Blick, der dem Experimentator Gewissheit über diesen oder jenen Sachverhalt verschafft, ist bemerkenswert, dass sich diese Höhle der unmittelbaren Erfahrung entzieht - dass man es tatsächlich mit einer neganthroplogischen Stätte zu tun hat. Wird ein Objekt im Vakuum platziert, geht es darum, das Objekt in seiner Weltlosigkeit, vor der Folie eines kontrollierten Nichts zu analysieren - und das bedeutet, dass der Experimentator selbst ausgesperrt werden muss. Man könnte sagen, dass mit dem Nichts der menschliche Sinnesapparat unter Generalverdacht gestellt wird - oder wie Simon Schaffer und Steven Shapin treffend bemerken: »Die Maschine stellt eine Ressource dar, die dazu benutzt werden kann, die menschliche Handlungsfähigkeit im Produkt auszuschalten: als würde man sagen: ›Nicht ich bin es, der das sagt, sondern die Maschine‹.«[16] Jacques Lacan hat diese Spaltung, in einer Kritik des cartesianischen Cogito, aufs Wunderbarste in Worte gefasst: *Da, wo ich bin, denke ich nicht; und da, wo ich denke, bin ich nicht.*

Das Desiderat der Intersubjektivität, der Wiederholbarkeit, der kontrollierten Versuchsumgebung - all das geht mit einem Moment der individuellen Deterritorialisierung einher. Von daher ließe sich sagen, dass die Wissenschaft, die im Vakuum entsteht, als Konterpart des Hobbes'schen Leviathans zu lesen ist. Stellt dieser, als Sammelperson, den Punkt dar, an dem die Sehstrahlen zusammenlaufen, fungiert das Vakuum, wie die *camera obsura*, als geistige Dunkelkammer, die die Dinge erst in das richtige, wahre Licht rückt. Jedoch verläuft im Experiment die Leserichtung von innen nach außen, aus dem Reich der Abstraktion zurück in die unbewaffnete, stets trügerische Realität. Was der Gesetzgeber (der sterbliche Gott des Thomas Hobbes) für die menschliche

Gesellschaft ist, ist die Methode für das wissenschaftliche Experiment. Folglich insistiert Bacon darauf, dass der menschliche Geist sich dabei nicht selbst überlassen bleibt, sondern bei jedem Schritt geführt werden muss, »als ob das ganze von einer Maschine ausgeführt werde«.[17] In dieser Hermeneutik des Verdachts ist die Maschine der Garant der Wahrheit, wohingegen die Urteilskraft der meisten Menschen, wie Boyle bemerkt, eher im Auge als im Gehirn angesiedelt ist. Menschlicher Faktor, trügerisch also.

*

Mit der Apotheose der Naturwissenschaft tut sich ein Paradox auf. Denn selbige kann sich im 17. Jahrhundert nur unter dem Schutzschirm der *mechane* etablieren. Gewiss, man erforscht die Natur, aber nicht dort, wo sie als solche erscheint, sondern unter Laborbedingungen. Das Labor fungiert dabei als Produktionsstätte, wo Fakten (und Tatsachen) produziert werden, die sich auf gewöhnlichem, natürlichem Wege nicht erwerben lassen. Dem Vakuum kommt dabei die Rolle einer Geburtshelferin zu. Aber während sich die philosophische Mäeutik auf die Kraft des Wortes verlässt, wird in der Folterkammer der Wissenschaft das Nichts produktiv. Das Vakuum versieht die forschende Vernunft mit einem geistigen Raum, der nicht von dieser Welt zu sein scheint - und der genau deswegen der *mechane*, dem Betrug an der Natur, beistehen kann.

Folgen wir dieser Perspektive, nimmt die Maschine die Position des Arbiters ein, eines Souveräns, der entscheidet, ob eine Wahrnehmung gültig ist oder nicht. Wenn wir, um den geistigen Ort zu beschreiben, bislang von einer strukturellen Weltfremdheit gesprochen haben, so macht das Vakuum deutlich, dass diese Position, anders als in früheren Zeiten, nicht mit religiösen Empfindungen verwoben sein muss. Im Gegenteil: Das Vakuum, das sich an der Oberfläche des Luftmeeres auftut, besitzt eine materielle, elementare Seite - nur dass diese sich der kontrollierten

Abwesenheit alles Materiellen verdankt. Streng genommen wiederholt sich hier also der Betrug, den wir als Kennzeichen der Maschine fixiert haben. Man erkennt die Natur, weil man sie verlassen hat. Steht das Vakuum insoweit ganz in der Tradition der Maschine, bedeutet es auf einer anderen Ebene einen Bruch. Nunmehr nämlich löst sich der Geist von der Erde und nimmt, wie die Satelliten, die unseren Globus umkreisen, einen strukturell weltlosen Standpunkt ein. Nicht zufällig schreibt Boyle in seinem *Sceptical Chymist*: »Aber ach, wie eng ist diese Philosophie, die nur bis zu einigen jener zusammengesetzten Körper reicht, die wir nur auf oder in der Kruste oder außerhalb unserer Erdkugel finden, die selbst nur ein Punkt im Vergleich zu dem weiten, ausgedehnten Universum ist.«[18]

Weil diese Form der Weltfremdheit ein Desiderat, nein, mehr noch, eine Notwendigkeit ist, kann es ohne sie keine naturwissenschaftliche Erkenntnis geben. In diesem Sinn zwingt die Arbeit mit der *machina Boyleana* den Beteiligten die Perspektive des Fremden auf, indem ihnen zuteilwird, was ein natürlicher Körper erst oberhalb der Atmosphäre erleben könnte - und was er so wenig überleben würde, wie der bedauernswerte Vogel Boyles Experiment überlebt hat.[19] Weil dieser Punkt in Sinnesbereiche ausgreift, die dem unbewaffneten Sinnesapparat nicht zugänglich sind, befindet man sich, denkenderweise, in jener transanthropologischen Sphäre, die eine spätere Zeit mit dem *Cyborg* verknüpft hat: dem Astronauten, der ohne lebensunterstützende Instrumente im All nicht zu überleben vermag. In jedem Fall aber ist Boyles *pneumatic engine* dort, wo man sie als eine bessere Luftpumpe begreift, gründlich missverstanden. Vielmehr handelt es sich hier um den Prototyp eines Systems, dessen Zustände genauestens kontrolliert werden können. Anders jedoch als das System Luhmann'schen Zuschnitts, das nach Belieben, mit einem Federstrich, erzeugt werden kann,[20] handelt es sich um eine komplexe materielle Architektur, deren Funktionsmodus einen beträchtlichen Aufwand erfordert: Kontrolle der Dichtungen, der verwendeten Materialien, der Ventile etc.

Und dieses (Vakuum-)System ist nicht um seiner selbst willen da, sondern bildet die Umgebung, in die beliebige Objekte eingeführt und unter Laborbedingungen analysiert werden können: »Die ganze Maschine ist so beschaffen, dass man nur solche Dinge in sie einführen kann, an denen man Experimente vollziehen will.«[21] Am Kopfteil seiner gläsernen Kugel, die Boyle *Empfänger* getauft hatte, befand sich ein Messingverschluss, der sich öffnen ließ und durch den bestimmte Objekte in den *Receiver* eingeführt werden konnten. Einer der ersten Versuche Boyles bestand nun darin, dass er Torricellis Quecksilber-Röhre in Augenschein nahm: »Er erwartete, dass mit der Leerung des Empfängers der Quecksilberpegel im Barometer sinken würde. Und wenn er den Empfänger ganz oder fast ganz ausgeleert hatte, dann würde das Quecksilber in der langen Röhre ganz oder fast bis zu der im Gefäß darunter enthaltenen Quecksilbermasse sinken. Hätte Pascals Schwager sein Barometer nicht nur auf den Puy de Dôme, sondern bis ganz nach oben in den die Erde umgebenden Luftozean getragen, so hätte er genau das beobachtet.«[22] Mit anderen Worten: Es war, als hätte Boyle sich an den äußersten Rand der Atmosphäre, in eine extraterrestrische Beobachterposition hineinbegeben.

Dass ein künstlich erzeugtes Vakuum einen eigentlich geistigen Raum aufspannt, wird an den Auseinandersetzungen deutlich, die sich darum entspannen. Sehr bald schon nämlich spaltete sich die Gelehrtenschar in zwei unterschiedliche, einander bekämpfende Fraktionen auf: Da gab es einerseits die Plenisten, die dem alten Glauben anhingen, dass es in der Natur kein Vakuum geben könne, und andererseits die Vakuisten, die sich von Boyles Apparatur eines Besseren hatten belehren lassen. Dass sich in diesem Schisma auch moderne Geister wie Hobbes oder Descartes auf die Seite der Plenisten schlugen, zeigt nur, dass die geistige

Scheidelinie nicht zwischen der religiösen Weltanschauung und aufgeklärtem Szientismus verlief, sondern zwischen einem mechanischen Weltbegriff und einem thermodynamischen Denken – was die Differenz zwischen den beiden großen universalen Maschinen, dem Räderwerkautomaten und dem Computer, hervortreten lässt. Insofern macht das Schisma zwischen Plenisten und Vakuisten deutlich, dass man es vor allem mit zwei unterschiedlichen Energiebegriffen zu tun hat. Besteht der Kunstgriff der mittelalterlichen Hemmung darin, dass sie die Gravitation in distinkte Energieschübe zerlegt,[23] bewirkt die Erfindung des Vakuums, dass man zwischen zwei verschiedenen Druckzuständen, der Leere und der Fülle, der Null und der Eins, hin- und heroszillieren kann, ja dass diese Bewegung selbst zu einer Kraftquelle wird.

Damit ist der Weg vorgezeichnet, der zur Dampfmaschine führt, aber vor allem klarmacht, wie die experimentelle Weltsicht, zur praktischen Vernunft geworden, ihrerseits Tatsachen schafft – Tatsachen, die wiederum Tatsachen schaffen. Auf diesem Weg wäre vor allen Denis Papin zu nennen, Robert Boyles Assistent, der die *machina Boyleana* in Frankreich populär machen sollte. Nachdem Papin mit seinem Schnellkochtopf ein System gebaut hatte, mit dem sich Überdruck erzeugen und die Energieeffizienz steigern ließ, machte er sich, vom hessischen Kurgrafen dazu aufgefordert, im Jahr 1690 an die Konstruktion einer Maschine zum Heben von Wasser. Dabei war der Grundgedanke überaus simpel: Was, wenn es gelänge, in einem Zylinder einen Zustandswechsel herzustellen, also gezielt von Überdruck zu Unterdruck, von der Fülle zur Leere, hinüberzuwechseln? Da mit dem Wechsel Energie frei würde, könnte man diese nutzen und schwere Gewichte oder, wie vom Kurfürsten erwünscht, Wasser heben.

Schon 1685 hatte Sir Samuel Morland entdeckt, dass die Dämpfe des siedenden Wassers einen »viel größeren Raum (etwa zweitausendmal) als das Wasser einnehmen ...«[24] – was Druck erzeugte, der für technische Zwecke genutzt werden konnte. Diesem Gedanken folgend, konstruierte Papin einen Zylinder, der Wasser enthielt, und darüber einen Kolben. An diesem war über zwei Rollen ein Gewicht befestigt, sodass sich der Kolben etwas oberhalb des Wassers befand. Nun wurde das Wasser erhitzt, der Wasserdampf drückte den Kolben nach oben – und das hatte zur Folge, dass sich das Gewicht absenkte. Daraufhin wurde der Kolben arretiert und das Feuer gelöscht. In dieser Ruhephase kondensierte der Dampf im Zylinder und verwandelte sich zu Wasser zurück, was im Zylinder zur Bildung eines Vakuums führte. Weil nun der äußere Luftdruck auf den Kolben einwirkte und ihn nach unten drückte, hob sich das Gewicht – und war auf diese Weise Arbeit verrichtet.

Mit Papins atmosphärischer Dampfmaschine, die das Potenzialgefälle zwischen dem natürlichen Luftdruck und dem induzierten Vakuum ausnutzte, war der physikalische Arbeitsbegriff überhaupt erst instituiert: Arbeit ist gleich Kraft mal Weg. Der englische Erfinder Thomas Savery entwickelte das Papin'sche Modell weiter. Er verzichtete auf den Kolben und setzte stattdessen Ventile ein, die verschiedene Kammern miteinander verbanden. Einer der Kessel wurde erhitzt und der entstehende Wasserdampf wurde in einen Empfänger geleitet, der durch ein sich schließendes Ventil zu einer eigenen Kammer wurde. Diese wurde von außen mit Wasser besprüht, kühlte sich ab, und der eingeleitete, kondensierende Wasserdampf ließ ein Vakuum entstehen. Wie Papin nutzte auch Savery den äußeren Luftdruck: Dieser wirkte auf den Empfänger ein, und pumpte Wasser aus der Mine empor, das wiederum durch einen neuen Dampfschub durch eine Leitung nach oben gepumpt wurde. Saverys Maschine, die er geschäftstüchtig *The Miner's Friend* nannte, wurde 1698 mit einem Patent versehen.

Hatte man bislang manuell oder mithilfe von Pferdegöpeln (also durch Pferdekraft angetriebene Mühlen) das in die Bergbaumine eingedrungene Wasser abgepumpt, konnte dieses Geschäft nun von einer Maschine betrieben werden. Saverys Erfindung wurde 1712 von Thomas Newcomens atmosphärischer

Dampfmaschine abgelöst. Newcomens Innovation bestand darin, dass er zur Beschleunigung des Kondensationsprozesses kaltes Wasser zuführte – vor allem aber, dass er den Zustandswechsel vom Überdruck zum Unterdruck nicht mehr auf händische Weise von einem Menschen kontrollieren ließ, sondern dynamisierte. Auf diese Weise konnte die Maschine immerhin zwölf bis dreizehn Pumpakte pro Minute vollziehen. Freilich sollte es noch ein weiteres halbes Jahrhundert dauern, bis die atmosphärische Dampfpumpe eine solche Energieeffizienz annahm, dass sie zu einer Form industrieller Primärenergie werden konnte. Dazu musste die Auf- und Abbewegung in eine Kreisbewegung überführt werden. Dieser Neuerungsimpuls ging auf den Finanzier Matthew Boulton zurück, der eine Kooperation mit dem jungen James Watt eingegangen war – vor allem aber die Dampfmaschine als universale Kraftquelle erkannt hatte. Folglich beantwortete er die Frage des Schriftstellers James Boswell, worin sein Geschäft bestünde, kurz und bündig: »I sell here, Sir, what all the world desires to have: Power!«[25]

Mit dieser Antwort ist das Zeitalter der Dampfmaschine eingeläutet, es schlägt die Stunde der Macht. Dass diese neue Macht käuflich ist, ist jedoch weniger bemerkenswert als die dem Produktionsmittel innewohnende geistige Fallhöhe. So wenig wie die dyadische Codierung der Null und der Eins eine Selbstverständlichkeit ist, so wenig selbstverständlich ist, dass man über die Indienstnahme des Vakuums auf rhythmische Weise Energieschübe auslösen kann. Im Gegenteil: Man hat es mit einem kollektiven, hochgradig kontingenten Gedankengebäude zu tun. *Conditio sine qua non* ist die Himmelfahrt der Maschine, die Möglichkeit, in Gedanken über das Luftmeer hinausgehen zu können: praktisch gewordene Metaphysik.

Obschon Dampf bereits in der Antike von Heron von Alexandria, dann in der Renaissance genutzt wurde, um Spiel- und Wunderwerke anzutreiben, zieht erst das 17. Jahrhundert die Möglichkeit in Betracht, Dampf als Kraftquelle einzusetzen. Mit der praktisch gewordenen Thermodynamik ist so etwas wie ein steter und kontrollierbarer Energiestrom gegeben. Von Thomas Newcomens Dampfmaschine ausgehend, bedurfte es fünf weiterer Jahrzehnte und des Einsatzes beträchtlicher Finanzmittel, um diese auf den Bergbau konzentrierte Insellösung zu einer allgemeinen Kraftquelle werden zu lassen.

In diesem Prozess kam Matthew Boulton eine besondere Rolle zu. Er war keineswegs bloß ein geschäftstüchtiger Entrepreneur, sondern hatte als Begründer der *Lunar Society*, gemeinsam mit Koryphäen wie etwa Erasmus Darwin, Joseph Priestley oder Thomas Day, ein ausgeprägtes Interesse an naturphilosophischen Fragen, Magnetismus und Elektrizität. Als er der Verbesserungen ansichtig wurde, die ein junger Instrumentenmacher in den Diensten der Glasgower Universität an Newcomens Maschine vorgenommen hatte, begriff er, dass hier eine neuartige, universal verwendbare Kraftquelle erschlossen war. Folglich stattete er James Watt mit Finanzmitteln und Mitarbeitern aus – und ging mit ihm eine Partnerschaft ein. Dass aus dieser Partnerschaft in einer Generation gut 500 Dampfmaschinen hervorgingen, dass zudem die Energieeffizienz der Maschine beständig gesteigert wurde und die englische Industrienation sich von den anderen Ländern absetzte, belegt eine geradezu beängstigende Dynamik.

Wie sich diese entfalten konnte, lässt sich an einem Beispiel verdeutlichen: Weil die Dampfmaschine ihre Eignung auch für die metallverarbeitende Industrie gezeigt hatte, ging Watt eine Kooperation mit John Wilkinson ein. Dieser hatte zuvor vor allem Kanonenrohre gefertigt und war mit dem Vorhaben, ein eisernes Schiff bauen zu wollen, auf allgemeine Belustigung gestoßen – was ihn, mit Watts Dampfmaschine ausgerüstet, nicht hinderte, genau das zu tun. Vor allem aber führte die Dampfmaschine zu Verbesserungen seiner Kanonenrohrtechnik, und weil sich das wiederum auch auf die Zylinderfertigung auswirkte, war Watt in den Stand gesetzt, die Energieeffizienz seiner Maschine beträchtlich zu steigern – eine Kraftpotenzierung, die eine Reihe von weiteren Anwendungsfeldern eröffnete.

Da die ersten Dampfmaschinen lediglich ein Auf und Ab, also eine lineare Bewegung vorsahen, regte Matthew Boulton an, dass man die lineare Bewegung des Kolbens in eine Kreisbewegung übersetzen möge – was mithilfe eines Kurbelgetriebes gelang, das ein Schwungrad antrieb.[26] Auf diese Weise konnte die Dampfmaschine in der Textilindustrie, bei der Metallherstellung, aber auch beim Buch- oder Zeitungsdruck eingesetzt werden. Die Effekte waren beträchtlich: Allein in der britischen Eisenindustrie führte das von 1788 bis 1804, in gut anderthalb Jahrzehnten also, zu einer Vervierfachung der Produktion. Mit der Verbreitung der Dampfmaschinen kamen lauter neuartige Anwendungen hinzu: So baute Richard Trevithick schon 1797 einen ersten portablen Dampfwagen, der vieles von dem, was Stephenson 1816 mit seiner Lokomotive realisierte, vorwegnahm. Charles Dickens' Einsicht, dass Wandel den Wandel erzeugt, ja dass nichts sich schneller fortpflanzt,[27] besagt nichts anderes, als dass das Rad des Fortschritts sich immer schneller zu drehen beginnt. Warum? Weil sich in dem Maß, in dem man die Natur auf immer intelligentere Weise zu betrügen vermag, die Energieeffizienz steigern lässt.

Dass man diese Welt heutzutage den *fossilen Energien* zurechnet, ist nicht nur der Fokussierung auf die Substanzen wegen eine gedankliche Fehladressierung – es unterläuft die disruptive Kraft dieser Energieform überhaupt. Denn mit der Dampfmaschine wird ein neuer, transanthropologischer Energiebegriff freigelegt. Nicht zufällig beginnt man die Energie zu metrisieren, zunächst als Pferdestärke, dann nach ihrem Namensgeber Watt. Dieser neue Blickwinkel verändert die Sicht auf den Menschen. Hatte La Mettrie – *Monsieur Machine* – Mitte des 18. Jahrhunderts noch das Bild eines Räderwerkautomaten gezeichnet, ging man dazu über, den Arbeiter als homöostatisches Wesen zu denken. Fortan bestand seine Aufgabe darin, mehr Energie zu erzeugen, als man in ihn hineingesteckt hatte – eine Anforderung, die den Psychoanalytiker Jacques Lacan zu einem Text über »Freud, Hegel und die Dampfmaschine« angestiftet hat.

*

Wie lässt sich die Moderne lesen, wenn wir nicht der Selbstermächtigungslehre der Plenisten, sondern dem Instinkt der Vakuisten folgen? Begeben wir uns auf diese Spur, wäre die Moderne weniger als Entfaltung eines überlegenen Selbstbewusstseins aufzufassen denn als Erforschung eines Raums, der sehr viel dunkler und fragwürdiger ist: eine wahre *terra incognita.* Bald schon nämlich zeitigte das Vakuum Phänomene, die weder mit dem cartesianischen Cogito noch mit Newtons *Principia Mathematica* zusammengehen wollten. Dabei musste man nicht viel mehr tun, als die rätselhaften Phänomene in Augenschein zu nehmen, die sich mit der Entdeckung des Vakuums einstellten. Es begann im Jahr 1675, als der französische Astronom Jean Picard, der Begründe des modernen Vermessungswesens, ein Barometer schüttelte und mit Erstaunen registrierte, dass es zu glühen begann.[28] Diese Entdeckung fügte sich zu der lumineszierenden Eigenschaft des Quecksilbers, die Robert Boyle schon im Jahr 1666, anlässlich einer Demonstration des deutschen Alchemisten Johann Daniel Krafft, beobachtet hatte: »Herr Krafft bat um ein Blatt Papier, nahm etwas von seinem Zeug auf die Fingerspitze und schrieb in großen Buchstaben zwei oder drei Worte, von denen eines, DOMINI, aus Großbuchstaben bestand, die [...] so lebhaft leuchteten und so seltsam aussahen, daß der Anblick äußerst angenehm war und eine Mischung aus Fremdartigkeit, Schönheit und Schrecklichkeit enthielt.«[29]

Da der Showeffekt dieses Wunders so groß war, dass es um seiner selbst willen Einnahmen versprach, blieb es, als sorgsam gehütetes Geschäftsgeheimnis, lange Zeit unerwähnt. Erst Newtons Assistent Francis Hauksbee nahm die Frage nach der *flammula vitae*, der Flamme des Lebens, wieder auf – schon aus dem

Grund, um die Unterfinanzierung durch seinen knausrigen Chef mit Privatvorführungen kompensieren zu können. In einer kleinen Notiz über *Experimente zur Erzeugung und Ausbreitung von Licht aus Phosphor in vacuo* berichtet er, wie er in einem ersten Experiment in einem dunklen Raum mit Phosphor »einige Linien auf ein Stück blaues Papier« gezeichnet habe und dass diese, in einer wellenhaften Bewegung, zu leuchten begannen: Das Papier »wurde unter einem Empfänger platziert, nach einigen Wiederholungen hörte die Wellenbewegung auf, aber die leuchtende Qualität schien in einem großen Maß erhöht zu werden; der Druck im Empfänger wurde weiter erhöht, es wurde offensichtlich heller; und so weiter, bis auf den Einlass von Luft das Licht spürbar und regelmäßig abnimmt.«[30] Vor allem Reibung mit einem weichen Stoff bewirkte eine erstaunliche Steigerung der Lumineszenz. So notierte er: »Das Licht im Vakuum wird erzeugt durch die Reibung eines festen Körpers (wie Bernstein) an einem weichen und nachgiebigen Körper (wie Wolle).«[31] Weil Hauksbee Zugriff auf die *machina Boyleana* besaß, zudem beständig an ihrer Weiterentwicklung und Verbesserung arbeitete, war er imstande, diese Versuche nun systematisch fortzusetzen.

Da er festgestellt hatte, dass sich die Lumineszenz durch Bewegung im Vakuum steigern ließ, installierte er eine Vorrichtung, mit der sich die Glaskugel ins Rotieren bringen ließ. Diese *Maschine zum Erzeugen einer schnellen Bewegung von Körpern im Vakuum, ohne Einlassen der Außenluft*[32] produzierte erstaunliche Resultate und nahm in gewisser Hinsicht die Glühbirne vorweg, zugleich aber stellte sie den Prototyp eines elektrostatischen Generators dar. An genau dieser Stelle öffnet sich der Pfad in Richtung auf die Elektrizität, wird sichtbar, dass die extraterrestrische Position, die wir dem Vakuum zugesprochen haben, eine grundstürzende Veränderung des Weltverhältnisses bewirkt.

*

Lange Zeit bleibt die Elektrizität ein Kuriosum, das experimentierfreudigen Kavalieren vor allem als Zeitvertreib und Gesellschaftsspiel diente. Die »Experimente«, die in diesem Umfeld durchgeführt wurden, entsprangen weniger einem Forschergeist als vielmehr einem allgemeinen Unterhaltungsbedürfnis, genauer: dem Wunsch, sich mit einer Überraschung in Szene zu setzen. Folglich schickte man sich an, einer jungen Frau, einer *Venus electrificata*, Funken aus den Haaren zu ziehen; dann wieder bat man einen Gast, auf eine Münze zu beißen, und elektrisierte ihn; berührte nun eine zweite Person die Münze, konnte der bedauernswerte Proband, von einem heftigen Schlag heimgesucht, sich an der Münze nur die Zähne ausbeißen. Überaus beliebt war auch der Begrüßungskuss, den eine junge Dame den ankommenden Gästen spendierte. Da diese *Venus electrificata* mit einer versteckten Elektrisiermaschine verbunden war, wurden die Gäste mit einem elektrischen Schlag willkommen geheißen. In Anbetracht dieser Gesellschaftsspiele stellt die Aktion des Leipziger Altphilologen Johann Heinrich Winkler, der aus Glasrohren Buchstaben formte und seinen König mit dem glühenden Schriftzug *Augustus Rex* begrüßte, einen intellektuellen Gipfel dar, denn damit war nicht nur eine höchst originelle royalistische Ergebenheitsadresse demonstriert, sondern auch die erste elektrische Reklamebeleuchtung geschaffen.

Dem spielerischen Charakter zum Trotz, machen all diese Darbietungen klar, dass das merkwürdige Fluidum - auch wenn es eine rätselhafte, kaum verstandene Größe ist - keine abstrakte, jenseitige Kraft darstellt, sondern sich auf den Körper jedes einzelnen Menschen auswirkt. Mit einem Schlag elektrisiert war damit jedermann einer solchen Kraft ausgesetzt, sodass es kein Zufall war, dass man sie als *vis vitalis* oder als *flammula vitae* identifizierte. Charles Rabiqueau etwa schrieb 1753 eine Abhandlung über »Das Spektakel des Elementarfeuers oder der Verlauf der experimentellen Elektrizität«. War dieser Mann als Jurist und königlicher

Hofingenieur mit höchst praktischen Dingen beschäftigt, verstieg er sich in dieser Schrift dazu, den Kitzel der Elektrizität als Erklärung der menschlichen Sexualität heranzuziehen.[33] Elektrizität ist Lust – und vice versa.

Das vor Augen, wird verständlich, dass und warum sich die Elektrizität auf höchst paradoxe Weise dem Gesellschaftsleben einschreibt. Führte sie, ins Innere gewendet, dazu, dass sich mit dieser Lust jener Kontinent öffnete, den wir das »Unbewusste« nennen, bewirkte sie zum anderen eine Entgrenzungsbewegung – einen Strukturwandel der Öffentlichkeit, der sich in einer wachsenden Nervosität, einem allgemeinen Publikations- und Nachrichtenbedürfnis artikulierte. Hatte Stephen Gray schon bei seinen ersten Versuchen 1708 entdeckt, dass mit der Elektrizität Fernhandeln möglich war, war es nur folgerichtig, die *lines of communication* zu erweitern – umso mehr, als er am Beispiel eines an Hanfseilen aufgehängten Schuljungen demonstrieren konnte, dass auch der menschliche Körper als elektrischer Leiter fungierte. Weil, mit anderen Worten, die Elektrizität sich zu einem gesellschaftlichen *Leitmedium* entwickelte, weil mit der Leidener Flasche dieses Medium auch speicherbar wurde, ersann der Lehrer des französischen Thronfolgers, der Abbé Jean-Antoine Nollet, eine Versuchsanordnung, die gleichsam in paradigmatischer Form, als Gesellschaftsformation, die Struktur der Moderne verrät – aber sonderbarerweise als solche nicht begriffen worden ist.[34]

Interessanterweise entsprechen die beiden Formationen jenen »künstlichen Massen«, die Freud in seiner Massenpsychologie erwähnt.[35] Es sind Soldaten und Mönche, die dem Abbé bei seinen beiden großen Versuchen dienstbar waren. Obschon die Versuchsanordnung einen gleichsam esoterischen Anschein verrät, entspricht seine Planung doch ganz dem Geiste Boyles.[36] So konnte Nollet seinem Zögling, Louis XV., vor Augen führen, dass die Entladung des Kondensators ganze 180 Gardisten in heftigste Zuckungen versetzte. Der Zweck des darauffolgenden Versuches, an dem

700 Kartäusermönche teilnahmen, war es dann, die Geschwindigkeit des elektrischen Fluidums zu ermitteln. Dazu wurden die Mönche in einem Kreis aufgestellt und mit Eisendraht verkabelt. Darauf berührte der Versuchsleiter die kleine Antenne, die aus der wassergefüllten Leidener Flasche herausragte – und alle Mönche verfielen in konvulsivische Zuckungen, zeitgleich.

Dieser Versuch ist für unsere Argumentation insoweit bedeutsam, als er klarmacht, dass die sogenannte »Netzwerkgesellschaft«[37] kein Produkt der Internetwelt ist, sondern in Gestalt der elektrisierten Massenformation bereits im 18. Jahrhundert gegeben ist, und zwar in prototypischer Form. Wenn es heißt, dass eine Institution die Lösung eines Problems darstellt, an das man sich nicht mehr erinnert, so macht Nollets Versuch den Blick wieder frei auf die grundlegenden Fragen – nur dass diese sich nicht in abgespaltener Form, sondern in der Gestalt eines sonderbaren, historisch präzedenzlosen Kollektivsubjekts artikulieren.[38] Zunächst ist festzuhalten, dass diese Massenformation kein bloß symbolisches Ensemble darstellt, sondern auf eine »heiße«, energetische Frage zurückgeht. Die Beherrschung des Vakuums, die *machina Boyleana*, Kraffts lumineszierende Schrift, die *lines of communication* des Stephen Gray und die Dampfmaschine des Thomas Newcomen – all das spielt hier mit hinein. Man könnte sagen, dass mit diesen energetischen Fragen die Gesellschaft selbst unter Strom gesetzt wird. Diese energetische Seite des Psychotops, vor der man sich kundigerweise isoliert, ist dabei keineswegs eine randständige Angelegenheit, sondern geradezu fundamental. Wenn sich die Alphabetschrift den Fortschritten der Metallurgie verdankt,[39] der Räderwerkautomat der Indienstnahme der Gravitation, so verdankt sich die Netzwerkgesellschaft der energetischen Revolution des 17. und 18. Jahrhunderts.

Wie schnell bewegt sich die Elektrizität also? Nollets Antwort: Sie bewegt sich so schnell, dass das Auge die Bewegung, die das elektrische *Effluvium* durch die Masse der Mönche nimmt, nicht

Joseph Wright of Derbys *Das Experiment mit dem Vogel in der Luftpumpe* zeigt anschaulich, dass die Expertise (das Denken über dem Luftmeer) Entsetzen hervorruft.

erfassen kann. Und weil es keinen Phasenversatz gibt, bleibt nur die Schlussfolgerung übrig, dass das Ganze, wie wir heute sagen würden, in Echtzeit geschieht – ein Gedanke, der mit allen Grundannahmen des mechanischen Weltbildes konfligiert.

Versuchen wir das Besondere der Nollet'schen Massenformation herauszuarbeiten, könnte man einen Parallelismus ins Spiel bringen, der verwunderlich ist, aber ins Register jener Fragen fällt, an die man sich nicht mehr erinnert. Denn fragt man danach, worin das Charakteristikum eines Prozessors besteht, lautet die Antwort, dass in einem Prozessor die einzelnen Transistoren sich im Gleichschritt bewegen, dass es keinen Zeitversatz zwischen dem Raumpunkt A und dem Raumpunkt B gibt. Übertragen wir das auf die Formation der elektrisierten Mönche, ließe sich sagen, dass sie ihrerseits so etwas wie einen Humanprozessor darstellen.

Auf der Basis dieser Aussage wiederum ließe sich das energetische Apriori des zeitgenössischen Informationsbegriffs neu bestimmen - indem *Information* als die Art und Weise zu bestimmen wäre, wie sich die Mönche des Abbé Nollet *in Formation* stellen. Anders gesagt: Der Informationsbegriff ist zutiefst mit der Frage der Telematik, also einer elektromagnetischen Übertragung verknüpft.[40]

Wenn die Informatik à la Shannon die Information vom Rauschen des Kanals zu trennen versucht, so ist damit gesagt, dass der Information die Idee einer elektromagnetischen Schrift zugrunde liegt - ein Gedanke, der unsere Vorstellung von Schriftlichkeit durcheinanderwirbelt. Fortan nämlich kann alles, was elektrisierbar (und folglich digitalisierbar) ist, sich zu Schrift wandeln - mögen das nun die Positionsdaten eines Wals, die seismischen Reaktionen einer Gebirgsspalte oder die neuronalen Reaktionen in der Amygdala sein.

Insofern die Mönchsformation des Abbé Nollet energetisch gleichgeschaltet wird, lässt sie sich als Prototyp der modernen Massengesellschaft begreifen; zugleich macht sie klar, dass sich diese nicht über einen Federstrich konstituiert, sondern eine technologische Basis besitzt - eine spezifische Weise, die Natur zu betrügen. Haben wir vom Psychotop der Moderne gesprochen, lässt sich das nun dahingehend spezifizieren, dass dem ein Psycho-, genauer: ein Sozioplasma vorausgeht, eine Technik, die so etwas wie eine Netzwerkgesellschaft überhaupt erst ermöglicht.

Geistesdiätetik

Man sagt, dass man ist, was man isst. Die Frage ist: Was passiert, wenn man eine solche Diätetik auf die sozialen Praktiken und Usancen überträgt? Dann ist klar, dass sich eine Veränderung der Außenwelt in die Innenwelt überträgt – was sich im griechischen *diaita* bereits artikuliert, welches sich nicht auf die Ernährung, sondern allgemein auf die Lebensweise bezieht. Erstaunlicherweise wohnt dem Wort auch das *Schiedsrichteramt* inne, woraus zu schlussfolgern ist, dass es bei der *diaita* immer auch um eine Unterscheidung geht – zwischen dem, was man zu sich nimmt, und dem, was man als ungesund, geschmacklos oder unverdaulich verweigert.

Da schon die Bibel weiß, dass der Mensch nicht vom Brot allein lebt (5. Moses 8), überträgt sich die diätetische Problematik auch auf die Symbole: Man wird zu dem, was man liest, hört und sieht. Das Gleiche gilt für Handgriffe und Praktiken, die im Laufe der Zeit, wie der Volksmund sagt, in Fleisch und Blut übergehen – sich also als Macht der Gewohnheit in den Körper einschreiben. Gehe ich beispielsweise mit einer Maschine um, nehme ich die Kraft der Maschine in mich hinein – wobei dieser Vorgang insoweit besonders ist, als die Maschine als geistige *black box* fungiert, also eine Reihe von Implikationen in sich trägt, die dem Nutzer so wenig bewusst sein müssen wie die Beigabe entsprechender Zusatzstoffe in der industriellen Nahrungsmittelproduktion. Tatsächlich muss man die Maschine nicht einmal selbst in die Hand nehmen. Das Kind beispielsweise, das beobachtet, wie ein Bauarbeiter einen Presslufthammer bedient, nimmt das Phantasma einer übermenschlichen Kraft in sich auf. In diesem Sinne ist auch die Beobachtung, also das Erleben aus zweiter Hand, eine Quelle der psychischen Introjektion – was René Girard zu seiner Philosophie des mimetischen Begehrens geführt hat.[1]

Dieser Gedanke ist schon deswegen überaus hilfreich, weil man auf diese Weise die Beobachtung, die Medialität, ja selbst die Produkte der Fiktion dem Feld des Begehrens zuschlagen kann. Insofern bestimmte Praktiken den jeweiligen Spezialisten vorbehalten sind, kann das zu einer Potenzierung des mimetischen Begehrens beitragen. Dass eine bestimmte Praxis als Privileg erlebt wird, verleiht dieser wiederum eine besondere Anziehungskraft. In diesem Sinne gesellt sich der Beobachtung einer Praxis die Aura hinzu, ein sozialer Halo, der selbst, im Sinne der Autoritätsgläubigkeit, eine phantasmatische Seite annehmen kann. Was man liest, hört und sieht, mag sich folglich zu Schriftgläubigkeit, Hörigkeit und Verblendung auswachsen. Diese Tendenz verstärkt sich dort, wo ein begehrtes Objekt, wie im Fall der Maschine, seinen Funktionsmodus im Innern verschließt.

Tatsächlich ist diese Dunkelkammer in der arbeitsteiligen Welt eine Unerlässlichkeit, ist man doch zwangsläufig auf die Expertise von Spezialisten angewiesen. Andererseits wirkt diese Dunkelkammer wie ein trojanisches Pferd, in dem sich unerwünschte Geister verbergen können. In jedem Fall ist mit dem Introjekt zwangsläufig verbunden, was C. G. Jung so treffend als »psychische Inflation« bezeichnet: all jene Glaubensartikel, denen eine Gesellschaft aufsitzt und ohne die sie, wie die Geldillusion zeigt, nicht existieren kann.[2] Ist das ein Beleg dafür, dass die Gesellschaftsfundamente, bis zu einem gewissen Grad jedenfalls, auf Luft gebaut sind, so fügt sich das zu der Umdeutung, die der *diaita* mit ihrer Latinisierung zuteilwurde. Denn das lateinische *diaeta* steht für die geregelte Lebensweise, aber meint darüber hinaus auch den Aufenthaltshort, die Wohnung, das Zimmer. Kurzum, das, was man das Heim nennen könnte. Insofern die *diaeta* eine Spiegelung der Lebensweise darstellt, lässt sich leicht eine Beziehung zum Psychotop herstellen: als Gesamtheit der gesellschaftlichen Praktiken, die sich in die verschiedenen Instrumente, Institutionen und Praktiken ausgelagert haben.

Nehmen wir das Vakuum als Initiale der Moderne, so ist das insoweit aufschlussreich, als diese »Erfindung« mit einem neuen, experimentellen Weltzugang einhergeht. Darin werden allein die selbst produzierten Tatsachen für bare Münze genommen – wozu es in Anbetracht einer tätigen Dampfmaschine einigen Grund geben mag. Aber bedeutet das, dass der Nutzer der Maschine das Vakuum in sich hineinnehmen, ja dass er sich wie die Wissenschaftler des 17. Jahrhunderts in Gedanken über dem Luftmeer ansiedeln muss? Weil die Antwort nur *Ja* lauten kann, muss man die Materialität und Funktionsfähigkeit eines solchen Objekts als eine Form der psychischen Abspaltung begreifen: Man muss nicht wissen, wie ein Motor funktioniert, um ihn benutzen zu können. Gehen wir jedoch davon aus, dass man zu dem wird, was man in materieller, vor allem aber auch symbolischer Form zu sich nimmt, ist es eine Zwangsläufigkeit, dass die Maschine den Blick auf den menschlichen Körper verändert, ja die Selbstwahrnehmung überhaupt. Das geschieht jedoch keineswegs unmittelbar, sondern schleichend – so wie eine chronische Krankheit, die sich erst ganz allmählich bemerkbar macht.

Dieses Hysterese-Phänomen (die verspätete Einsicht in den Vorgang der Übertragung) führt dazu, dass sich der Bezug zur Ursache verdunkelt. Wer beispielsweise käme auf den Gedanken, dass das Zählen von Kalorien und Joule irgendetwas mit der Dampfmaschine, geschweige denn dem Vakuum zu tun haben könnte? 1845 definiert, stand die Kalorie für die Wärmemenge, die erforderlich war, um ein Kilogramm Wasser um ein Grad Celsius zu erhitzen.[3] Hat sich das heute auf ein einziges Gramm reduziert, so spiegelt der Begriff – *calor*, Wärme – den Funktionsmodus einer Dampfmaschine wider. Im allgemeinen Bewusstsein jedoch hat sich dieser Bezug gänzlich verflüchtigt. Als die Kalorie nach dem Ende des Ersten Weltkriegs in einem Lebensratgeber auftauchte,[4] ging es allein darum, die Entwicklung überflüssiger Fettpolster zu verhindern, weswegen die Autorin einer Leserin, die zu dünn sei und an Gewicht zulegen wolle, nur zurufen könne: »Don't read this!«

Mag das Sinnieren über Kalorienzahlen über die Frauenzeitschriften zu einer scheinbar individuellen Diät-Entscheidung geworden sein, so steht das, was unter den Tisch gefallen ist, in gespenstischer Weise wieder auf. Die jugendliche Anorektikerin, die jedes Lebensmittel auf seine Kalorienzahl abscannt, operiert in einem Kosmos, der voll ist von *Beautify*-Filtern, die klingende Namen wie *PicBeauty*, *Facetune* oder *YouCam Perfect* tragen, hinter denen jedoch, ob unausgesprochen oder nicht, die Drohung einer abgründigen Körperscham steht. Insofern ist das Spiegelbild, das sich ihrem strengen, grundfremden Blick nicht fügen will, in Gedanken bereits in das Innere der Glaskugel verbannt – ein Versuchsobjekt, dem in Gedanken alle erdenklichen Exerzitien auferlegt werden. Nein, man ist nicht allein, wenn man vor dem Spiegel steht. Im prüfenden Blick ist bereits die Fremde versammelt – spürt man die Blicke der *Sceptical Chymists*, die gebannt zuschauen, wie der Vogel im Innern der Glaskugel verendet. Gerade in dem Maß, in dem man sich über die geisterhafte Moderne im Unklaren ist, können die Geister der Vergangenheit ihr Unwesen treiben.

Von daher wäre zu fragen, ob das Versprechen der Aufklärung, die individuelle Autonomie, nicht die größte aller denkbaren Illusionen ist. Denn selbst wenn es gelingt, sich ohne Leitung eines anderen der eigenen Verstandeskraft zu bedienen, so hat man es doch immer mit dem Vorgefundenen zu tun. Und in diesem Psychotop tragen die Wörter, Bilder, Begriffe, Maschinen eine Dunkelheit, ja ein kollektives Unbewusstes in sich. Wer käme auf den Gedanken, dass ein so harmloses Wort wie *Repräsentation* eine theologische Konterbande in sich trägt? Und doch erlebt derjenige, der sich zum General-Repräsentanten der Firma *Megalomania Incorporated* ernannt sieht, dass sich dieser Titel auf der Businesscard wie eine Ordination anfühlt. Dabei muss das Moment der psychischen Inflation nicht einmal einem gesteigerten Narzissmus entspringen. *Nolens volens* nimmt man die Blasen und Phantasmen vergangener Zeitalter in sich auf. Oder wie Nietzsche es in wunderbarer Kürze gesagt hat: *Jedes Wort ist ein Vorurteil.*

Von daher mag die Sprache, die (wenn auch in verstummter Form) die Erinnerung an frühere Zeiten konserviert, sehr viel weiter, ja auch weiser sein als die narzisstische Selbstermächtigungsgeste, die sich im Hier und Jetzt zur Vorstellung wahrer Autonomie aufschwingt. Wenn man sagt, dass man sich austauscht, so besagt das, dass die eigene Körperlichkeit, ja der Begriff des Selbst auf eine Form des sozialen Metabolismus, des Austauschs zurückgehen: das, wofür die Antike das Wort der *diaita* geprägt hat. Weil die Diätetik in unserem Sprachkontext Assoziationen erweckt, die in falsche Richtungen weisen, könnte man von einem *psychischen Metabolismus* sprechen - einem Konzept, das, wie wir bereits gesehen haben, sich der Dampfmaschine verdankt. Oder treffender noch: von einer Metempsychose, bei der der psychische Apparat einer Zeit eine grundlegende Verwandlung erlebt. Wie man ist, was man isst, wird man zu dem, was man praktiziert.

Üblicherweise trägt man dem Rechnung, indem man hier kurzerhand von einer zweiten Natur spricht - was insofern irrig ist, als das Konzept der *zweiten Natur*, das in der *Nikomachischen Ethik* des Aristoteles erstmals erwähnt wird, mit Natur nichts zu schaffen hat, umso mehr aber mit der Gewöhnung.[5] In diesem Sinn fällt die *diaita* tatsächlich mit der Macht der Gewohnheit zusammen. Und weil diese sich untergründig, unter der Hand einschleichen kann, mag derjenige, der sich auf die Umstände einlässt, gar nicht realisieren, wie ihm geschieht. Das ist der Stoff, um den es in den beiden nachfolgenden Kapiteln gehen soll.

Vom Geist des Kapitalismus

Ein Protagonist, an dem sich die Genese des neuen Zeitalters studieren lässt und den auch Max Weber für seine große Studie zum *Geist des Kapitalismus* auserwählt hat, ist Benjamin Franklin. Auf geradezu paradigmatische Weise lässt sich in seiner Vita der Übergang von der Gutenberg-Galaxis[1] zur Massengesellschaft nachvollziehen. In diesem Sinn ließe sich dieser *erste Amerikaner*[2] als Vertreter eines neuen Menschentypus begreifen: als *homo novus* – oder pathetischer noch: als ein *moderner Prometheus* – eine Aussage, die, aus dem Mund des stocknüchternen Immanuel Kant kommend, umso bemerkenswerter ist.

Franklin, ein junger Drucker aus Boston, im Jahr 1706 geboren, begriff früh, dass sich mit den zirkulierenden Druckwerken eine Art allgemeiner Erregung ausbreitete – und so erschien es dem 15-Jährigen, der in der Druckerei seines älteren Bruders arbeitete, höchst reizvoll, bei diesem Spiel mitzutun. Also schob er dem *New England Courant* eine Serie von Korrespondenzen unter die Tür, die vorgeblich von einer gewissen Silence Dogood, einer Witwe in den mittleren Jahren, verfasst worden waren. Die Begeisterung des Verlegers des New England Courant, also seines älteren Bruders, verwandelte sich indes in Verärgerung, als er die wahre Identität des Avatars herausfand. Folglich verließ Benjamin die Heimatstadt Boston und suchte Zuflucht in einer Druckerei in Philadelphia.

Als er zwanzigjährig nach London übersiedelte, um sich dort zum Druckergesellen ausbilden zu lassen, verfasste er einen Text, der vor allem die öffentlichkeitswirksame Seite dieses Gewerks beleuchtete, ja den man als eine Form des Lustkalküls auffassen könnte: *A Dissertation on Liberty and Necessity, Pleasure and Pain.* Der Impuls dazu war die Schrift eines englischen Moralphilosophen, William Wollaston, die Franklin in Samuel Palmers

Druckerei gesetzt hatte – und die er zu widerlegen suchte. Franklins *gegenwärtige Gedanken über den allgemeinen Stand der Dinge im Universum* waren insoweit bemerkenswert, als er in seinem Essay eine Art Talionsprinzip etablierte: ein göttliches Gleichgewicht, bei dem ein Quantum Leid von dem entsprechenden Quantum Lust gelöscht werden konnte.

Nach Amerika zurückgekehrt, nahm diese Libidotheorie *avant la lettre* die Gestalt eines Verhaltensplanes an, der auf wenigen ökonomischen und rationalen Grundsätzen beruhte – und jene Selbstoptimierungslogik verrät, wie sie in unseren Tagen endemisch geworden ist.[3] Dieses durch und durch utilitaristische Selbstverständnis überträgt sich auch auf seine Gesellschaft. Wie er in der Perspektive des Druckers und Zeitungsverlegers die Öffentlichkeit voraussetzt, erscheint ihm auch die Nationalökonomie eine selbstverständliche Größe, ja eine moralische Instanz geradezu: denn es gibt keine »Wissenschaft, deren Studium nützlicher und lobenswerter ist als die Kenntnis der wahren Interessen des eigenen Landes; und vielleicht gibt es keine Art des Lernens, die abstruser und komplizierter ist, die schwieriger in irgendeinem Grad der Vollkommenheit zu erwerben ist als diese, und daher keine, die allgemeiner vernachlässigt wird«.[4]

Zweiundzwanzigjährig etablierte sich Franklin, gegen den Willen seines Vaters, mit der *Pennsylvania Gazette* als Zeitungsverleger. Neben verschiedenen Beiträgen, die er unter Pseudonym veröffentlichte – vor allem seinem Alter Ego Richard Saunders, dem Stifter des *Poor Richard's Almanack* –, machte er sich schon früh daran, mit verschiedenen Kooperationspartnern ein regionales Netzwerk von Druckereien und Zeitungen aufzubauen. So erfolgreich war er darin, dass er sich schon mit zweiundvierzig Jahren aus dem aktiven Geschäftsleben zurückziehen und sich, als *gentleman philosopher*, seinen Neigungen widmen konnte.

Diese Neigungen bezeugen allesamt einen umtriebigen, utilitaristischen Geist. Nach der Gründung eines Herrenclubs, der sich im Laufe der Zeit eine kleine Bibliothek angeschafft hatte, wartete Franklin 1731 mit der ersten Leihbibliothek auf, der Library Company of Philadelphia; dann regte er an, eine Freiwillige Feuerwehr ins Leben zu rufen: »Eine Unze Vorbeugung ist soviel wert wie ein Pfund Heilung«[5]; schließlich gründete er nach dem Vorbild der Royal Society die American Philosophical Society, der mit George Washington, John Adams und Thomas Jefferson die Gründungsväter der amerikanischen Verfassung beitraten. Als die Kronkolonien in einen Konflikt mit dem englischen Mutterland gerieten, organisierte Franklin eine Bürgermiliz, die sich vor allem dadurch auszeichnete, dass sie ihre Mitglieder unabhängig von Standesunterschieden aufnahm. Um die Miliz mit Waffen auszurüsten, organisierte Franklin eine Lotterie, über die man die entsprechenden Geldmittel erlangte.

Arbeitet man den gemeinsamen Wesenszug all dieser Aktivitäten heraus, ließe sich sagen, dass hier eine Vergesellschaftungs-, ja eine Amalgamierungslogik am Werk ist. An genau dieser Stelle lässt sich der Bezug zum Nollet'schen Gemeinschaftskörper herstellen – was im Falle Franklins umso bemerkenswerter ist, als man es hier nicht bloß mit einer metaphorischen Ähnlichkeit zu tun hat, sondern mit einer innigen Verwandtschaftsbeziehung. Ab 1747 nämlich, als Franklin von den Versuchen Nollets Kenntnis erhielt und sich selbst in den Besitz einer Leidener Flasche bringen konnte, begann er seinerseits Experimente durchzuführen.[6] Bald schon gingen Franklins theoretische Einsichten über die des französischen Hofphysikers hinaus. Setzte Nollet mit seiner Zweiflüssigkeitstheorie die Existenz eines *Effluviums* und eines *Affluviums* voraus, begriff Franklin, dass der Stromfluss auf unterschiedliche Ladungen zurückzuführen war – und führte seinerseits dafür die Begriffe Plus und Minus ein.

In Europa machte ihn seine Schrift von 1756, *Experiments and Observations Made in Electricity*, zu einer Berühmtheit – und so wurde er in der Folge zu einem der führenden Elektrizitätsforscher, der von Hof zu Hof, von einer wissenschaftlichen Gesellschaft zur nächsten weitergereicht wurde. Dass sich ihm die Erfindung des Blitzableiters verdankt, ist, in Anbetracht seiner zunehmend auch ins Politische ausgreifenden Aktivitäten, beinahe eine Randnotiz. Buchstäblich speiste sich sein politisches Engagement aus seinen elektrischen Forschungen. Aufs Selbstverständlichste mit den *lines of communication* vertraut, setzte sich Franklin für ein modernes Postwesen ein, mit der Folge, dass der auf seine Veranlassung gegründete United States Postal Service binnen kurzer Zeit Zustellgeschwindigkeiten erreichte, die bis ins 20. Jahrhundert nicht unterboten wurden.

Insgesamt lässt sich Franklins Appell an den Gemeinsinn als praktische Umsetzung jener Vernetzungslogik auffassen, die der Abbé Nollet in Gestalt der elektrisierten Mönche vorgeführt hatte. Nicht zufällig liegt dieser Zusammenhang seinem berühmt gewordenen Kommentar zur finalen Unterzeichnung der amerikanischen Unabhängigkeitserklärung am 2. August 1776 zugrunde: »We must all hang together, or assuredly we shall all hang separately.«[7] Obschon seine politischen Aktivitäten zunehmend in den Fokus gerieten, kam Franklin, als Botschafter der amerikanischen Kolonien nach Paris entsandt, mit der Frage der Elektrizität auch in Frankreich in Berührung. Und zwar als Leiter einer Kommission, die untersuchen sollte, ob die Séancen des Franz Anton Mesmer als Werke eines Scharlatans zu qualifizieren waren - oder ob sein »animalischer Magnetismus« eine ernst zu nehmende Angelegenheit war. Da Mesmers Séancen ein öffentliches Ärgernis darstellten, bestallte Louis XVI. eine Kommission, der neben Benjamin Franklin auch Joseph-Ignace Guillotin, der Erfinder der Guillotine, angehörte.

Ironischerweise war Mesmer, der in Wien Medizin studiert hatte, seinerseits von Franklins Schriften zu seinem Tun inspiriert worden. Franklins Beobachtung, dass himmlische Energie zur Erde hinabbefördert werden könne, hatte den fleißigen Adepten zu der Schlussfolgerung veranlasst, dass die Elektrizität das magische Band sei, welches das Gottesreich mit dem Menschen verbinde. Weil Mesmer seine Séancen mit der von Franklin erfundenen Glasharmonika untermalte – und auf diese Weise das Publikum in eine psychedelische Empfänglichkeit versetzte –, hatte Franklin Mesmer zuvor schon einmal aufgesucht.[8] Im Gegensatz zu seiner Begleiterin, der Komponistin Anne Louise Brillon, war Franklin von der massenpsychologischen Wirkung des animalischen Magnetismus durchaus beeindruckt: »In jeder großen, reichen Stadt gibt es eine Anzahl von Menschen, die nie gesund sind, weil sie von Medikamenten abhängig sind und diese einnehmen, wodurch sie die natürlichen Funktionen stören und ihre Konstitutionen schädigen. Wenn diese Menschen dazu gebracht werden können, auf ihre Medikamente zu verzichten, in der Erwartung, nur durch den Finger des Arztes oder eine Eisenstange, die auf sie gerichtet ist, geheilt zu werden, können sie, auch wenn sie die Ursache verkennen, Linderung finden.«[9]

Belegt diese Umschreibung des Placeboeffekts Franklins Sinn für die Massenpsychologie, lässt sich sein Beitrag zur Amerikanischen Unabhängigkeitserklärung gleichsam als das Meisterwerk des *neuen Prometheus* auffassen, auch wenn dieses nur in der Ersetzung eines einzigen Wortes bestand: Während Thomas Jeffersons die Gleichheit der Menschen für »heilig und unbestreitbar« gehalten hatte, war bei Franklin das Wort »self-evident« zu lesen – so selbstverständlich wie die Null, das Vakuum, die Gesetze der Elektrizität.[10]

Von den Grenzen der Vernunft

Im Jahr 1766, kurz nach dem Verfassen eines Textes über die *Krankheiten des Kopfes*, in dem er dem Philosophen empfiehlt, sich eine »Diät des Gemüths« zu verordnen, veröffentlicht der nicht mehr ganz junge, vorkritische Immanuel Kant seine *Träume eines Geistersehers, erläutert durch Träume der Metaphysik.*[1] Dieser Titel markiert, wie schon der erste Satz des Textes, eine doppelte Abgrenzung: »Das Schattenreich ist das Paradies der Phantasten. Hier finden sie ein unbegrenztes Land, wo sie sich nach Belieben anbauen können.«[2] Weil dieses Schattenreich nicht nur den Geistersehern vorbehalten ist, sondern auch einige Metaphysiker hier ihre Heimstatt gefunden haben, ist das Ziel der Kant'schen Abhandlung, den Geist in den Grenzen der Vernunft einzuhegen – und das, was sich dieser Disziplin nicht fügt, als Jenseits zu beschreiben, das sich mit den Mitteln der Vernunft nicht weiter ergründen lässt.

Damit ist jenes Vorhaben markiert, das Kant erst zwanzig Jahre später in den *Metaphysischen Anfangsgründen der Naturwissenschaft* ausformulieren wird: die Scheidung der Vernunft in das, was man glaubend voraussetzen muss (die Apriori) – und das, wovon sich die Erfahrung tatsächlich überzeugen kann.[3] Ins Intellektuelle übersetzt, wiederholt Kant also das Setting des Boyle'schen Versuchs, bei dem mehrere Augenzeugen, das Geschehen beschreibend, zu einem gemeinsamen Urteil gelangen – während demgegenüber die vage, subjektive Empfindung unter Generalverdacht gestellt wird. Dennoch, und das ehrt den Königsberger Philosophen, verlässt er sich nicht auf die Mehrheitsmeinung, sondern zieht die Möglichkeit in Betracht, dass auch der Geisterseher recht haben könnte – was ihn veranlasst, Emanuel Swedenborg in einem persönlichen Brief um Aufklärung zu bitten. Emanuel

Swedenborg ist insofern ein besonderer Fall, als man es nicht nur mit einem Geisterseher, sondern mit einem höchst praktischen Geist zu tun hat, der - darin dem *modernen Prometheus* Franklin nicht unähnlich - sich vor seiner Konversion auf verschiedensten Gebieten hervorgetan hatte. Nicht nur, dass er sich über den Münzwert, über Ebbe und Flut und den Lauf der Planeten ausgelassen hatte, hinzu kamen verschiedene Erfindungen sowie die Einsichten, die er als Assessor des Bergwerkkollegiums im Bergbau und der Mineralogie hatte gewinnen können - Einsichten, die in seinen *Opera philosophica et mineralia* von 1734 Buchform annahmen.

Zur gleichen Zeit freilich, als sich der Abbé Nollet in Frankreich seinen elektrischen Experimenten verschrieb, widerfuhr dem Schweden, anlässlich eines London-Aufenthalts, eine Vision, die er in einem Tagebucheintrag vom April 1745 folgendermaßen beschrieb: »Um Mittag beim Essen sprach mit mir ein Engel, der bei mir war, dass ich bei Tisch nicht zu sehr dem Bauche frönen sollte. Dann war es mir genau, wie wenn ein Dunst aus den Poren meines Körpers ausströmte, wie ein Wasserdampf, der deutlich sichtbar war und auf den Boden niedersank; dort erschien ein Teppich, auf dem sich der Dunst sammelte und sich in allerlei Würmer verwandelte, die auf dem Tische sich versammelten und augenblicklich mit einem Knall verbrannten. Ein feuriges Licht erschien dann an der Stelle und ein Knistern wurde hörbar. Es war mir, als ob so alle Würmer, die aus unmäßigem Appetit erzeugt werden können, ausgestoßen und verbrannt worden seien und ich jetzt von denselben gereinigt sei. Daraus kann man ersehen, was die üppige Lebensart und dergleichen in sich schließt.« In einem späteren Brief an den Reverend Thomas Hartley wird das Ereignis umdatiert und in einen weniger diätischen, dafür prophetischen Kontext gerückt: »Ich bin zu einem heiligen Amt berufen worden, und zwar vom Herrn selbst, der sich mir, seinem Diener, im Jahr 1743 höchst gnädig persönlich offenbart hat; damals öffnete er mein Augenlicht für den Blick in die geistige Welt und gewährte mir das Privileg, mit Geistern und Engeln zu sprechen, was ich bis heute genieße.«[4]

Folgt diese Weiterung der Logik der *diaita*, ist es doch schwer zu entscheiden, inwieweit sich in diesem Konversionsereignis Swedenborgs intensive Beschäftigung mit den Fremdkörpern der Zeit, Elektrizität und Magnetismus, widerspiegelt;[5] in jedem Fall nimmt das spiritistische System, das Swedenborg in der Folge ausarbeitete, die heutige Internetkommunikation vorweg. Um das zu erkennen, bedarf es nicht mehr, als dass man den Begriff des Geistes durch den des Avatars ersetzt. Ja, vor diesem Prospekt erscheinen die ihm zuteilgewordenen Himmelsoffenbarungen nicht einmal besonders auffällig, eher wie eine Vorwegnahme dessen, was die telematische Gesellschaft an technischen Möglichkeiten bereitstellt. Im Übrigen waren nicht wenige seiner Zeitgenossen, die mit den telematischen *lines of communication* konfrontiert waren, überzeugt, dass man es mit einer Himmelsvernunft, in jedem Fall mit einer Lebenskraft, einer *vis vitalis*, zu tun haben müsse.

*

Dass Kant, nachdem er sich mit den Krankheiten des Kopfes beschäftigt hat, zu jener großen philosophischen Generalbereinigung schreitet, wie sie in der *Kritik der reinen Vernunft* ihren Niederschlag gefunden hat, ist keineswegs eine Marotte des philosophischen Idealismus, sondern die Folge einer historischen Störung. Das vorherrschende, mechanische Gesellschaftstriebwerk ist ins Stocken geraten, und das wiederum lässt die Apotheose des Räderwerkgottes ziemlich lächerlich aussehen – eine Argumentationsschwäche, an der, dies nebenbei, Kants Kritik des ontologischen Gottesbeweises ansetzt. Insofern die Erkenntnisse über das Vakuum und die Elektrizität das zeitgemäße Psychotop umkonfigurieren, verschieben sich die Grenzen der Vernunft und es kommt zu einer Veränderung des epistemologischen Feldes. So verträgt sich die Vorstellung eines homogenen Raums nicht mit der Idee des Magnetismus – ebenso wenig ist eine *res extensa* denkbar, die in Echtzeit hier wie dort sein kann. In der telematischen Welt geraten Dinge in den Geisteshorizont, die man zuvor dem blanken Gespensterglauben zugeschlagen hätte. Grob gesagt könnte man behaupten, dass der Weg, der zuvor in die Außenwelt hineingeführt hat (ins Plusultra), sich nunmehr invertiert und in die Innenwelt führt (das Plusintra) – oder wie der Dichter Novalis dies auf eine eingängige Formel gebracht hat: »Nach innen geht der geheimnisvolle Weg.«[6]

Damit wird die menschliche Psyche zum Ort, an dem die Grenzen der Vernunft bestimmt werden müssen. Mithin ist das Schattenreich, von dem Kant spricht, keine auswendige Realität, sondern etwas, was sich im Innern eines jeden Menschen befindet.[7] Schon aus diesem Grund ist der Kant'sche Versuch, das Erfahrungswissen von den Phantasmen des Schattenreichs scheiden zu können, notwendig zum Scheitern verurteilt. Im Jahr 1793, also nach dem Erscheinen seiner *Kritik der reinen Vernunft*, schreibt Kant: »Wahn ist die Täuschung, die bloße Vorstellung einer Sache mit der Sache selbst für gleichgeltend zu halten.«[8] Die Frage aber, die sich mit dem Boyle'schen Vakuum, vor allem aber mit der Elektrizität auftut, lautet: Wie kann man sich eine Sache vorstellen, die den menschlichen Sinnesapparat übersteigt? Und wie kann man, wenn man auf Instrumente und Sinnesprothesen angewiesen ist, sicher sein, dass diese notwendigerweise behelfsmäßige Vorstellung die Sache selbst trifft?

Hält man sich vor Augen, dass die ursprüngliche Wortbedeutung des Wahns auf das Wort *wana* zurückgeht, das heißt »ohne«, Wahnsinn also nichts anderes bedeutet als »ohne Sinn«, versteht man, dass Wahnsinn für Kant vor allem mit dem Verlust der Sinne einhergeht (der Sinnlichkeit, der Empfindung, der äußeren Affektion).[9] Aber wenn die Moderne dort beginnt, wo der Geist, über dem Luftmeer, den Sinnesapparat hinter sich lässt, kann sie gar nichts anderes sein als - strukturell wahnsinnig.

*

Den Schwindel der Abstraktion vor Augen, lässt sich ein Zusammenhang aufklären, der - ohne Konsultation des geschichtlichen Prozesses - ganz sonderbar anmuten würde: die Geburt des Unbewussten aus dem Geist der Elektrizität. Wir nähern uns hier der Gestalt des Franz Anton Mesmer, der (Nollets Versuch mit den Mönchen vor Augen, die Schriften Swedenborgs und Franklins im Sinn) eine Praxis entwickelte, die ganz Paris, ja *tout le monde* in den Bann zu schlagen vermochte. Begriff Mesmer die Elektrizität als eigentlich göttliche Kraft - oder wie er sagte: als *animalischen Magnetismus* -, gelang es ihm auch ohne die materielle Dosis, also den Elektroschock, sein Publikum in Verzückung zu versetzen. Zu einem nicht geringen Teil war die hypnotische Wirkung dem esoterischen Arrangement seiner Gruppensitzungen zu verdanken: dem Klang der Franklin'schen Glasharfe, Hieroglyphen an den Wänden, einer geheimnisvollen Stimmung, bei der der Auftritt des Meisters zum Auslöser des Gruppenereignisses wurde.

Henri Ellenberger, dem sich eine große Studie zur *Entdeckung des Unbewußten* verdankt, hat deswegen durchaus recht, wenn er die Mesmer'schen Strategien als eine moderne Version des Schamanismus auffasst - und mit jenen Praktiken vergleicht, derer sich auch sein Zeitgenosse Johann Joseph Gaßner bediente, der ganz in der Nähe in Koblenz Teufelsaustreibungen vornahm. Nicht ganz zufällig war das Treiben dieses Mannes der Beginn von Mesmers Karriere. Von Kronprinz Max-Joseph dazu eingeladen, wurde Mesmer Teil einer Kommission, die die Aktivitäten Gaßners analysieren sollte und die zu dem Schluss gelangte, dass dieser, ohne es zu wissen, sich der Kräfte des *animalischen Magnetismus* bediente.[10] Aber während Gaßner, ein überzeugter Jesuit, sich der katholischen Lehre verpflichtet fühlte,[11] fühlte sich Mesmer, als kosmopolitischer Geist, weit mehr dem *Journal des Luxus und der Moden* verpflichtet.

Was sie einte, war der Glaube daran, über ein Werkzeug zu verfügen, mit dem sich psychische Prozesse lenken lassen. Die Gründung seiner harmonischen Gesellschaft (*Societé de l'harmonie*) in Paris, der Umstand, dass sich binnen Kurzem Tausende von Mesmeristen seiner Lehre anschlossen - all das zeigt, in welchem Maße das Psychotop eine massensuggestive Wirkung auslöst. Es bedarf nur der Überzeugung, dass telematische Wirkungen möglich sind, um solche tatsächlich auszulösen. Gehen wir von der Vorstellung unseres Gesellschaftstriebwerks aus, so muss das nicht mehr, wie im Falle des Jean-Antoine Nollet, eine elektrische Ladung übertragen; die Übertragung gelingt auch, wenn sich den Menschen eine solche Erwartung eingefleischt hat.

In diesem Sinn lässt der Begriff der *Information* seine Apriori erkennen. Bedeutet Information im Falle des Nollet'schen Mönchsversuchs, dass die verkabelten, in Formation gestellten Mönche einem elektrischen Fluidum ausgesetzt werden, kann sich Mesmer mit dem bloßen Muster begnügen: reine Information, Information ohne Elektrizität. Folglich schloss er seine Patienten an einen Wasserzuber an, der konzentrisch angeordnete Flaschen mit magnetisiertem Wasser enthielt. Aus dem Zuber ragten Eisenstäbe heraus, von denen jeder Patient einen gegen den erkrankten Teil seiner Anatomie drücken musste. Gleichzeitig stellte die Gruppe um die Wanne herum einen »Stromkreislauf« her, und zwar dadurch, dass sie sich an den Händen hielten. Auf diese Weise konnte ein jeder vom animalischen Magnetismus profitieren, der von der Wanne ausging.[12] Solcherart vernetzt, wähnten die Teilnehmer, einer kollektiven Energieübertragung teilhaftig zu werden. Und wirklich stellte sich der Erfolg, als Massensuggestion, unverzüglich ein. Die Wirkung, die von Mesmers *baquet* ausging und die als »artifizieller Somnambulismus«, später als Hypnose bezeichnet wurde, wurde von einem Schüler Mesmers, dem Marquis de Puységur, noch weiter variiert. Dieser nämlich machte im Zentrum seines Heimatdorfes Buzancy, nicht weit von seinem Schloss entfernt, eine große, alte Ulme, an deren Fuß eine Quelle entsprang, zur Batterie seines Wirkens. »Die Bauern saßen auf den umliegenden Steinbänken. In den Hauptästen des Baumes und um den Stamm herum wurden Seile aufgehängt, deren Enden die Patienten um ihre kranken Körperteile wickelten. Die Operation begann damit, dass die Patienten eine Kette bildeten und sich gegenseitig an den Daumen festhielten. Sie begannen zu spüren, wie die Flüssigkeit in unterschiedlichem Ausmaß unter ihnen zirkulierte. Nach einer Weile befahl der Meister, die Kette zu lösen, und die Patienten sollten sich die Hände reiben. Dann wählte er einige von ihnen aus und versetzte sie, indem er sie mit seinem Eisenstab berührte, in die ›vollkommene Krise‹. Diese Untertanen, nun Ärzte genannt, diagnostizierten Krankheiten und verschrieben Behandlungen. Um sie zu ›entzaubern‹ (d. h. aus ihrem magnetischen Schlaf aufzuwecken), befahl Puységur ihnen, den Baum zu küssen, woraufhin sie erwachten und sich an nichts mehr erinnerten, was geschehen war. Diese Behandlungen wurden in Anwesenheit von neugierigen und begeisterten Zuschauern durchgeführt. Es wurde berichtet, dass innerhalb von etwas mehr als einem Monat 62 der 300 Patienten von verschiedenen Leiden geheilt wurden.«[13]

Die *conditio sine qua non* dafür, dass die Patienten der Suggestivkraft des Zauberbaumes erlagen, bestand darin, dass sie, nachdem sie von der Kraft des »animalischen Magnetismus« gehört hatten, gedanklich bereits imprägniert waren. Dies ist die Erklärung des Placeboeffekts. Es gibt das Wissen um einen bestimmten Sachverhalt – und das hat eine sich selbst erfüllende Prophezeiung zur Folge. Was an dieser sozialen Übertragung frappiert (die sich, dem mimetischen Begehren folgend, als eine Form der gedanklichen Viralität lesen lässt), ist der Umstand, dass die Nollet'sche Konfiguration – von Mesmers *baquet* bis zu Puységurs Zauberbaum – als symbolische Form überlebt, während der Ausgangsstoff, die Elektrizität, sich gänzlich verflüchtigen kann. Man könnte sagen, dass der Stromschlag sich zum Funken des Geistes verwandelt, dass er, metaphorisiert, zur gedanklichen Batterie wird.

Übersetzen wir die Metapher ins Griechische zurück, bedeutet *meta-phorein* so viel wie das *Hinübertragen*. Psychoanalytisch gedacht wäre mit der Übertragung ein Projektionsmechanismus gemeint. Im Fall der energetischen Entladung, die als symbolische Form den Menschen zu Kopf steigt, haben wir es jedoch mit dem gegenteiligen Vorgang zu tun: mit einem Prozess, bei dem ein Phänomen der Außenwelt, als Introjekt, in die Psyche hineingetragen wird (*eis-phorein*).[14] Obschon es dabei einen Substanzwandel erlebt – die Energiezufuhr zur symbolischen Form ausgedünnt wird –, bleibt die Wirkung erhalten, kann die bloße Information ihrerseits psychotrop wirken.

Offenkundig ist dabei die Unkenntnis der physikalischen Realität nicht hinderlich, im Gegenteil. Mesmers mangelnde Kenntnisse über das elektrische Fluidum erweckten in ihm die Vorstellung, dass der Mensch über einen animalischen Magnetismus verfüge – eine Überzeugung, die ihn und seine Jünger nur empfänglicher für diese mirakulöse Kraft werden ließ. Mithin wandelt sich die Unkenntnis, phantasmatisch aufgeladen, zu einer Dunkelkammer, in der sich das Introjekt zu einem Positiv entwickeln kann. Insofern dieses Bild nicht als Fremdkörper, ja nicht einmal als Implantat gelesen wird, kann es dem Betreffenden in Fleisch und Blut übergehen, sodass er die Illusion hegen kann, dass sich hier sein Innerstes ausdrückt. Ganz in diesem Sinn äußert sich Marquis de Puységur zu seiner hypnotischen Kunst: »Ich glaube an die Existenz einer Macht in mir selbst. / Von diesem Glauben leitet sich mein Wille ab, sie auszuüben. / Die gesamte Lehre des animalischen Magnetismus ist in den beiden Worten enthalten: Glaube und Wille. / Ich glaube, dass ich die Kraft habe, das Lebensprinzip meiner Mitmenschen in Gang zu setzen; ich will sie nutzen;

das ist meine ganze Wissenschaft und mein ganzes Mittel. Glaubt und wollt, meine Herren, und ihr werdet ebenso viel vermögen wie ich.«[15]

Dass ein künstlicher, technischer Vorgang sich innerviert, selbst dort, wo seine materiellen Wirkungen keine Rolle mehr spielen, zeigt die psychotrope Kraft der universalen Maschine. Wenn diese Praxis zudem die Stelle der individuellen Willenskraft, ja, eines Glaubens einnehmen kann, könnte man geradezu davon sprechen, dass der Betreffende von einem Dämon heimgesucht wird. Anders jedoch als in der Welt eines Johann Joseph Gaßner spielt das Moment der göttlichen Alterität keine Rolle mehr. Man hat es vielmehr mit einer narzisstischen Einverleibung zu tun. Wenn der Marquis de Puységur sich im Besitz einer höheren Kraft wähnt und glaubt, das Lebensprinzip seiner Mitmenschen damit steuern zu können, begreift er sich, in einem Akt der psychischen Inflation, als Kollektivsubjekt - und das wiederum macht klar, dass man es mit einem gesellschaftlichen Prozess zu tun hat. Dass sich dieser der Psyche einschreiben kann, lässt es im Umkehrschluss legitim erscheinen, in der Nollet'schen Mönchsformation den Prototyp einer modernen Gesellschaftsformation zu sehen.[16] In jedem Fall aber bekommt es die Psyche mit einem modernen *Drive* zu tun, einem Trieb, der sich allein aus der Geschichte erklärt.

*

Die Entfaltung des Unbewussten - über Mesmer, Puységur, die romantische Psychologie, Fechner, die Schule von Nancy, Charcot bis hin zu Freud - lässt sich als Fortentwicklung eines eigentlich elektromagnetischen Apparats auffassen. Aber während der Zusammenhang von *artifiziellem Somnambulismus* und Elektrizität zu den Zeiten Mesmers und Puységurs noch offenbar war, fällt er im Lauf der Zeit dem Vergessen anheim, wird also sukzessive verdunkelt, dass das Unbewusste aus dem Geist der Elektrizität hervorgeht. Dieser Geschichtsvergessenheit wegen kann die Psyche einen eigenen, übergeschichtlichen Kontinent darstellen. Folglich kann man, wie Freud es tut, die Libido als anthropologische Konstante auffassen – und sie andererseits, in der Fokussierung auf die Individualpsychologie, ins Rahmenwerk eines bürgerlichen Trauerspiels hineinpressen: Papa, Mama, Kind. Was unterschlagen wird, ist die historische und kollektive Dimension des psychischen Apparats: das, was wir als Gesellschaftstriebwerk identifiziert haben.[17]

Ohne Kenntnis dieses Gesellschaftstriebwerks jedoch bleiben wesentliche Einflüsse dunkel, können die Wandlungen des psychischen Apparats nicht ins Auge gefasst werden. Wie das Beispiel Swedenborgs zeigt, bringt die Erfahrung des telematischen Raums ein neuartiges Körperbewusstsein mit sich – ein Zusammenhang, der auch im Fall des Daniel Paul Schreber, ebenso wie in den *Beeinflussungsapparaten* des Victor Tausk, zutage tritt.[18] Offenkundig stehen auch die Neurosen und Wahngebilde in einem intimen Zusammenhang zum Gesellschaftstriebwerk – ein Zusammenhang, der sich im Wandel der Beschwerden artikuliert. Hat man sich zu Freuds Zeiten mit Hysterie und Zwangsstörungen beschäftigt, sind mit dem 20. Jahrhundert Narzissmus und Borderline in den Fokus geraten. Von daher ist es angeraten, das Spezifikum des *apparatus communitatis* ins Auge zu fassen.

Denken wir uns, in Form eines Gedankenexperiments, das moderne Gesellschaftstriebwerk als Dämon, so müsste man sagen, dass er eine *creatio ex nihilo* ist: eine Figur, die dem Vakuum entstiegen ist, ja die den menschlichen Sinnesapparat hinter sich lässt. Infolgedessen sind auch all diejenigen, die ihm verfallen, genötigt, dieses Vakuum in ihre Überlegungen miteinzubeziehen, sei es, dass sie mit der Geburt der Wissenschaft und der Aufklärung den reinen Geist feiern, sei es, dass sie den Tod Gottes beklagen. Nicht nur, dass die Heilige Schrift einen Autoritätsverfall erleiden muss, darüber hinaus kommt es zu einer Revolution des Schriftbegriffs selbst. Schwebten die alphabetischen Lettern ehedem über der Welt wie der Geist Gottes über den Wassern, wird mit der Elektrizität die materielle Welt selbst zum Schriftkörper gemacht: denn was immer elektrisiert werden kann, kann zur Schrift werden.

Das verändert die Wahrnehmung der Welt, vor allem aber öffnet es den Raum einer abstrakten, transanthropologischen Wahrnehmung. Wie die Betrachter, die von außen beobachten, was im Innern der Glaskugel vorgeht, bedarf es künstlicher Augen und anderer Hilfsmittel, um bestimmte Phänomene fasslich zu machen. In diesem Sinn könnte man den »artifiziellen Somnambulismus« nicht bloß als Fixierung eines hypnotischen Zustandes, sondern als nüchterne Beschreibung der *conditio moderna* auffassen, ist ein jeder doch auf die eine oder andere Weise in Zusammenhänge eingebettet, die sich der unmittelbaren Wahrnehmung entziehen. So besehen ist Adornos Verblendungszusammenhang eine Unausweichlichkeit.

Wie die Beschreibung des Puységur'schen Versuchs deutlich macht, gibt es zwei Handlungs- und Reaktionsmodi: Entweder ist man derjenige, der das Geschehen bestimmt - oder aber man gehört zur Patientenkohorte. Wird die Meisterschaft über die Schrift (wie in den Zeilen von Puységur ersichtlich) als narzisstische Selbstermächtigung, ja geradezu als Triumph des Willens aufgefasst, lässt sich die Patientenseite als eine Form des Willensverlusts, ja der vollständigen Entfremdung auffassen. Von daher ist es kein Zufall, dass just in dem Maß, in dem sich das Fortschrittsversprechen der Moderne einlöst, diese beiden Pole immer weiter auseinandertreten. Das hat zum einen damit zu tun, dass sich die elektromagnetische Schrift zunehmend in die Dinge auslagert, zum anderen auch damit, dass die Welt immer unlesbarer wird. Mit der Vernunft wächst auch das Gefühl der Entfremdung. Wie das Beispiel von Mesmer und Puységur klarmacht, kommt es zu immer neuen *forma formata*, die ihren Ursprung verdunkeln.

Hinzu kommt, dass der Dämon über den Kopf des Einzelnen hinauswächst, sodass man es mit Prozessen zu tun hat, die nur im Aggregat möglich sind.

*

Wie tief sich dieser Zusammenhang in eine kulturelle Dunkelzone hinabgesenkt hat, mag eine Studie deutlich machen, die im Jahr 1993 an neunundneunzig Studenten vollzogen wurde. Die Versuchsteilnehmer bekamen zwei Elektroden unterhalb ihrer Augen verpasst, die an ein Gerät mit der Aufschrift *Schock-Generator* angeschlossen waren. Man sagte ihnen, dass ein nicht messbarer Strom durch ihren Kopf geleitet werde. In Wahrheit jedoch erzeugte das Gerät nur einen lauter werdenden Ton. Das Ergebnis war, dass ein Großteil der Probanden über Schmerzen oder andere Missempfindungen klagte.[19] Gilt diese Studie als Beleg dafür, dass der Placeboeffekt einen bösen Zwilling besitzt, den Noceboeffekt, zeigt sie auch, dass und warum das Gesellschaftstriebwerk der Moderne auch als Metapher eine Wirkung ausübt. Denn ist eine solche Batterie einmal in der Realität implementiert, so setzt sie sich, als selbst erfüllende Prophezeiung,[20] auch in die Köpfe der Menschen: als das Psychotop der Maschine.

Kopflos

Wo sich das Selbstermächtigungsprogramm zum Instrument der reinen Dezision wandelt, nimmt der Federstrich die Gestalt eines Fallbeils an. Jedoch war die Tötungsmaschine, die Monsieur Joseph-Ignace Guillotin (der bereits zitierte Kommissionskollege Benjamin Franklins) ersonnen hatte,[1] keineswegs als *Maschine zum Regieren* konzipiert, ganz im Gegenteil: Dem Geist der Zeit folgend bestand ihr Zweck darin, die Todesstrafe zu humanisieren. Allzu präsent war noch die schreckliche Hinrichtung, die dem Königsattentäter Damiens im Jahr 1757 zuteilgeworden war. Nachdem man den bedauernswerten Patienten mit glühenden Zangen an Armen und Beinen traktiert hatte, hatte man geschmolzenes Blei, siedendes Öl und Pech in seine Wunden gegossen; dieser Vorgang, der ganze drei Minuten dauerte, war beständig von seinen Schreien unterbrochen, die paradoxerweise nach einer Wiederholung verlangten: »Macht es noch mal!« Das erschien selbst den sensationslustigen Zuschauern wie ein Höllenstück. Nachdem man auch seine Tathand verstümmelt hatte, sollten vier Pferde den Körper des Delinquenten zerreißen, aber vergeblich. Schlussendlich musste der Henker selbst nachhelfen.

Um der Wiederholung einer solchen Gräueltat zuvorzukommen, schickte sich Guillotin, der sich 1789 zum Sekretär der verfassungsgebenden Nationalversammlung hatte wählen lassen, am 10. Oktober des nämlichen Jahres an, mit der Todesstrafe auch seiner Exekutionsmethode Verfassungsrang zu verleihen. Die Argumente, die Guillotin, der als Arzt Anatomie und Physiologie an der Sorbonne lehrte, anhand von Tierversuchen hatte vorbringen können, waren schlagend. Verglichen mit den Torturen, die die Todgeweihten durch die menschlichen Henker zu erdulden hatten – zumal wenn diese ihr Gewerk nicht mit vollendeter

Perfektion ausübten -, war die maschinelle Dekapitation ebenso verlässlich wie schmerzlos. Dass Guillotins Kollegen seinem Gesetzesvorschlag nicht sogleich zustimmen wollten, mag der Tatsache geschuldet sein, dass er sie mit dem folgenden Satz zu überzeugen suchte: »Mit meiner Maschine schlage ich Ihnen den Kopf in einem Augenblick ab, und Sie leiden so gut wie gar nicht dabei.«[2]

Es sollte drei weitere Jahre dauern, bis die Revolutionäre überzeugt waren. Noch Robespierre wandte sich 1791 gegen die Verhängung der Todesstrafe: »Einen Sieger, der seine gefangenen Feinde tötet, nennt man Barbar!« Ein Jahr später freilich, als die Tugendwächter selbst nach Blut zu dürsten begannen, stimmte man zu. War die Motivation mehr als fragwürdig, so konnten sich die Revolutionäre jedoch einreden, dass die Guillotine, als Entscheidung im Wortsinn, die Suprematie des Verstandes und der Humanität darstelle.[3] Beim Publikum indes sollte genau diese Abstraktionshöhe auf wenig Gegenliebe stoßen. Als die Guillotine am 25. April des Jahres 1792 auf der Place de Grève unter dem Andrang einer riesigen Zuschauerschar eingeweiht wurde, die herbeigeeilt war, um diese neuartige Tötungsmaschine zu bestaunen, kannte die Enttäuschung keine Grenzen. Die *Chronique de Paris* notierte: »Die große Menge war übrigens nicht befriedigt: sie hatte nichts gesehen. Die Sache ging zu schnell, man lief enttäuscht auseinander, ein Couplet singend, um sich über den Betrug hinwegzutäuschen: Gebt mir meinen Galgen wieder! Gebt mir meinen Galgen!«[4]

Die Guillotine bewirkt also nicht nur eine Humanisierung der Tötung, sie nimmt in einer dialektischen Wendung dem Tod auch seine Würde und seine Sichtbarkeit. Wie das Vakuum sich dem menschlichen Sinnesapparat entzieht, bleibt der Augenblick, da das Fallbeil Kopf und Körper voneinander trennt, dem Blick verborgen. Folglich ist es kein Wunder, dass man, um das Spektakel einigermaßen erträglich zu machen, den Transportweg zur Guillotine verlängerte und zum Suspense-Moment machte - oder davon träumte, im Sinne eines Andy-Warhol-Serials, gleich mehrere

Guillotinen nebeneinander zu postieren und sie zeitgleich auszulösen. Kommt das einer symbolischen Auslöschung des individuellen Lebens gleich, lässt sich das Nicht-mehr-sehen-Können des Todes nur dadurch kompensieren, dass man den Vorgang serialisiert – oder mit anderen Worten: die Sinnesleere durch Rhythmisierung übertönt. Man könnte sagen, dass die Guillotine nun ihrerseits gefräßig wird – wie es bereits dem Girondistenführer Pierre Vergniaud geschwant hatte: »Die Revolution ist wie Saturn, sie frisst ihre eigenen Kinder.«[5]

Was sich in dieser Gefräßigkeit artikuliert, ist das gedankliche, folglich auch politische Vakuum, das eines Körpers, nein, mehr noch: das vieler Körper bedarf, um sich der eigenen Souveränität zu versichern. Es ist der Erzreaktionär Joseph de Maistre, der dieser Verwandlung des Souveränitätsbegriffs ein flammendes Denkmal hinterlassen hat.[6] In seiner Trinitätslehre von Gott, König und Henker weist er darauf hin, dass der Henker das Opfer um Verzeihung bittet für das, was er ihm anzutun genötigt ist – wohingegen die serielle Hinrichtung sich am Einzelnen ebenso wie an der göttlichen Souveränität versündigt. Im revolutionären Paris freilich, das sich mit der Guillotine der *Terreur* überließ, ist von derlei Bedenken nichts zu spüren. Im Gegenteil, im Schatten der Guillotine tritt der Nihilismus der Moderne hervor, mit aller Gewalt.[7]

Es ist kein Zufall, dass man in dem Augenblick, da man die Guillotine als politische Waffe begreift, von einer *heiligen Guillotine* zu sprechen beginnt. Von daher ließe sich die Guillotine als *Stunde Null* der Moderne auffassen, genauer: als der Augenblick, da der Dezisionismus und das Vakuum ins Bewusstsein des *body politic* treten. Wenige Monate später wird der revolutionäre Kalender etabliert, dann das Dezimalsystem und der Meter. Zu den Füßen der heiligen Guillotine werden in Nancy, vor den Augen der Obrigkeit, die Beichtstühle der Kathedrale verbrannt, und eine Prozession von 4000 Bürgern macht sich zur *Société populaire* auf, um den »religiösen Fanatismus« durch einen Kult der *gesunden Philosophie* zu ersetzen.[8] Diese Bewegung breitet sich im ganzen Land aus. Im Juni des Jahres 1792 schlägt Delacroix den Jakobinern vor, den Katholizismus abzuschaffen und Bilder der Heiligen durch die Bildnisse von Rousseau und Franklin zu ersetzen. Da man schon im Begriff ist, eine Religion durch eine andere zu ersetzen, geht der Kult der Vernunft, neben einer Dechristianisierungslogik, mit einem beträchtlichen ikonoklastischen Eifer einher, was jedoch nicht daran hindert, sich seinerseits eine Art überirdischen Glanz zu verleihen. So versteigt sich der berüchtigte spätere Polizeiminister Fouché dazu, das Taufbecken der Kathedrale zu einem Altar des Vaterlandes umzuwidmen – und auf diesem Altar, höchstselbst, seinen Sohn zu taufen. Im November 1793 wird Notre-Dame zum Tempel der Vernunft umbenannt, und man stellt Büsten von Voltaire, Rousseau und Franklin daselbst auf. Weil ein solcher Personenkult dem widerspricht, was Max Weber als das Paradigma der modernen Herrschaftsform aufgefasst hat – die rationale, unpersönliche Herrschaft –, muss die Vergötzung lebender Wesen dem Fest des Höchsten Wesens weichen.[9]

Strukturell betrachtet entspricht diese Verschiebung einer Himmelfahrt der Vernunft. Genauer, sie fasst jenen extraterrestrischen Standpunkt ins Auge, der sich mit dem Vakuum der *machina Boyleana* im 17. Jahrhundert etabliert hat. Mehr noch als die Revolutionäre, die ihren Kopf unter dem Fallbeil verloren – und damit von jener Bewegung verspeist wurden, die sie doch selbst entfacht hatten –, ließe sich die Guillotine als Inkarnation der unpersönlichen Herrschaft begreifen: eine Form der Kopflosigkeit, die sich aus dem Massencharakter der Moderne ergibt. Diese Verschiebung des Machtparadigmas schlägt sich nicht nur in der erschreckenden Zahl der Menschen nieder, die der *Terreur* zum Opfer fielen, sondern hatte auch auf die Henkerschar der Nation Auswirkungen. Das *Ancien Régime* unterhielt etwa einhundertsechzig Henker, die sich in dem Augenblick, da die Guillotine das Geschäft übernahm, ihres Postens beraubt sahen.[10] Das lag zum einen daran, dass ihnen in Gestalt der revolutionären Volontäre eine Konkurrenz zuwuchs, zum anderen war es darin begründet, dass die Maschine den Henker zum bloßen *Auslöser* der Exekution degradierte und in Gestalt einer Staatsguillotine zu einer Zentralisierung des Exekutionsprozesses führte. Die Maschinisierung des Todes arbeitet mithin einer abstrakt gewordenen Souveränität zu – und diese wiederum gebärdet sich wie das Ungeheuer des Thomas Hobbes: als Staatsmaschine und Sammelperson. Man könnte sagen, dass die Guillotine eine inkarnierte Form des Volkswillens ist, der *volonté génerale.*[11] Allerdings – und das ist bemerkenswert – ist dieser Wille keineswegs gleichbedeutend mit der menschlichen Vernunft. Denn wenn die Guillotine unvorhergesehene Wirkungen zeitigt, so deswegen, weil mit ihr ein Unbewusstes in die Welt hineingerät. Was das Unbewusste für die Elektrizität ist, ist die Guillotine für die politische Ordnung. Folglich lässt sie lauter unvorhergesehene, untergründige Strebungen zum Vorschein kommen: einen gedanklichen Totalitarismus, der sich gerade in dem Maße entfaltet, in dem man sich der Logik der Maschine unterwirft.

*

In Gestalt der Guillotine nimmt die Sammelperson des Hobbes'schen Leviathans Gestalt an – freilich: als Alterität, als unpersönliche Herrschaft, die über den Kopf des Einzelnen weit hinausgeht. Es ist Gustave Le Bon, der geistige Vater der Massenpsychologie, der diesen Paradigmenwechsel notiert und darauf hinweist, dass die Welt, in die man hier eintritt, das »Zeitalter der Massen« darstellt.[12] Dieses sei im Wesentlichen charakterisiert durch die »Schaffung völlig neuer Existenz- und Denkbedingungen infolge der neuen Entdeckungen der Wissenschaft und der Industrie«.[13] Dass Le Bon seiner Massenpsychologie eine Psychologie der Revolution nachfolgen lässt, in der er sich vor allem mit der Psychopathologie des jakobinischen Revolutionärs auseinandersetzt,[14] belegt, dass er die Ära der Massen als historische Formation, ja als einen gewaltsamen Zivilisationsbruch begreift, der sich keineswegs mit dem Rekurs auf das Menschlich-Allzumenschliche erledigen lässt.

Wie das 17. Jahrhundert das Vakuum in den Köpfen der Denker etabliert, gerät mit der Massenseele eine korrespondierende psychologische Dimension ins Spiel - eine Abgründigkeit, in die das moderne Individuum zu stürzen droht.[15] Denn all ihren wortreichen Versuchen zum Trotz, einen Kult der Vernunft zu inthronisieren, stellt die jakobinische Herrschaft das Exempel eines fortschreitenden Realitätsverlusts dar: eine Massenpsychose, die damit endete, dass die Revolutionäre, um dem je anderen zuvorzukommen, einander unter die Guillotine beförderten. Ebensogut könnte man hier die Perversion von Girards mimetischem Begehren diagnostizieren, mit dem Unterschied nur, dass sich das Begehren zu einem Todeswunsch gewandelt hat - und dass dieser am anderen ausagiert wird. Hat man die Französische Revolution in der Rückschau als Notwendigkeit betrachtet, die dem *tiers état*, dem Bürgertum, die politische Teilhabe erschloss, ist das historische Weichbild sehr viel komplexer: Denn es zeigt vor allem erratische Wesen, die, von einem revolutionären Ideal beseelt, gegen die Realität Krieg führten.[16] Von Nahem betrachtet, erweist sich die *volonté générale* als leerer Voluntarismus, ebenso wertlos wie das Papiergeld, die Assignaten, das die Revolutionäre unters Volk gebracht hatten. Ein Grund für diese Verkennung ist der revolutionäre Überschwang, der die *Mystiker der Revolution*[17] erfasst hatte - und der sie dazu führte, die Ausgeburten der Fantasie für realer zu halten als die wirklichen Menschen.

Dieses Moment der Selbstverzauberung ist im Wesentlichen dem Umstand geschuldet, dass der Realitätssinn des Einzelnen der Infektion der Masse erliegt - auf ähnliche Weise, wie die elektrisierten Mönche des Abbé Nollet in Zuckung gerieten, oder besser noch: wie Mesmers und Puységurs Patienten in den Zustand des artifiziellen Somnambulismus gerieten. Vor diesem Prospekt lassen sich die kursierenden Flugschriften, die Rededuelle, die Spektakel des Todes als eine neuartige Form der *communio* lesen: als Augenblicke, in denen sich der Einzelne einer größeren Kraft überlässt. Als studierter Mediziner verfällt Le Bon hier vor allem auf die Metaphern der Ansteckung - sieht er in den revolutionären Führern Hypnotiseure, die als Katalysatoren die Massensuggestion ins Werk setzen. Freilich: All das Wortgeklingel, all die pathetischen, vaterländischen Reden wären nichts als heiße Luft, gäbe es die materialisierte Todesdrohung nicht, die sich in Gestalt der Guillotine hinter ihnen aufbaut.[18]

Die Guillotine fungiert als Maschine der Macht, in der der Triumph des Willens seine Apotheose erlebt. Insofern das Fallbeil die Zeit auf ein Punctum zurechtschnellen lässt, wird der Unterschied von Leben und Tod in eine binäre Ordnung verwandelt. Fortan mag es den Anschein haben, als ob der Volkswille mit einem Schlag niedersaust, dem *himmlischen Feuer gleich*, das Mesmer zum Design seiner Massenorgasmen geführt hat. Wie die drakonischen Gesetzestafeln, mit denen sich die Polis ein ewiges Recht verlieh, wird mit der Plötzlichkeit dieses Aktes jene neue Schrift etabliert, die wie ein Blitz die mesmerisierte Menge heimsucht. Die Nervosität, die sich bereits in der Empfindsamkeit, den Schriften Rousseaus oder in der Ästhetik eines Baumgarten abgezeichnet hat, nimmt einen kollektiven Charakter an: Sie wird zur Batterie. »Nicht mehr in den Fürstenberatungen«, so heißt es bei Le Bon, »sondern in den Seelen der Massen bereiten sich die Völkerschicksale vor.«[19]

*

Wenn man heutzutage das Schicksal eines Volkes mit der nationalstaatlichen Souveränität assoziiert, so stellt die Emergenz des Nationalstaates doch das große Rätsel der Moderne dar. Zwar führt jede Nation ihre Geburt auf weit zurückliegende Zeiten zurück, de facto jedoch hat man es mit einem modernen Gebilde zu tun. Als abstraktes Graphem nimmt der Nationalstaat zunächst auf einer

Landkarte Gestalt an: als ob man von einem Ort oberhalb des Luftmeers, aus einer Satellitenperspektive herabschauen würde – mit der Besonderheit, dass die Kartografen die Grenzlinien der Nationalstaaten verstärkt und ihre Territorien unterschiedlich eingefärbt haben. Historisch geht die Kartografie der Nation, die sich dem cartesianischen Nullpunkt verdankt, deren Beseelung voraus,[20] ganz nach dem Motto des italienischen Schriftstellers Massimo d'Azeglio: *Wir haben Italien gemacht, jetzt müssen wir Italiener machen.*

Demgegenüber taucht der Begriff des Nationalismus relativ spät auf – und in einem Kontext, der diesem Gefühl keineswegs freundlich gesinnt ist. Erstmals erscheint er in einer 1798 erschienenen Schrift des Abbé Barruel, eines jesuitischen Verschwörungstheoretikers, der den revolutionären Umschwung auf eine Verschwörung des 1776 in Ingolstadt gegründeten Illuminatenordens zurückverfolgen will. Erhellender jedoch sind die Bemerkungen, die er dem Sentiment selber widmet: »[Die Menschen] hörten auf, sich unter einem gemeinsamen Namen zu erkennen. Der Nationalismus oder die nationale Liebe trat an die Stelle der allgemeinen Liebe. Dann wurde es zu einer Tugend, sich auf Kosten derer auszudehnen, die nicht unter unserer Herrschaft standen. Um dieses Ziel zu erreichen, wurde es erlaubt, Fremden zu misstrauen, sie zu täuschen und zu beleidigen.«[21]

Was die Entstehung dieses neuartigen Liebesideals anbelangt, spielt die Erfahrung der Französischen Revolution eine besondere Rolle. Mit der Losung *Freiheit, Gleichheit, Brüderlichkeit* entsteht jenes psychische Magma, aus dem die Nation als Gefühl der Schicksalsgemeinschaft hervorgeht. In diesem Sinn erzählt der hoheitliche Konstitutionalismus, mit dem wir unsere Betrachtungen begonnen haben, nur die halbe Wahrheit. Hinzu kommt die psychologische Seite, welche die Untertanen eines Souveräns zu Patrioten adelt.[22] Begreift der Abbé Barruel den Nationalismus als eine Form der Eigensucht, ja des religiösen Sezessionismus, spielt hier der Opfergedanke hinein. Die Marseillaise macht dies in zwei kurzen Textstellen klar, wo sie davon spricht, dass das unreine Blut die Furche der Erde tränken möge und dass, wenn die Soldaten, »unsere jungen Helden«, fallen, die Erde neue hervorbringen wird.[23]

Präziser als jeder nationalitätstrunkene Revolutionär hat der Erzreaktionär Joseph de Maistre diese Blut-und-Boden-Mystik in eine sinistre Opferlogik übersetzt: »Die Erde, beständig mit Blut getränkt, ist nur ein riesenhafter Altar, wo alles, was lebt, geopfert wird, ohne Ziel, ohne Maß, ohne Unterbrechung, bis zum Ende der Dinge, zum Erlöschen des Übels, zum Tode des Todes.«[24] Geht man von der Landkarte aus, die nur aus dem Weltall betrachtet eine Wirklichkeit besitzt, ist diese Metempsychose so etwas wie ein weltliches Transsubstantiationswunder: da wandelt sich ein abstraktes Graphem zu einem Altar, zu einer diesseitigen Religion. Und diese wiederum fordert ein Blutopfer ein: die Bereitschaft, für das Vaterland sterben zu wollen.

Strukturell könnte man von einem Erdungsprozess sprechen – davon, dass ein abstrakter Gedanke (die Hobbes'sche Sammelperson, die sich zuallererst in einen Währungsraum übersetzt) niederkommt und sich in ein quasireligiöses Zusammengehörigkeitsgefühl übersetzt. Folglich muss die Nation weit über das einzelne Leben hinausgreifen – und das nationale Territorium zu einem Sacerdotium umdeuten. Nicht zufällig hat der Begründer der Nationalismusforschung, Carlton J. H. Hayes, den Nationalismus als eine diesseitige Religion aufgefasst.[25]

Die Frage ist selbstverständlich: Wie konnte diese Religion entstehen? Wie konnte ein vergleichsweise blutleerer Gedanke, der Nullpunkt der Mathematik, sich zu einer so machtvollen *communio* verdichten? Der Politikwissenschaftler Benedict Anderson hat in seinem *Die Erfindung der Nation* die Geburt des modernen Nationalstaates als kollektives Phantasma, als *imagined communities*, wie das Buch im Original heißt, herausgearbeitet. Diese verdankten sich dem Buchdruck und einer allgemeinen Bildungsmaßnahme – womit er den Nationalismus als ein Produkt der Einbildungskraft versteht.[26]

Diese Deutung geht zweifelsohne in die richtige Richtung – sie übersieht lediglich, dass mit der Elektrizität auch ein neuer Typus der Massengesellschaft entsteht: einer Masse, die, unter Strom gesetzt, in Zuckungen verfällt. In diesem Kontext lassen sich die beiden Versuche des Abbé Nollet als Metaphern einer neuen Gesellschaftsordnung verstehen. Wie der Mesmerismus sich der Köpfe bemächtigen konnte, ohne der Elektrizität zu bedürfen, kann sich das Psychotop der Moderne – die Vernetzung der Öffentlichkeit, die Geschwindigkeit des Informationsflusses, die Idee der Empfindsamkeit – der Gesellschaft bemächtigen. So besehen entspricht der Nationalismus exakt jenem artifiziellen Somnambulismus, den Mesmer und Puységur in ihren Patienten zu erwecken vermochten. Man könnte folglich von einem kollektiven Unbewussten sprechen. Dieses unterscheidet sich von der individuellen Psyche insofern, als es seine Liturgien und Appelle im Laufe der Zeit zu einer eigenen, sekundären Rationalität werden lässt. Und diese wiederum schlägt sich in staatlichen Institutionen, Infrastrukturen und Bildungsprogrammen nieder.

Mag die Blut-und-Boden-Mystik der Revolutionäre einem Verfassungspatriotismus Platz machen, so haftet dem noch immer eine Form von Restglauben an – dort jedenfalls, wo man an der Künstlichkeit des eigenen Gedankengebäudes vorübergeht, vor allem aber das ihr innewohnende Gesellschaftstriebwerk übersieht. Nein, man kann die Verfassung des neuzeitlichen Staates nicht erkennen, wenn man seine Abstraktionshöhe verleugnet: dass man, über dem Luftmeer thronend, aus dem All auf die Welt hinabschaut. In diesem Sinn ist schon der Begriff der Nation, als Geburtsgemeinschaft, ein Irrtum, und es wäre sehr viel passender, die Geburt dieses Monsters mit einer *alien logic* zu verknüpfen.

Zwischenspiel mit Zombies

Hält man sich die moderne Selbstermächtigungslogik vor Augen, stellt der Fall Haitis, also jenes westlichen Teils der Insel Hispaniola, die sich im Gefolge der Französischen Revolution für unabhängig erklärte und sich eine Verfassung nach dem Modell der amerikanischen gab, ein hochinteressantes Studienobjekt dar. Der Sklavenaufstand von 1791 erscheint wie das Fanal einer neuen Welt: jene Befreiungsgeste, die einem Frantz Fanon und den von ihm so genannten Verdammten dieser Erde vorgeschwebt hatte.

Je näher das Auge jedoch an die Ereignisse heranzoomt, umso mehr verliert sich die heroische Aura und gerät ein sehr viel dunkleres Bild in den Fokus. Das Urteil, das ein späterer Besucher der Insel, Victor Cochinat, über die gesellschaftliche Situation Haitis abgab, war vernichtend: Er sah Admirale ohne Boote, Generäle ohne Soldaten und Schulen ohne Lehrer, einen hoffnungslosen und absurden Ort ohne Zukunft. In diesem Gespensterreich, in dem ein leerer Dezisionismus eine Souveränität ohne Souveränität praktizierte, erschien Haitis Versuch, wie ein modernes Land auszusehen, wie ein Witz.

Man könnte geneigt sein, Haitis Scheitern, das ja bis heute andauert, als Folge der Unterentwicklung aufzufassen. Dem freilich stehen eine Reihe von Argumenten gegenüber, nicht zuletzt der Umstand, dass das vorrevolutionäre Hispaniola die profitabelste aller Kolonien war. Als erste spanische Kolonie in der Neuen Welt wurde das Land im Jahr 1512 mit einer Kathedrale gesegnet, der sich 1538 eine Universität hinzugesellte. Grund für das Interesse der *Conquistadores* waren die beträchtlichen Goldfunde, die man auf der Insel getätigt hatte. Die einheimische Bevölkerung, der man Zwangsarbeit in den Goldminen auferlegt hatte, war schon nach wenigen Jahren auf eine Schrumpfpopulation zusammengeschmolzen. Neben der Zwangsarbeit lag der Grund für das Massensterben vor allem in den Seuchen, die aus der Alten Welt eingeschleppt wurden.[1] Um die Zuckerplantagen, die man ab 1518 betrieb, aufrechterhalten zu können, importierte man Sklaven aus Afrika.

Ihres beträchtlichen Reichtums wegen wurde die Insel zum Zankapfel der Kolonialmächte. Nachdem Hispaniola 1586 von Sir Francis Drake erobert worden war, wurde die Insel zeitweilig zu einem Piratenstützpunkt. Anschließend siedelten sich, vom Sonnenkönig dazu ermutigt, französische Siedler an – mit dem Effekt, dass der westliche Teil der Insel, das spätere Haiti, zu einer französischen Kolonie wurde.[2] Versuchte man die Zuckerrohrplantagen anfangs mit dem Bodensatz der französischen Gesellschaft zu betreiben, gingen die Plantagenbesitzer schließlich dazu über, Sklaven aus Afrika zu importieren. Die Arbeitsbedingungen auf den Plantagen waren so unmenschlich, dass die Mortalitätsrate der Arbeiter zwischen fünf und zehn Prozent *per annum* lag – was weitere Sklavenimporte zur Folge hatte. Dass Hispaniola den Konflikt zwischen Kapital und Arbeit auf die denkbar brutalste Art und Weise austrug, hatte mit der enormen Profitabilität der Plantagen zu tun – und auch damit, dass diese Arbeit nur von Menschenhand erledigt werden konnte. Infolge der Zuckerrohrexporte war Hispaniola Ende des 17. Jahrhunderts einer der wohlhabendsten Flecken der Welt. Insofern mag es nicht verwundern, dass die Mode des Mesmerismus, von einem Bruder Puységurs dorthin exportiert, dort ebenfalls zu florieren beginnt.[3]

Um 1789 herum war beinahe ein Viertel der französischen Bevölkerung, direkt oder indirekt, von den Einkünften der dortigen Zuckerplantagen abhängig.[4] Dieser Reichtum sollte den schwarzen Revolutionären, die 1791 einen Bürgerkrieg entfesselten, jedoch nicht zum Vorteil gereichen. Zwar wurden sie im Jahr 1794 von den Jakobinern anerkannt und die Sklaverei untersagt, trotzdem fiel die Landbevölkerung binnen Kurzem in eine Subsistenzwirtschaft zurück: eine Form der Selbstgenügsamkeit, die das auf Effizienz programmierte Plantagensystem zusammenbrechen ließ. Eine Zeit lang versuchten die neuen, schwarzen Machthaber durch massive Besteuerung und Übernahme der Häfen die Verluste auszugleichen, aber es gelang ihnen nicht, die Plantagen zu ihrer vormaligen wirtschaftlichen Effizienz zurückzuführen. Erschwerend kam hinzu, dass die neue Elite sich nicht viel anders gebärdete als die verhassten Kolonisatoren.[5] Dass die Verfassung von 1805 alle Einwohner Haitis kategorisch als Schwarze bezeichnete, dass man Kreolisch zur Amtssprache und die ehemaligen Sklaven zu »Kultivatoren« machte, war eine lediglich nominalistische Überschreibung.

Weil sich die neue Elite in einem Akt kultureller Aneignung nach der Mode der ehemaligen Herrscher kleidete, verwundert es nicht, dass der Revolutionär und spätere König Henri Christophe sich einen Hofstaat nach Versailler Vorbild schuf. Gestattet dieser Rückgriff auf die politische Ästhetik, dass sich der Herrscher die Aura der Macht überzieht, so ist unübersehbar, dass das Gesellschaftsgetriebe allen Verfassungsträumen zum Trotz in eine feudale Ordnung zurückfällt, ja dass das Triebwerk der Moderne vor allem durch Abwesenheit glänzt.[6]

Während in Europa mit der Dampfmaschine eine Entwicklung eingeleitet ist, die egalitäre Strebungen nach Kräften befeuert, lässt die Abwesenheit des modernen Gesellschaftstriebwerks Haiti zu einem Gespensterstaat herabsinken.[7] Man könnte dieses Moment der Zombiefikation als Revolte gegen die Modernisierung auffassen: als Ludditenwesen, das sich in Ermangelung einer Gesellschaftstheorie uralter religiöser Praktiken bedient. Bezeichnenderweise lässt sich die haitianische Voodoo-Religion, auch wenn sie auf Praktiken zurückgreift, die in Westafrika heimisch waren, auch als Widerstandsgeste gegen die neuen Götter des Kapitalismus begreifen – was sich auch darin artikuliert, dass die Geisterwelt, nach dem französischen Wort für die Gesetze, »lois«, mit dem Namen *loa* angesprochen wird.[8]

*

Die Entstehung der Voodoo-Religion reicht bis ins 18. Jahrhundert zurück – in die Zeit, als immer mehr Sklaven der unmenschlichen Fronarbeit auf den Zuckerrohrplantagen entflohen. Wie sich mit dem Kreolischen (als sprachlichem Amalgam) ein Gemeinschaftssinn unter diesen Ausgestoßenen etablierte, stiftete die Voodoo-Religion einen geistigen Klebstoff. Als in den Bergen ein Guerillakrieg gegen die Plantagenbesitzer begann, spielten magische Praktiken eine bedeutende Rolle. Am Anfang vergiftete man das Vieh, schließlich die Kolonialherren selbst. Dass einer der Wortführer des Sklavenaufstandes, Dutty Boukman, ein Voodoo-Priester gewesen sein soll, ja dass man den Sieg über die Kolonisatoren einer magischen Substanz zuschrieb, zeigt, dass der Widerstand sich aus volksreligiösen Quellen speist – ein Konflikt, der auf untergründige Weise fortlebt.

Dieser Modernekonflikt wird in einem Wortwechsel deutlich, bei dem, obschon verfassungsmäßig tabuisiert, die Frage der Hautfarbe eine Rolle spielt. Als der General Louis-Jean-Jacques Acaau einen sehr hellhäutigen Parlamentarier einen Schwarzen nannte, erhob sich ein Bauer und wandte ein: »Der reiche Schwarze, der lesen und schreiben kann, ist ein Mulatte; der arme Mulatte, der nicht lesen und schreiben kann, ist schwarz.«[9]

Weil nicht die Hautfarbe, sondern die Zugehörigkeit zur symbolischen Ordnung das Distinktionsmerkmal ist, suchen die Bürger, die sich mit der Staatsreligion nicht zu identifizieren vermögen, nach einer Alternative. Und damit entsteht eine neue, untergründige, kultische Ordnung. Voodoo ist, in diesem Sinn, eine Schwarze Widerstandsgeste. Zwar ist man gesetzeshalber auf eine Staatsreligion verpflichtet, aber die religiösen Geheimgesellschaften huldigen alten Fruchtbarkeitsgottheiten. Da gibt es Damballah, eine Schlangen- und Fruchtbarkeitsgottheit, in der man eine Entsprechung des Ouroboros sehen kann, da gibt es den Todesgott Ghede, der zugleich ein Liebhaber aller Obszönitäten ist, und in der Verkleidung der Muttergottes huldigt man Erzulie Freda, der Liebesgöttin.

All diese Kulte werden in Geheimgesellschaften von *hungans* und *mambos*, Schamanen, praktiziert. Diese Geheimgesellschaften, die sogenannten *Bizangos*, weisen eine merkwürdige, fast parodistische Verwandtschaft zu den Institutionen der Kolonialherrscher auf: Sie werden von Kaisern angeführt, zudem gibt es Königinnen oder Präsidenten unterschiedlichster Provenienz.[10] Tatsächlich ist die Funktion dieser Geheimgesellschaften, wie ihre Bedeutung in Gestalt der Tonton Macoutes noch unter der Regierungszeit von Papa Doc, François Duvalier, zeigt, höchst bedeutsam; man könnte sie als Lokalverwaltungen auffassen, die sich in einem weitgehend dysfunktionalen Staatsgebilde als Ordnungsmacht gebärden. In genau diesem Kontext erscheint die Gestalt des haitianischen Zombies.[11] Strukturell könnte man in ihm den Wiedergänger des antiken Sündenbocks sehen. Aber anders als der *pharmakos* ist der willenlose Zombie nicht zum Tod, sondern zur Arbeit verdammt. In diesem Verdammungsurteil wird das kollektive Gedächtnis an den Frondienst auf den Zuckerrohrplantagen aktiviert und ausgelagert zugleich.[12] Die Zombiefikation ist mithin eine moderne Sündenbockoperation - nur dass das bemitleidenswerte Opfer nicht getötet, sondern als entleertes, willenloses Gefäß zu andauerndem Frondienst verurteilt wird.[13]

Was sich hier in verzerrter Form zeigt, ist das Vakuum der Moderne selbst - das leere Gefäß, das noch im Zustand vollendeter Willenlosigkeit zur Produktivität verdammt ist. Im Zombie wird das Schreckensbild der Moderne sichtbar: die entseelte, jeglicher Humanität entkleidete Arbeit. Mag das Arbeitsethos grundlegend gewesen sein, so erzählt der Zombie, dass die Produktivkraft dort, wo sie sich einer Maschine bedient, zu einer *creatio ad nihilo* wird. Dass das Bild des Zombies für die Opfer des Kapitalismus eine nachgerade mythische Gewalt angenommen hat, ist insofern alles andere als zufällig – es verweist vielmehr auf einen intimen Zusammenhang.[14]

Der Zombie ist das abgespaltene Monster der Moderne, wie umgekehrt der Vampir, in dessen Adern kein Blut, sondern Goldstücke zirkulieren, die monströse Ausformung des Kapitalisten ist. Hat man die Zombies als wandelnde Tote bezeichnet, so wäre es sehr viel passender, sie als *working dead* zu begreifen. Was Marx das *tote Kapital* genannt hat, schläft nicht – nein, es arbeitet, zombiegleich, ununterbrochen.

Fernbedienung

Welche Fantasien auch immer die Revolutionäre hegten, ob sie nun von der heiligen Guillotine träumten oder sich der rhetorischen Evokation von Luftschlössern hingaben, sie haben die Rationalität der Moderne nicht aufzuhalten vermocht. Ein schlagendes Beispiel dafür ist Claude Chappes optischer Telegraf. War dieser ursprünglich, im Sinne der *lines of communication*, als elektrisches Kommunikationsmittel konzipiert, folgten die Gebrüder Chappe schließlich dem Konzept des optischen Telegrafen, das Sir Robert Hooke, der Assistent Boyles, der Royal Society im Jahr 1684 vorgetragen hatte – unter dem schönen Titel: »Wie man seine Gedanken über große Entfernungen mitteilen kann«.[1]

Zwar wurde Chappes Apparatur gleich zweimal zerstört, einmal von einem Mob, dann von revolutionären Fanatikern, die überzeugt waren, dass das Gerät einer verschlüsselten Kommunikation mit dem inhaftierten Louis XVI. diente, schlussendlich jedoch gelang es dem Erfinder, die Revolutionäre von der militärischen Sinnhaftigkeit des Unternehmens zu überzeugen. Im April 1793 wurde Chappe zum *Ingenieur-Telegraph* befördert und mit weitreichenden Vollmachten versehen. Ein Jahr später war die erste Telegrafenlinie zwischen Paris und Lille etabliert, die einen Nachrichtenaustausch binnen zweier Minuten ermöglichte. Welch hervorragenden Nutzen diese Technologie für die Revolution besaß, wurde sichtbar, als das revolutionäre Frankreich sich 1794 einer Armada von Feinden gegenübersah – und der Telegraf die Rückeroberung der Condé übermitteln konnte. Vor allem die Kopplung von Montgolfière und Telegraf, also die Luftüberwachung von Truppenbewegungen und die rasche Übermittlung dieser Information, erwies sich als ein strategischer Vorteil ersten Ranges.[2]

Der englische Parlamentarier Edward Baines konnte nur anerkennend feststellen: »Der Ballon – bis dahin als philosophisches Spielzeug betrachtet, das der Menschheit keinen handfesten Vorteil bringt – wurde in ein erhöhtes Observatorium umgewandelt, mit dessen Hilfe die Position, die Bewegungen und die Anzahl der Feinde leicht festgestellt werden konnten; gleichzeitig diente der Telegraf dazu, mit ein paar einfachen Bewegungen das Ergebnis einer Belagerung oder einer Schlacht zu übermitteln, mit der Genauigkeit, wenn nicht gar der Exaktheit einer Depesche und mit einer Schnelligkeit, die [...] mit dem Fortschritt des Schalls konkurrierte.«[3] In diesem Feldherrenblick materialisieren sich, auf praktische Weise, jene Kräfte, die die Wissenschaftsrevolution des 17. Jahrhunderts entbindet: das Vakuum, die Lehre von den Gasen, die Erfahrung der Elektrizität.

*

Dass dieser neue, unpersönliche Herrschaftsblick weniger einer technischen Innovation als einem neuen Blick auf die Welt geschuldet ist, wird sichtbar an jener Vorrichtung, die Jeremy Bentham für den Fürsten Potemkin entwarf – und 1787 in seiner Schrift zum *Panopticon* vorstellte.[4] Gilt dieses, in der Lesart Foucaults,[5] als Inbegriff einer abstrakten Überwachungsarchitektur – das Auge des Großen Bruders –, ist Benthams Begleittext weitgehend in Vergessenheit geraten, was insofern misslich ist, als Bentham seine Erfindung als utilitaristische Menschheitsbeglückungsmethode versteht.

Dass Bentham sich der Gunst des Fürsten Potemkin erfreute, verdankte er seinem jüngeren Bruder Samuel, der als Reisegenosse, aber vor allem als Ingenieur dessen Gunst erworben hatte. Unversehens nämlich fand dieser sich in der Situation, über ein kleines Reich an der Grenze Polens zu verfügen, mit unbegrenzter Finanzierung und der alleinigen Vorgabe, dass Schiffe gebaut werden und die Produkte der Moderne dort Einzug halten sollten.

Weil man dazu Engländer anheuern musste, fand sich auch Samuels älterer Bruder Jeremy Bentham dort ein - und ersann, um die Produktivität der einheimischen Fabriken zu erhöhen, die Architektur eines Arbeitshauses, das als Modell auch für »Zuchthäuser, Gefängnisse, Industriegebäude, Arbeitshäuser, Armenhäuser, Manufakturen, Irrenhäuser und Schulen« dienen sollte.[6] Dieser universale Anspruch wird schon im ersten Satz dieser Schrift angespielt: »Moral reformiert - Gesundheit erhalten - Industrie gestärkt - Unterricht verbreitet - öffentliche Lasten erleichtert - die Wirtschaft gleichsam auf einem Felsen postiert - hier wird der gordische Knoten der Armengesetze nicht durchschnitten, sondern entknotet - und dies durch einen einfachen architektonischen Gedanken!«

In der Tat erweist sich der Jurist als ein strukturalistischer Denker *avant la lettre*, lässt sein *einfacher architektonischer Gedanke* Struktur und Psychologie gleich in eins fallen. In Benthams *Panopticon* nimmt die Herrschaft die Form eines Übersichtsturms an, der in der Mitte eines Rundbaus thront. Weil von hier aus jeder Winkel des Gebäudes einsichtig ist, ließe sich von einer totalen Öffentlichkeit sprechen. Interessanterweise erstreckte sich das Transparenz-Desiderat nicht bloß auf den Gefängnisbau, sondern stellt das Leitmotiv der zeitgenössischen Herrschaftstechnik dar. Folgerichtig dehnt Bentham diesen Gedanken auch auf Regierungsgebäude aus und stellt sich vor, dass jedes Büro mit einem kleinen Spion versehen werden könnte - was den Bürgern und Steuerzahlern Einblick in das Behördengeschehen erlaubte.

Wenn das Panoptikum vor allem durch die Schriften Foucaults zum Inbegriff moderner Herrschaftstechnik geworden ist, wird dieser *bottom-up*-Aspekt der Regierungskontrolle (Stichwort: *Transparency International*) geflissentlich übergangen. Überhaupt entspricht das Leitmotiv des Bentham'schen Panoptikum weniger einer Steigerung absoluter Machtfülle, als dass es dem Versuch souffliert, den Missbrauch der Macht im Keim zu ersticken - oder genauer: sie so zu zivilisieren, dass bestimmte Exzesse gar nicht erst stattfinden.[7] Ausgangspunkt ist die Frage des Machtmissbrauchs, die im Fall der Delegation von Herrschaft eine Unausweichlichkeit ist: *quis custodiet ipsos custodes*, wer überwacht die Wächter?

Mit seiner zentralen Supervisionsstätte, von der aus jeder Teil des Arbeitshauses einsichtig sein sollte, war dem Missbrauch der Macht ein psychologischer Riegel vorgeschoben, musste ein jeder der Aufseher doch gewärtigen, dass sein missbräuchliches Treiben offenbar würde – anders als etwa in dunklen Kerkerräumen, wo sich die Aufseher unbemerkt an ihren Schutzbefohlenen schadlos halten konnten. In diesem Sinn bewirkt das Gesehenwerden eine allgemeine Hebung der Moral – selbst dort, wo der zentrale Turm letztlich unbemannt blieb. Weil der Akteur nicht mehr *privatim*, sondern in aller Öffentlichkeit agiert, übersetzt sich der Blick der Macht in die Psyche eines jeden Einzelnen. Folglich kommt es dazu, dass die Wächter einander überwachen und damit, *en passant*, die Aufgabe des großen Bruders übernehmen.

Vergleichen wir Benthams architektonischen Kunstgriff mit der Guillotine, ist evident, dass der Überwachungsturm die Rolle der kopflosen, unpersönlichen Herrschaft übernimmt. Letztlich nämlich ist es durchaus unerheblich, ob dieser besetzt ist oder nicht – allein seine Gegenwart übt schon eine disziplinierende Wirkung aus. Demgemäß besteht Benthams Kunstgriff, auch wenn er eine architektonische Gestalt annimmt, vor allem in der sozialen Kontrolle: der Stiftung einer Öffentlichkeit, in der der einzelne Akteur nicht als Privatmann, sondern als Gesellschaftswesen erscheint – und damit dem unterliegt, was Le Bon die *Massenseele* nennt.

Weil der Einzelne immerfort »vor den Augen der Öffentlichkeit« agiert (in seiner Sozius-Existenz), ist er als vergesellschaftetes Sein zu begreifen und in ein Netz von Erwartungen eingebunden, das, obzwar unsichtbar, nicht weniger real ist als der Eisendraht, mit dem sich die Mönche des Abbé Nollet zur Massenformation verkabelten. Tatsächlich setzt schon die Reziprozität des Sehens und Gesehenwerdens einen komplexen Gesellschaftsmechanismus in Gang. Allein der Versuch, diese Dialogizität in den Griff zu bekommen, führt in ein hermeneutisches Labyrinth hinein, ein gesellschaftliches Spiegelkabinett, in dem das Für-sich-Sein des Einzelnen gleichsam ausgelöscht ist: *Ich sehe dich. / Ich sehe, dass du mich betrachtest. / Ich weiß, dass du weißt, dass ich dich betrachte. / Du weißt, dass ich weiß, dass du mich betrachtest. / Indem wir Blicke austauschen, verändert sich die Art unseres Schauens. / Ob wir es wollen oder nicht: Wir tauschen in diesem Schauen unsere gegenseitigen Einschätzungen und Erwartungen aus, unsere beiderseitige Zustimmung / Ablehnung / was immer.*

Streng genommen ist das persönliche Pronomen im Kontext des Panoptikums unangebracht. Man hat es tatsächlich mit der Massenseele zu tun. Genau diese Suggestibilität, die Empfänglichkeit für die Blicke der anderen, ist es, was die Bewohner des Panoptikums miteinander verbindet. Als Massenseele angesprochen, antwortet der Einzelne, wie man es von ihm erwartet. Martin Heidegger hat in *Sein und Zeit* sehr treffend festgehalten, dass das unpersönliche »Man« in einem Zustand der Alterität agiert: »die Anderen haben ihm das Sein abgenommen«.[8] Wie auch immer man es nennen mag – die gesellschaftliche Rolle oder das »Man« –, hier wird jener Teil der Person angesprochen und diszipliniert, der sich als öffentlich empfindet. Anders als Le Bon das supponiert, zeigt sich die moderne Massenseele nicht bloß in der revolutionären oder religiösen Transgression, sondern kann, wie Bentham vorführt, auch durch einen »einfachen architektonischen Gedanken« formatiert werden. Von daher ist es kein Zufall, dass Foucault seine Herrschaftsvorstellung, das gesellschaftliche Dispositiv, in Benthams Panoptikum widergespiegelt sieht – führt dieses doch in paradigmatischer Weise vor, wie sich Institutionen, Praktiken, Verkehrsleitsysteme, Diskurse etc. in das Innenleben eines Menschen hineinsenken.

*

Die Frage ist nur: Wie kann das gelingen, zumal unter der Bedingung, dass es mit dem Verlust des überwölbenden Glaubenssystems keinen allgemein verbindlichen Wertekanon mehr gibt? Nehmen wir an dieser Stelle die Entstehung der Politischen Ökonomie in den Blick, ist der Zusammenhang sinnfällig: Was die Guillotine für die Souveränität und das Panoptikum für die Herrschaftstechnik ist, ist die unsichtbare Hand für die Politische Ökonomie.[9] Sie ist der Konterpart des Vakuums, jene Stelle, wo sich das Nichts in die soziale Physik (wie die frühen Soziologen zu sagen beliebten) hinein übersetzt. Hinterrücks macht sich damit eine List der Vernunft bemerkbar, eine Machination, die auf eine Form der unpersönlichen Herrschaft hinausläuft. Weil diese Rationalität keinem Menschenhirn entsprungen ist, gleicht sie noch am ehesten dem Ratschluss Gottes, dessen Wege, wie der Gläubige weiß, zwar unergründlich sind, aber immerfort das Beste bewirken. Gewiss ist lediglich, dass die politische Ökonomie der Ratio souffliert – weswegen man es *à la longue* mit einem Immer-vernünftiger-Werden, mit Fortschritt, Rationalisierung und Wachstum zu tun hat. Man geht nicht ganz fehl, wenn man den Fortschrittsglauben als eine Form der säkularen Heilsgeschichte, ja als moderne Theodizee liest. Weder ist dem Einzelnen diese Logik bewusst, noch muss sie es sein, denn »im Allgemeinen hat er weder die Absicht, das öffentliche Interesse zu fördern, noch weiß er, wie sehr er es fördert«.[10]

Paradoxerweise ist es also diese seine Verblendung, die sich im Wettbewerb zu einem gesellschaftlichen Mehrwert verwandelt. Ein hoffnungsloser Egoist, nur auf den eigenen Vorteil erpicht, wird der Einzelne »von einer unsichtbaren Hand dazu geführt, einen Zweck zu fördern, der nicht in seiner Absicht lag«.[11] Diese wundersame Transsubstantiation, bei der ein fragwürdiger Charakterzug den Wohlstand der Nation – und damit das allgemeine Wohlergehen – steigert, ist, wie die neue Lehre behauptet, dem Wettbewerb des Marktes geschuldet. In diesem Sinn kann die Ökonomie zur neuen Staatsreligion werden, ja feiert die Weltreligion des modernen Kapitalismus Urständ. Lässt das ungelenke Bild der unsichtbaren Hand noch immer die Handschrift das Herrschers erkennen, oder die providenzielle *Hand der Vorsehung*, handelt es sich in jedem Fall um eine gesellschaftsüberwölbende, überpersönliche Ratio, die, insofern sie die Geschicke der Gesellschaft organisiert, mehr mit der Hobbes'schen Sammelperson des Leviathans gemein hat als mit irgendeinem natürlichen Menschen.

Anders als der Leviathan bedarf das ökonomische Monster jedoch keines Repräsentanten. Denn mit dem Egoismus hat es sich in der Psyche des Einzelnen versteckt, und so können die Verfechter der neuen Lehre behaupten, dass sie nur die Propagandisten eines Naturzustandes sind. Anstatt einen neuen Menschen zu schaffen, gilt es nur - im Sinne des *Laissez-faire* -, den real existierenden Menschen werkeln zu lassen. Geleitet von der unsichtbaren Hand des Marktes, wird er zwangsläufig immer neue zivilisatorische Gipfel erklimmen. In diesem Sinn ist der Markt nur eine andere Benennung jenes sozialen Gewebes, das sich mit dem Geld der Zentralbank eingestellt hat - und das auf die nämliche Weise, wie der Überwachungsturm des Panoptikums, das Verhalten der Akteure bestimmt, gesellschaftliche Werte und Gütertaxonomien stiftet. Auf die gleiche Weise, wie das Spiegelkabinett der Blicke gesellschaftliche Selbstkontrolle bewirkt, fördern die miteinander konkurrierenden Egoismen das gesellschaftliche Wohlergehen.

Bemerkenswert ist, dass diese Lehre auf die Instrumentalisierung eines kollektiven Unbewussten hinausläuft - und auf diese Weise jene geistige Überwölbung bewirkt, die man im frühen 19. Jahrhundert bezeichnenderweise als Über-uns bezeichnet hat. Hat Johann Christian August Heinroth die einprägsame Formel geprägt, dass das Gewissen »der Fremde in unserem Ego« ist, so senkt sich das ökonomisch Rationale, die Hoffnung auf Mehrwert, als fremdes, kollektives Unbewusstes in die Psyche des Einzelnen hinab.[12] Jean-Baptiste Say, der Schüler von Adam Smith, der in seinem *Traité d'économie politique* ein ehrfurchtgebietendes System der politischen Ökonomie entworfen hat, ist vielleicht der interessanteste Gewährsmann dieser ökonomischen Revolution – nicht zuletzt auch deswegen, weil er die Dekapitation der Vergangenheit mit einem intellektuellen Rasiermesser betrieben hat, das an Schärfe die seines großen Vorgängers noch übertrifft.

Es ist kein Zufall, dass Says Denken bis weit ins 20. Jahrhundert hinein überlebt hat – hier vor allem in den Gedankengebilden der libertären Ökonomen –, ja dass selbst Schumpeters *schöpferischer Zerstörer* nur ein Wiedergänger des Say'schen Unternehmerbildes ist. Die Geburt des ökonomischen Monsters lässt sich am besten in der Auseinandersetzung mit der physiokratischen Lehre begreifen, die die Ökonomie des 18. Jahrhunderts geprägt hat. Man könnte diese nachgerade als ökonomische Blut-und-Boden-Lehre auffassen, läuft das physiokratische Credo doch darauf hinaus, dass alles, was wertvoll ist, sich der Natur verdankt. Zwar finden sich in ihr einige durchaus moderne Gedanken – wie etwa die Übertragung von William Harveys Blutkreislauf auf einen Wirtschaftskreislauf[13] –, aber ganz offenkundig schreckt man vor der Fremdartigkeit des selbst geschaffenen Homunkuluswesens zurück. Weswegen sonst schickt man sich an, dieses durch und durch künstliche Wesen erden zu wollen? Dieser *idée fixe* folgend ist der Bauer der Prototyp, der Wertschöpfung betreibt – wohingegen Handel und Handwerk sich das bloß zunutze machen, mithin zu den nutznießenden, ausbeuterischen Klassen gehören – eine Vorstellung, in der sich ein Reflex des alten Zinsverbotes ausmachen lässt.

Nun gehört Adam Smith zwar zu den Kritikern der physiokratischen Lehre, bleibt jedoch einem eher konventionellen Wertbegriff verhaftet. Wertvoll ist das, was der Natur entspringt und worin der Mensch seine Arbeit hineingelegt hat. Mit der Verlagerung der Wertschöpfung in den Arbeitsbegriff wird der physiokratische Reichtum zwar zur *Natur des Menschen* gewandelt – aber der Übergang zum Kapitalismus verlangt noch einen weiteren

Schritt: hin zur Massenseele. Diesen Schritt geht Jean-Baptiste Say. Für ihn entsteht ein Wert dann und nur dann, wenn ein anderer Mensch sich bereit erklärt, jenen Gegenstand, in den ein Mensch seine Arbeitskraft investiert hat, zu kaufen, das heißt, wenn er *den Nutzen der Sache* anerkennt.[14] Insofern produziert der moderne Kapitalismus keine Güter, sondern Nützlichkeit - und von Nutzen ist eine Sache erst dann, wenn sie in Geld aufgewogen wird.

Weil die gesellschaftliche Valorisierung das Bewegungsgesetz des Kapitalismus ist, gibt es keinen Wert ohne derartige Anerkennung - selbst wenn der Produzent des fraglichen Objekts sein ganzes Leben daran verausgabt haben sollte. Diese Verschiebung der Aufmerksamkeit - weg von der Sache, hin zur psychologischen *Wertung* - erlaubt es Say, auch Immaterielles wie geistige oder künstlerische Arbeiten als gesellschaftliche Werte aufzufassen. Selbst ein Begriff wie Humankapital, der erst im 20. Jahrhundert entsteht, ist hier präfiguriert. »Der Tauschwert oder Preis ist ein Index des anerkannten Nutzens einer Sache, solange der menschliche Verkehr von jedem Einfluss außer dem des identischen Nutzens ausgenommen ist: so wie ein Barometer das Gewicht der Atmosphäre nur angibt, solange das Quecksilber ausschließlich der atmosphärischen Schwerkraft unterworfen ist.«[15]

Mit dieser Absage an die Natur, mit der Verschiebung hin zur abstrakten Gesellschaftsmaschine beginnt der moderne Kapitalismus. Von daher ist es keineswegs zufällig, dass Say seine Lehre mit der Beherrschung des Vakuums begründet. Wie die Wissenschaft etabliert sich auch der moderne Kapitalismus über dem Luftmeer - als eine Religion der Nützlichkeit, deren einziges Ziel in ihrer grenzenlosen Selbstvervollkommnung liegt. Folglich muss sich der *homo oeconomicus* all jene Interventionen verbitten, die über die reine Lehre hinausgehen oder sie gar unterlaufen. Damit erweist sich die Ökonomie als eine Schwester der Null und des wissenschaftlichen Denkens - ein Kult der Vernunft, der vom individuellen, notwendig irrenden Menschen absieht und absehen muss.

Geburt eines Monsters

Der Titel von Goyas berühmtem Kupferstich, *El sueño de la razón*, häufig als *Schlaf der Vernunft* übersetzt, ließe sich treffender noch als *Traum der Vernunft* übersetzen - als jenes Delir, bei dem die Vernunft den eigenen Phantasmen erliegt. Wenn die Aufklärung die Vorstellung der Theodizee in ein Fortschrittsversprechen gehüllt hat - die »fortschreitende Entwicklung des menschlichen Geistes«, wie es bei Condorcet heißt -, markiert die Guillotine demgegenüber eine fremde, geradezu unheimlich gewordene Rationalität. Wie im Goethe'schen *Zauberlehrling* machen sich die Dinge selbstständig, wird man die Geister, die man rief, nicht mehr los. Hält man sich demgegenüber das vorrevolutionäre Frankreich vor Augen, wo Franklins Experimente die Salons in Begeisterung versetzten, Franz Anton Mesmers Animalischer Magnetismus Paris eroberte und die ersten Montgolfière-Ballons gen Himmel aufstiegen,[1] sieht man eine Welt, in der der Szientismus Triumphe feiert, ja in der selbst die breite und ungebildete Menge der Verführung des Fortschritts erliegt.

Folgerichtig werden die Aeronauten auf den Schultern der Menge durch die Städte getragen, ja verwundert sich nicht einmal die gebildete Welt darüber, dass ein findiger Unternehmer Schuhe zu liefern verspricht, mit denen man über das Wasser laufen kann. Kein Bild lässt den geistigen Klimaumschwung deutlicher hervortreten als die Umdeutung, die der Gestalt des Prometheus zuteilwurde. Konnte Immanuel Kant in seiner »Betrachtung der seit einiger Zeit wahrgenommenen Erderschütterungen« von »dem Prometheus der neueren Zeit [sprechen], dem Herrn Franklin, der den Donner entwaffnen wollte«,[2] ist der moderne Prometheus in Mary Shelleys *Frankenstein* zu einem Wissenschaftler geworden, der Leichenteile zusammennäht und mit der Kraft der

Elektrizität ein Monster zum Leben erweckt. In diesem Sinn ist Robert Darntons Diagnose vom »Ende der Aufklärung« durchaus präzise, kippt die Vernunft wie die mesmerisierten Gesellschaftstiere in eine Form des Somnambulismus hinein.

Die Frage ist: Handelt es sich bei diesem Unheimlichwerden um ein Produkt der Gegenaufklärung - oder hat man es dabei mit einer Notwendigkeit, einer intrinsischen Logik zu tun? War, mit anderen Worten, die Aufklärung ein Licht, das sich in der Täuschung über die eigenen Voraussetzungen selber geblendet hat? Letztere Deutung erscheint am plausibelsten. Sie allein vermag den Widerspruch, mehr noch: die paradoxe Spannung zwischen einer sich immer weiter rationalisierenden, zugleich jäh sich verdunkelnden Vernunft zu erklären. Das Bild der Guillotine vor Augen, könnte man von einer kopflosen Ratio sprechen - einem Denken, das sich in den Dingen selbst weiterentwickelt, auf eine Weise, die den Zeitgenossen zunehmend Probleme bereitet.

*

Martin Heidegger hat sich der Kopflosigkeit der Ratio in seinem Aufsatz *Was heißt Denken* angenommen und ist dabei zu dem eingestandenermaßen anstößigen Schluss gekommen: »Die Wissenschaft denkt nicht.«[3] In der Tat ließe sich Robert Boyle als Gewährsmann eines systematisierten Nicht-Denkens anführen, weist er doch ausdrücklich darauf hin, dass er, um einen unvoreingenommenen Blick auf das experimentelle Geschehen zu nehmen, die Schriften der Naturphilosophen nicht zur Kenntnis genommen habe.[4] Warum? Weil ein festgefügtes Weltbild den Überraschungen, die eine experimentelle Beobachtung mit sich bringt, im Weg steht.

Ins Positive gewendet, ließe sich das Strategem des Nicht-Denkens als Bereitschaft deuten, den beobachteten Phänomenen als *matters of fact* den ihnen gebührenden Raum einzuräumen. Allerdings hat eine solche Abstinenz ihren Preis. Er besteht darin, dass sich die Wissenschaft immer stärker parzelliert – und die jeweiligen Unterdisziplinen ihr Eingebettetsein in die Welt verlieren. Nicholas Butler hat die Langzeitfolgen dieser Spezialisierung ins Auge gefasst: *Ein Experte ist jemand, der immer mehr über immer weniger weiß, bis er am Ende alles über nichts weiß.* Kurzum: Man bekommt es mit einer Form der Monstrosität zu tun, die der Logik der Guillotine nicht nachsteht – Gedankenmaschinen, die ihrerseits, gerade im Maße ihrer zur Schau gestellten Effektivität, ein Eigenleben annehmen können.

Versuchen wir diesen Prozess auf den einzelnen Menschen zu übertragen, ist festzuhalten, dass er mit dem Verlust eines überwölbenden, sinnstiftenden Weltbilds konfrontiert ist – während ihm umkehrt die Realität, in ihrer Gesamtheit, als zunehmend dunkle Vernunft gegenübersteht. Man könnte, in Anlehnung an die physikalische Kernspaltung, von einer Form der Sinnspaltung sprechen. Diese Sinnspaltung meint ein Doppeltes: Sie lässt sich zum einen als kollektive, energetische Steigerung auffassen, zum anderen aber nötigt sie dem Einzelnen die Logik der Kettenreaktion auf.

Weil dieses Ganze, das einem einzigen Zweck folgt, nicht mehr zur physiognomischen Ganzheit zurückfinden kann, muss der Einzelne begreifen, dass er in seinem Tun, das sich zu großen Teilen als eine Form der Ansteckung, ja der Viralität begreifen lässt, um eines höheren Zieles willen verglüht. Gesteht man zu, dass sich dieses Ziel im Einzelfall durchaus gegen den Einzelnen richten kann, als bemitleidenswertes Rationalisierungsopfer,[5] fällt es sehr viel schwerer einzugestehen, dass das gesellschaftliche Desiderat auf eine kollektiv betriebene Sinnspaltung hinausläuft. Im Grunde ist diese Logik des Zerfalls bereits bei Condorcet vorweggenommen, der konzediert, dass »das ganze System der menschlichen Arbeit einer gut gemachten Maschine [gleicht], deren verschiedene Teile systematisch unterschieden wurden, aber dennoch, da sie eng miteinander verbunden sind, ein einziges Ganzes bilden und auf einen einzigen Zweck hinarbeiten«.[6] Tatsächlich lässt sich die gesellschaftliche Ratio nicht mehr auf einen Kopf zurückführen. Denn so wie Boyles Vakuum sich nur von außen, unter Laborbedingungen beobachten lässt, bedarf es der maschinellen Augmentierung.

*

Dass die Maschine zum Schicksal der Moderne wird, zeigt sich an der Gestalt des Jacquard'schen Webstuhls, in dem das Nichts zum Zeichen wird, ja in dem sich der Produktionsvorgang auf die nämliche Weise vom Maschinenkörper löst, wie das auch im Fall des Boyle'schen Vakuums gegeben ist. Bedeutet die Dampfmaschine, dass die Maschine in Pferdestärken gemessen ein Vielfaches der domestizierten Natur zu entfesseln vermag, wird mit der Jacquard'schen Lochkarte die Geschicklichkeit des Arbeiters in ein abstraktes Programm überführt.[7] Erstmals kommt damit die Möglichkeit aufs Tapet, dass Arbeit in einer Bibliothek von Lochkarten aufgehen kann, ja dass sie sich in einem solchen Thesaurus musealisiert. Dass Napoleon diese Erfindung feierte und Jacquard mit einer Leibrente ausstattete, ist so verständlich, wie das Missvergnügen der Lyoner Weberschar nachvollziehbar ist, die die Maschine zerstörten und den Erfinder selbst körperlich attackierten. Vor allem in England, wo man dampfmaschinengetriebene Spinnereien in Betrieb nahm, weitete sich der Widerstand gegen die Maschine zur sozialen Protestbewegung aus.[8] Letztlich brachten die Arbeiter eine größere Armee gegen die Maschine in Stellung, als Wellington in den Iberischen Kriegen gegen Napoleon hatte aufmarschieren lassen können.[9]

Der Kampf der Ludditen zeigt, dass das Immer-vernünftiger-Werden der Vernunft auf eine Monstrosität hinausläuft – ja dass die Vernunft selbst nur die andere Seite der Entfremdung ist. Es ist kein Zufall, dass nur wenige Jahre nach den Arbeiteraufständen Charles Babbage jenen lochkartengetriebenen Computer in Angriff nahm, über den er in seinen *Passagen* später schrieb: »Es zeigt sich also, dass die Gesamtheit der Bedingungen, die eine endliche Maschine in die Lage versetzen, Berechnungen von unbegrenztem Umfang durchzuführen, in der Analytischen Maschine erfüllt sind. Die Mittel, die ich angewandt habe, sind einheitlich. Ich habe die Unendlichkeit des Raumes [...] in die Unendlichkeit der Zeit umgewandelt.«[10] Und in seinem *On the Economy of Machinery and Manufactures*, aus dem Karl Marx große Anregungen empfing, macht Babbage deutlich, in welchem Maß der dampfmaschinenbetriebene Webstuhl als Rationalisierungswerkzeug fungiert.[11] Man könnte sagen: dass die Erfahrung der Maschine, die, in die Schrift überführt, eine Bibliothek an Prozeduren generiert, eine fremde, ja entfremdende Logik hervorbringt.

*

Genau diese Erfahrung der Alterität macht verständlich, dass und warum sich der neue Prometheus zum Monster verwandeln konnte.[12] Nicht bloß, dass der Ausbruch des indonesischen Vulkans Tambora der Zeit ein Jahr ohne Sommer servierte, auch mental stand die Tischgesellschaft um Byron, die sich im Mai des Jahres 1816 in der Villa Diadora am Genfer See zu abendlichen Gesprächen zusammengefunden hatte, unter dem Eindruck einer sich verfinsternden Welt – was sie bewogen haben mochte, zum Zeitvertreib Szenarien für Schauerstücke zu entwickeln. Schon deswegen ist Mary Shelleys *Frankenstein* weit mehr als die Imagination einer Neunzehnjährigen. Man könnte geradezu von einem Mythos der Moderne sprechen.[13] Denn hier überschneiden sich etliche zeitgenössische Kraftquellen, genauer: Sie werden auf moralische und psychologische Fragen zurückgeführt. Das hat nicht zuletzt mit der Biografie der Autorin zu tun, die das Werk ihrem Vater widmete, William Godwin, der als früher Anarchist in Erinnerung geblieben ist – ein Gläubiger der Vernunft, der in der staatlichen Macht die Wurzel allen Übels erblickte. Weil sein Denken, namentlich seine *Enquiry Concerning Political Justice*, sich als Apologie der Französischen Revolution lesen ließ, wuchs seine Tochter Mary als das Kind eines Geächteten auf. Horace Walpole etwa nannte Godwin »eines der größten Monster der Geschichte«,[14] und sein Gegner Edmund Burke sah in ihm das »Prinzip des Bösen selbst: körperlos, rein, unvermischt, dephlegmatisiert, eine kotige Bosheit«.[15]

So lange hielt sich dieses Bild, dass Thomas de Quincey notierte, dass »die meisten Menschen Mr. Godwin mit demselben Befremden und Entsetzen betrachteten wie einen Ghul, einen blutleeren Vampir oder das von Frankenstein geschaffene Monster«.[16] Der Abscheu, den die englische Gesellschaft ihm entgegenbrachte, war, genährt vom Blutdurst der Französischen Revolution und der metaphysischen Kaltblütigkeit ihrer Propagandisten, vor allem eine Projektion - denn man sah in ihm die Personifikation des angelsächsischen Revolutionärs. Konnten die Zeitgenossen Godwin als »Vollblutmetaphysiker« geißeln, der im Verstandesrausch ein kaltes Herz kultiviert, ist auch das Porträt seiner Tochter nicht sonderlich schmeichelnd. Es zeichnet eine Physiognomie, die gerade dort, wo sie ins Utopische vorstößt, zweifelhafte, ja dunkle Züge annimmt. Dass Godwin überzeugt war, dass die Gesellschaft, wenn sie denn seinen Lehren folgte, eine *Regeneration des Menschengeschlechts* erleben würde,[17] weist ihn als Fortschrittsgläubigen aus. Sehr viel fragwürdiger war sein Glaube daran, dass die Menschheit, auf dem Weg der Selbstperfektionierung, unsterblich werden würde, weswegen man aufhören werde, sich selbst zu reproduzieren[18] - ein Gedanke, der ebenso gut der Fantasie eines zeitgenössischen Transhumanisten entsprungen sein könnte.

In jedem Fall ist der Messianismus des Victor Frankenstein, der sich anschickt, einen *neuen Adam in gigantischer Gestalt*[19] zu zeugen, auch ein Porträt des väterlichen Weltbeglückungsbegehrens: »Eine neue Spezies wird mich als ihren Schöpfer und Ursprung preisen; viele glückliche und ausgezeichnete Wesen werden ihr Dasein mir verdanken. Kein Vater könnte die Dankbarkeit seines

Kindes so vollständig für sich beanspruchen, wie ich die ihre verdiente.«[20] Indes wäre es eine unzulässige Psychologisierung, wenn man das Porträt des Victor Frankenstein allein als eine Form des subtilen Vatermords deuten wollte. Schon die vielfältige Deutung des Monsters, in dem die Interpreten nicht nur die revolutionäre, sondern auch die unterdrückte, arbeitende Masse entdeckt haben, zeigt, dass sich im *neuen Adam* verschiedenste gesellschaftliche Kraftlinien kreuzen. Genau darin aber besteht die Charakteristik eines Monsters. Standen die Monster einst für die unbegriffenen Kräfte der Natur, hat man es nunmehr mit einer Ausgeburt der Vernunft selbst zu tun, genauer: mit einer Form des arkanen, verbotenen Wissens.[21] Folglich begibt sich der junge Doktor Frankenstein ausgerechnet an jenen Ort, wo Adam Weishaupt im Jahr 1776 den Illuminatenorden gegründet hatte – also jene Geheimgesellschaft, die in den Schriften des Abbé Barruel der Ausgangspunkt einer großen Weltverschwörung, ja die Quelle der Französischen Revolution selbst ist: Ingolstadt.[22]

Diese Wendung beschreibt den Weg in den Obskurantismus, eine Grenzüberschreitung, bei der die Wissenschaft ihr hässliches Gesicht zeigt: den Wahnsinn. Wie in Stephensons *Der seltsame Fall des Dr. Jekyll und Mr. Hyde* kommt hier ein Spaltungs- und Doppelgängermotiv ins Spiel. Folglich lässt Mary Shelley ihren Dr. Frankenstein sagen: »Ich betrachtete das Wesen, das ich unter die Menschen geworfen hatte [...], fast im Lichte meines eigenen Vampirs, meines eigenen Geistes, der aus dem Grab losgelassen und gezwungen war, alles zu zerstören, was mir lieb war.«[23] Das Monster, wenn man so will, ist der Wiedergänger aus der Unterwelt – nur dass es nicht die unbegriffene Natur, sondern die Unterwelt der Wissenschaft selber ist.

Genau hier liegt die besondere Inspiration von Shelleys Frankenstein. Mögen die Ansichten konservativer Zeitgenossen wie Edmund Burke, Horace Walpole oder Abbé Barruel Eingang in den Text gefunden haben, ist Mary Shelley, was die Entwicklung ihres Helden, aber auch seines Monsters anbelangt, nicht von vorneherein von deren grundsätzlicher Bösartigkeit überzeugt. Was dem Roman seine Überzeugungskraft verleiht, ist das Phantasma, dem der Forscher erliegt. Wie in mehreren Briefen dokumentiert, war Mary Shelley vom Galvanismus fasziniert. Dass man die Elektrizität als *vis vitalis*, als Lebenskraft ansah, war nur die theoretische Seite, sehr viel einflussreicher waren die Experimente von Galvanis Neffen, Giovanni Aldini, die die Fantasie der Zeitgenossen auf schaurige Weise erregten.

Ausgerüstet mit einer Voltasäule, hatte Aldini guillotinierte Köpfe unter Zufügung elektrischer Energie zum Grimassieren gebracht. Bei einer aufsehenerregenden öffentlichen Vorführung in London war es ihm gelungen, das Herz eines Enthaupteten wieder zum Schlagen zu bringen.[24] Dass Aldini bei seinen Schaustücken guillotinierte Körper bevorzugte, hatte damit zu tun, dass bei einer solchen Exekution der Todeszeitpunkt feststand – die mechanische Todesart mithin der Konterpart des Elektroschocks war. Insofern Leben und Tod hier in eine zeichenhafte, digitale Dimension eintreten, lässt Dr. Frankenstein die Frage des Lebens mit dem Tod beginnen: »Ich habe mich oft gefragt: Woher kommt das Prinzip des Lebens? ... Um die Ursachen des Lebens zu untersuchen, müssen wir uns zunächst mit dem Tod befassen. Ich beobachtete den natürlichen Verfall und die Korruption des menschlichen Körpers. Ich sah, wie die schöne Gestalt des Menschen entwürdigt und verwüstet wurde. Ich sah, wie die Verderbnis des Todes auf die blühende Wange des Lebens folgte; ich sah, wie der Wurm die Wunder des Auges und des Gehirns erbte. Ich hielt inne, untersuchte und analysierte alle Einzelheiten der Kausalität vom Leben zum Tod und vom Tod zum Leben ...«[25]

Weil mit der Erschaffung des Monsters der Tod ins Leben tritt, bekommt man es mit Übergangsfiguren zu tun. Dieses Moment der Zombifizierung wird durch einen weiteren Gast belegt, der auf Einladung Bryons kurzfristig zur Genfer Abendgesellschaft hinzustieß: Matthew Graham Lewis. Lewis war nicht nur der Autor der überaus erfolgreichen Horrorgeschichte *The Monk* (1793), die das Bild eines gefallenen Mönches zeichnet, sondern auch der Erbe einer Plantage auf Jamaika. Und weil er sich zwischen zwei Reisen zu seiner Besitzung befand, quälte ihn die Frage, wie er seine dortigen Plantagen und Sklaven managen könne. Während sich die Gesellschaft also mit der Frage der idealen Horrorgeschichte beschäftigte, war Lewis, der sich selbst als Abolitionist verstand, neben einer *Faust*-Übersetzung mit der Abfassung eines Kodizills beschäftigt, in dem genau festgelegt war, wie die Plantage nach seinem Ableben verwaltet werden sollte. Dieses Testament wurde am 20. August 1816 fixiert und von Byron, Shelley und Polidori als Zeugen beurkundet.[26]

In Gestalt dieses Gesprächspartners ist auch der Bezug zum Haitianischen Sklavenaufstand gegeben – aber auch zu den Voodoo-Praktiken, die, vermittelt über den Bruder Puységurs, auf Haiti mit dem Mesmerismus verschmolzen waren.[27] Nicht zufällig ist die Neue Welt ein Topos, der Eingang in den *Frankenstein*-Stoff gefunden hat. Denn das Monster bittet Frankenstein, eine Gefährtin für sich zu erschaffen – und verspricht, die Zivilisation zu verlassen und mit ihr nach Südamerika zu entfliehen. Freilich kann das keine Lösung sein, wäre die Folge doch eine Generation zwielichtiger Wesen: »Selbst wenn [das Geschöpf und seine Gefährtin] Europa verließen und die Wüsten der neuen Welt bewohnten, wäre eine der ersten Folgen jener Bindung, nach denen der Dämon dürstete, Kinder, und eine Rasse von Teufeln würde sich auf der Erde vermehren, die die bloße Existenz der menschlichen Gattung zu einem unsicheren und schrecklichen Zustand machen könnten.«[28]

*

Folgt man dieser Entstehungsgeschichte des Romans, ist bemerkenswert, dass die Geschichte Frankensteins in einer zutiefst säkularisierten Gesellschaft stattfindet.[29] Der moderne Prometheus hat sich von den Göttern verabschiedet, ganz im Sinne Percy Shelleys, der dem Buch seiner Frau seinen *Prometheus Unbound* hat nachfolgen lassen. In jedem Fall ist Frankenstein nicht vor einem mythologischen oder religiösen, sondern einem psychologischen Koordinatensystem zu betrachten. Demgemäß arbeitet Mary Shelley geradezu eine Psychologie des Monsters heraus. Diese zeichnet gerade nicht das ganz Andere, Unaussprechliche, sondern das Bild einer verstoßenen Kreatur – ein Wesen, mit dem sich die Autorin, als vernachlässigte Tochter, selbst identifiziert. Was den Schöpfer vor seinem Geschöpf zurückschrecken lässt, ist der Blick aus seinen wässrigen Augen, ein Blick, der alles Streben nach Schönheit und Proportion in einem Grauen versinken lässt. Umgekehrt ist das Ressentiment, das das Monster seinem Schöpfer gegenüber empfindet, der Empfindung des Verstoßenseins geschuldet.

So besehen ist *Frankenstein* das Dokument einer entzweiten Vernunft, die alle Blütenträume vom neuen Menschen in Rauch aufgehen lässt. Nicht zufällig liest sich der Bildungsroman des Monsters, der in seinem Tagebuch verzeichnet ist, wie eine Parodie auf den Rousseau'schen *Émile*: ein Wesen, das sich in der heimlichen Beobachtung einer Modellfamilie selber bildet und in dieser *éducation sentimentale* zu einem höchst zivilisierten Monster heranreift. Frankensteins Monster meistert die Sprache – und liest Volneys *Les Ruines*, dann Miltons *Paradise Lost*, Plutarchs *Leben berühmter Männer*, zu guter Letzt *Die Leiden des jungen Werther*. Jedoch verhindern diese Bildungsanstrengungen keineswegs, dass das Monster auf der Suche nach seinem Schöpfer dessen Bruder William erwürgt und sich im Lauf der Geschichte zu einem unnachgiebigen Verfolger entwickelt, der aus Rache für die versagte Gefährtin stattdessen die Braut des Schöpfers ermordet, in der Hochzeitsnacht.

Wie im Fall des Dorian Gray oder des Dr. Jekyll und Mr. Hyde ist das Verhältnis von Schöpfer und Geschöpf ein Spiegelverhältnis. Demgemäß lässt sich das Monster als Inkarnation einer Fremdheit verstehen – als Doppelgängerexistenz, in der sich ein abgespaltener Teil des eigenen Selbst realisiert. Eine andere literarische Entsprechung wäre Chamissos 1813 entstandene Peter-Schlemihl-Erzählung, in der der Protagonist seines Schattens beraubt wird. In jedem Fall lässt der Roman die *conditio moderna* hervortreten – jene innere Entzweiung, bei der der Schöpfer als Herrscher über die Natur sich selber fremd wird und fremd werden muss. Die Geister, die er rief, lassen sich nicht mehr in die Flasche zurückzwingen. Die einzige Chance, so etwas wie Unversehrtheit behaupten zu können, besteht darin, dass man das Monster aus der Gesellschaft verbannt.

Damit aber hat die schöpferische Vernunft einen Teil ihrer selbst verstoßen: all jene Gedankenfiguren nämlich, von denen die Vernunft zu träumen beginnt. In jedem Fall ist die Empfänglichkeit, mit der die Zeit auf die *Gothic novels* und die aus ihnen hervorsteigenden Horrorgestalten reagiert, als Blick ins Herz der Finsternis zu verstehen, in jene dunkle Kammer, die den Vernunftgläubigen notwendigerweise verborgen bleibt. Dabei wiederholt diese Spaltung zwischen Licht und Finsternis, Schöpfer und Monster nur die Fremdheitsproblematik, die bereits Robert Boyle hat realisieren müssen: den Umstand, dass der Geist, über dem Luftmeer thronend, sich in eine Weltfremdheit hinaufkatapultiert hat – eine Gedankenkälte, die mit der Unmittelbarkeit der Empfindung konfligiert.

Dass die Vernunft in die Welt unsichtbarer, gleichwohl wirkender Kräfte hinein vorstößt, ist eine Zumutung, der man dadurch entgegentritt, dass man die fremde Macht zur Natur- und Lebenskraft, zur *vis vitalis* erklärt. In dieser Eingemeindung wiederholt der Schauerroman die gleichen Fehler, die auch den Mesmerismus charakterisieren: Man imitiert die Wirkungen – und hält sie für die Ursache selbst. Auf diese Weise lässt sich die Fremdheit als »animalischer Magnetismus« einverleiben, während andererseits die Überschreitung ins Reich der Monster verbannt wird. Es ist, als ob man lediglich die Taghelle der Vernunft zur Kenntnis nehmen wollte, während ihre unsichtbaren Wirkungen ins Reich der Gespenster, ins Unbewusste verbannt werden.

*

Begreift man das Monster als Persönlichkeitsanteil des Victor Frankenstein, könnte man sagen, dass dieser in die Welt, in die Monstrosität, in das Unheimliche entschlüpft. Anders als der Philosoph Fichte sich das ausgemalt hat, ist das Nicht-Ich nicht der Gegenentwurf zum reinen, unteilbaren Ich, sondern ein entlaufener, unkontrollierter Teil des eigenen Selbst: ein *lapsus animae*.

In Dostojewskis *Doppelgänger* findet sich das literarische Dokument dieser Fremdheit. Da erlebt der kleine Beamte Jakow Goljadkin, dass ihm im Büro ein Doppelgänger begegnet - ärger noch, dass ihm dieser seinen Rang streitig macht. Intellektuell und sozial überlegen, entpuppt sich der Doppelgänger als Todfeind wie als bessere Hälfte.[30] Von daher ist der Fatalismus des kleinen Beamten, der mit dem Anderen eine friedliche Kohabitation eingehen muss, ein Ausdruck tiefster Entfremdung: *ich lasse alles so gehen, wie es geht, ich bin einfach nicht ich, und das ist alles.*

Mit diesem Satz wird klar, dass die Freud'sche Drohung - dass der Mensch nicht mehr Herr seiner selbst ist - nicht nur im Raum steht, sondern die Räumung des Selbst bereits ins Werk gesetzt worden ist. Hat schon der Versuch des Abbé Nollet die *conditio moderna* als Zustand des Einer-im-Anderen beschrieben,[31] so ist ein jeder fortan genötigt, sich mit dem Gesellschaftstier, der Massenseele, die gleiche Wohnung zu teilen. Was bei Hannah Arendt später *Unbehaustheit* oder *Heimatlosigkeit* des Menschen heißen wird, ist nichts als der Exodus des Ichs: sein Auszug in die Verhältnisse der Massengesellschaft. Anders als im Fall des Monsters läuft dieses Arrangement nicht auf eine Verfolgungsjagd, einen Showdown im ewigen Eis hinaus, sondern auf eine Kapitulationserklärung, nein, nicht einmal das. Man hat es mit jenem Verstummen zu tun, das T. S. Eliot in seinen *The Hollow Men* so wunderbar auf den Begriff gebracht hat: »This is the way the world ends: not with a bang but a whimper«.

In der Gestalt des »Man« nimmt man das Monster der Massengesellschaft in sich auf, während die eigenen Ansprüche verstummen – nicht zuletzt auch deswegen, weil das, was der Einzelne in die Waagschale werfen kann, nicht im Entferntesten dem gleichkommt, was die gesellschaftliche Vernunft zu leisten vermag. Hier kommt es zu einer sonderbaren Volte. Gerade in dem Maß nämlich, in dem die Vernunft kopflos wird, entsteht das Bedürfnis, sie in überbordender, überlebensgroßer Form zu restituieren. Wie sich die Adepten des Mesmerismus, vom Himmel wachgeküsst, im Besitz einer *vis vitalis* wähnen, warten die Romantiker nun mit dem Geniebegriff auf. Novalis schreibt: »Unser Denken ist schlechterdings nur eine Galvanisation – eine Berührung des irdischen Geistes – der geistigen Atmosphäre – durch einen himmlischen, außerirdischen Geist. Alles Denken etc. ist also an sich schon eine Sympraxis im höheren Sinn.«[32]

Mit der *Sympraxis* entsteht der Geniebegriff der Romantik – und wie man sieht, geht die *scientia* über in die Fiktion. Hier fühlt sich der Doktor Frankenstein zur Zeugung seines Monsters ermächtigt – einem Schöpfungsakt, der zu einem Topos der Moderne wird (wie etwa in *L'Eve Future* des Auguste Villiers de l'Isle-Adam, der im Jahr 1886 der Welt den ersten Androiden schenkt). Dort jedoch, wo diese künstlerische Zeugungskraft um ihre materiellen Grundlagen nicht weiß, kann sie nicht viel mehr als ein Phantasma darstellen: eine Ichprothese, deren grandioser Anspruch als Metrum vor allem des Ich- und Selbstverlustes zu deuten ist.[33]

Dies vor Augen versteht man, warum die Moderne gerade in dem Maß, in dem ihre technischen Erzeugnisse an Elaboriertheit und Exzellenz zunehmen, sich im Obskurantismus verliert. In jedem Fall wächst der technischen Ratio ein spiritistischer Doppelgänger zu. Der psychologische Grund für den Geisterglauben, der sich vor allem in der zweiten Hälfte des 19. Jahrhunderts verbreitet – und just in dem Maß an Intensität zunimmt, in dem Telegrafie und Eisenbahn zu einer Alltäglichkeit werden –, ließe sich als *Phantomlust* beschreiben, das heißt als Überblendung eines Phantomschmerzes, einer durchaus realen Verlustempfindung. Anstatt sich einzugestehen, dass mit der Elektrifizierung der Welt ein fremdes, zu weiten Teilen noch unbegriffenes Denken sich in die Realität eingehaust hat – ein Denken, das mit einer Rationalisierungsdrohung einhergeht –, verleibt man sich den Fremdkörper ein und behauptet, im Besitz einer höheren Weisheit zu sein. Folglich behauptet der amerikanische Spiritist Andrew Jackson Davis, dass der menschliche Wille die Schwerkraft überwinden und als Geistkörper »mit Lichtgeschwindigkeit auf den ätherischen Flüssen des Raumes schweben« kann.[34]

Die innige Verbindung zwischen wissenschaftlicher Tatsache einerseits und dem Phantasma andererseits kennzeichnet auch das Werk Allan Kardecs, der in seinem *Le Livre des médiums* die Kommunikation mit der Geisterwelt nach dem Modell eines Telegrafen entwirft.[35] In seiner Vorstellung wirkt das menschliche Medium wie ein Transmitter, der eine Botschaft aus dem Jenseits empfängt und weitergibt. Folglich ist seine Aufgabe der »einer elektrischen Maschine [zu vergleichen], die telegrafische Sendungen von einem Punkt der Erde zu einem anderen, weit entfernten Punkt überträgt«.[36] Verleitet eine solche »Medienkompetenz« die spiritistischen Denker dazu, ihr Treiben als eine »Wissenschaft von Gott« auszugeben, zeigt sich in dieser Phantomlust doch nur, wie tief die Verlusterfahrung in Wahrheit ist. Denn was ein Medium zu einem solchen macht, ist, dass es seinen Eigenwillen aufgibt und sich in den Dienst der Geisterwelt stellt – ganz nach dem Vorbild des Jakow Goljadkin: *ich bin einfach nicht ich, und das ist alles.*

Nichts anderes ist das Programm, das William Stainton Moses in seinem *Spirit Teaching* lehrt, das für die *écriture automatique* grundlegend ist: »Es ist ein interessanter Gegenstand für Spekulationen, ob meine eigenen Gedanken in den Gegenstand der

Mitteilungen eingeflossen sind. Ich gab mir außerordentliche Mühe, eine solche Vermischung zu verhindern. Am Anfang war die Schrift langsam, und ich musste sie mit dem Auge verfolgen, aber auch dann waren die Gedanken nicht meine Gedanken. Sehr bald nahmen die Botschaften einen Charakter an, bei dem ich keinen Zweifel mehr hatte, dass der Gedanke dem meinen entgegengesetzt war. Aber ich kultivierte die Fähigkeit, meinen Geist während des Schreibens mit anderen Dingen zu beschäftigen, und war in der Lage, ein abstruses Buch zu lesen und einen engen Gedankengang zu verfolgen, während die Botschaft mit ungebrochener Regelmäßigkeit geschrieben wurde. So geschriebene Botschaften erstrecken sich über viele Seiten, und in ihrem Verlauf gibt es keine Korrektur, keinen Fehler in der Komposition und oft eine anhaltende Kraft und Schönheit des Stils.«[37]

Wenn die Authentizität der spiritistischen Botschaft davon abhängt, dass das Medium sich zum willfährigen Boten macht, wird die Kapitulationserklärung des kleinen Beamten Goljadkin Programm – mit dem Unterschied nur, dass der Auslöschung der Person die metaphysische Aufladung des Mediums korrespondiert. Nimmt man das in den Blick, wird sichtbar, dass die Phantomlust der Spiritisten die andere Seite eines Phantom*schmerzes* ist: jenes Schmerzes, den ein amputiertes, verlorenes Körperglied im Hirn des Betroffenen evoziert, verbunden mit der befremdlichen Sinnesempfindung, es wäre noch da und die körperliche Unversehrtheit gegeben. Weil die Phantomlust als Überblendung des Schmerzes fungiert, versteht man, warum die Telegrafie durch den Willensakt überboten und die Geisterfotografie als spiritistischer Fotobeweis herhalten muss: Solcherart lässt sich die Fremdheit der Ratio bannen, kann man, von allen guten Geistern geschützt, wähnen, noch immer Herr im eigenen Hause zu sein – und wenn es dort spukt, *tant pis*.[38]

*

Es sind keineswegs esoterische Denker allein, die sich dem Spiritismus ergeben. Es finden sich berühmte Namen wie Fechner oder der Leipziger Physiker Zöllner darunter, dem sich eine *Transcendentale Physik* verdankt. Folglich könnte man, ganz im Sinne von Benjamins schönem Aufsatz »Was die Deutschen lasen, während ihre Klassiker schrieben«, die spiritistische Frage dahingehend pointieren, dass man sie nicht als obskurantistische Verirrung, sondern als dunkle Seite der Aufklärung begreift – vergleichbar dem Voodoo-Kult, der den Geist der Gesetze auf die *loa* zurückführen möchte: die animistische Geisterwelt. Im Sinne von John Warne Monroe ließe sich der Spiritismus als *metaphysisches Labor* verstehen,[39] eine Techno-Religion, die sich mit technischen Mitteln der »Wissenschaft Gottes« versichern möchte, was nur ein Synonym für das Streben ist, die alte Welt aufrechtzuerhalten.

Spiegelt der Spiritismus zum einen den technischen Fortschritt, handelt es sich andererseits um eine Form der kollektiven Verirrung, bei der vor allem die Frage der Suggestibilität, das Glauben-Wollen ausschlaggebend ist. »Wenn der Wunsch der Vater des Gedankens ist«, so das Diktum des Psychopathologen George M. Robertson, »so ist er die Mutter der Sinnestäuschung.«[40] Tatsächlich sind die Anfänge des modernen Geisterglaubens von einer solchen Schlichtheit, dass schwer vorstellbar ist, wie wissenschaftlich trainierte Geister wie Karl Friedrich Zöllner diesem Hokuspokus zu erliegen vermochten.

*

Die Geschichte beginnt im Jahr 1848 in der Kleinstadt Hydesville, wo in einem Haus merkwürdige Klopfgeräusche zu hören sind. Man mutmaßt, dass in diesem Haus ein Mord passiert ist und der Geist des Verstorbenen versucht, mit den Lebenden Kontakt aufzunehmen. Viele Jahre später, nachdem die Kinder des Hauses, die Fox-Schwestern, zu berühmten Medien geworden und durch Amerika und Europa getourt sind, enthüllt die ältere der Schwestern,

Margaret Fox, die schnöde Wahrheit: »Meine Schwester Katie und ich waren noch sehr kleine Kinder, als dieser schreckliche Betrug begann. Ich war erst acht, nur eineinhalb Jahre älter als sie. Wir waren sehr schelmische Kinder und versuchten nur, unsere liebe Mutter zu erschrecken, die eine sehr gute Frau war und sich sehr leicht ängstigte.«[41]

Die Technik, derer sich die Schwestern dabei bedienten, war vergleichsweise simpel: Sie zogen einen Apfel, der an einem Seil befestigt, aber hinter einem Vorhang verborgen war, auf und nieder – und ließen auf diese Weise die Klopfgeräusche erklingen. Die Mutter, die sich diese Geräusche nicht zu erklären vermochte, rief die Nachbarn herbei – die sogleich mit der Geschichte eines Verbrechens aufwarteten. Halb aus Selbstschutz, halb aus Begeisterung über die erzeugte Aufmerksamkeit begannen die beiden Schwestern, die Produktion der Klopfgeräusche zu perfektionieren, ja entwickelten gar eine Technik, bei der die Geräusche mithilfe der Handknöchel und -gelenke, schließlich mit den Füßen produziert werden konnten. Die Klopfgeräusche im Hause Fox hatten bereits überregionale Aufmerksamkeit gewonnen, als die ältere, bereits verheiratete Schwester das Haus ihrer Eltern besuchte – und auf den Gedanken verfiel, die übersinnlichen Begabungen ihrer Schwestern zu monetarisieren.

Auf eine bizarre Weise verschmolzen die folgenden Professionalisierungsversuche mit einer zunehmenden Lesefähigkeit des Geistes. Hatte dieser zu Anfang einmal geklopft, um eine Frage zu bejahen, und im Fall einer Verneinung geschwiegen, entwickelte sich bald eine etwas ausgefeiltere Technik. Ein hilfreicher Quäker aus der Umgebung unterrichtete die Schwestern darüber, dass und wie sich mittels eines Morsecodes auch alphabetische Nachrichten übermitteln ließen – eine Anregung, die der Geist der beiden Schwestern dankbar aufgriff. Liegen die Anfänge des Spiritismus in der Einbildungskraft zweier Schulmädchen, wächst sich der semiotisch aufgerüstete Poltergeist in der zweiten Hälfte des

19. Jahrhunderts zu einer regelrechten Massenbewegung aus. In Gestalt des Spiritismus entfesselt er eine quasireligiöse Bewegung, die von der *Aura der Faktizität* überglänzt war.[42]

Ausgerechnet ein Illusionist, der Entfesselungskünstler Harry Houdini, hat sich in den frühen 1920er-Jahren angeschickt, die spiritistischen Techniken als mehr oder minder kunstfertige Illusionstechniken zu entlarven. Sein Kompendium geht von Dematerialisierungen bis hin zur Produktion rätselhafter Substanzen, die als sogenanntes Ektoplasma ausgeschieden werden, von der Geisterfotografie bis zur Entfesselung von Geistern und Musikinstrumenten, von Levitations- und Kreiselkünsten bis zu den Schiefertafeln, die vor einem Massenpublikum von Geisterhand beschrieben werden. Sorgsam, bis in alle Einzelheiten hinein zerlegt, bringt Houdini die Techniken ans Licht, mit denen solcher Zauber in Gang gesetzt werden konnte. Das eigentliche Rätsel jedoch vermag die Sektion dieser Techniken nicht zu erhellen – die Frage nämlich, warum ein so zahlreiches Publikum sich gänzlich unwillig zeigte, selbst bei demonstrierter Scharlatanerie von seinem Glauben abzulassen.

*

Folgt man der Spur, wonach diese Showdarbietungen sich letztlich als transfigurierte Wunder der Technik entblößen – der Klopfgeist, der in die Geheimnisse des Morsecodes eingeführt wird –, zeigt sich die Dialektik von Phantomschmerz und Phantomlust als der eigentliche Treiber dieser Bewegung. In diesem Sinn wäre der Spiritismus als das gefügig und unschädlich gemachte Monster der Moderne zu verstehen. Psychologisch betrachtet, hat man es mit einem Gegenzauber zu tun – dem Versuch, sich über die Identifikation mit dem Feind seiner Macht zu entledigen. Im Unterschied zum animistischen Gegenzauber jedoch gibt es hier keine wirkliche Satisfaktionsfähigkeit. Nur in der Imagination kann der menschliche Wille die Geschwindigkeit der Telegrafie hinter sich lassen und sich über die Gravitation hinwegsetzen. Darin liegt die Aufgabe der spiritistischen Medien: Wie eine Art Priesterschar sollen sie dem geneigten Publikum klarmachen, dass die Mächte der Technik beherrschbar, der Mensch noch das Maß aller Dinge und der Geist in der Flasche einhegbar ist.

Man könnte hier eine Verbindung zum klassischen Opferkult sehen. In René Girards Vorstellung wird die Gewalt im Opfer zelebriert, um die latente Gewaltdrohung in einer Gesellschaft einhegen zu können – was das Opferritual als Gesellschaftsklebstoff ausweist, als eine Form des *community building*. Die spiritistische Darbietung verfolgt denselben Zweck: Indem sie die Ausnahmesituation vorführt – die Kommunikation mit der Geisterwelt –, unterwirft sie den tatsächlich wirkenden Geist der Moderne dem Willen und macht ihn damit unschädlich. Der Spiritismus bedeutet in diesem Sinn einen Triumph des Willens – eine Moderne, die die *conditio moderna* nicht zur Kenntnis nehmen will.

Der Mann in der Menge

In einem kleinen Text aus dem Jahr 1840, betitelt *Der Mann der Menge*, erzählt Edgar Allan Poe von einem Geheimnis, das sich nicht aussprechen lässt, einem Verbrechen, das sich nie offenbaren wird. Dieser Einleitung gemäß, die dem Motto des französischen Moralisten und Höflings Jean de La Bruyère folgt: *Dieses große Unglück, nicht allein sein zu können,*[1] könnte der Leser eines jener literarischen Schauerstücke erwarten, für die Poe, ganz zu Recht, nicht enden wollenden Ruhm erworben hat – freilich nur, um von dieser Geschichte zutiefst enttäuscht zu werden. Denn es passiert eigentlich nichts. Der Erzähler, von einer längeren Krankheit genesen, sitzt in einem Londoner Café und spürt, »je mehr meine Kräfte zurückkehrten, desto glücklicher wurde meine Stimmung, die man als das Gegenteil von Langeweile bezeichnen konnte; es war ein Zustand voll inneren Aufmerkens, voll heftiger Begier nach Neuem, es war mir gewissermaßen, als blicke mein geistiges Auge zum erstenmal frei und unverschleiert«.[2]

Sein Blick ist ganz auf die Außenwelt gerichtet – und im vorübereilenden Menschenstrom analysiert er zunächst einmal die verschiedenen Passanten: die Geschäftsleute, die Klasse der Angestellten, dann die Taschendiebe, Spieler und Hausierer. Als der Abend hereinbricht, taucht das Gesicht eines »hinfälligen alten Mannes« auf, das den Beobachter aus einem rätselhaften Grund gänzlich in Bann zieht. Ihm fällt ein, dass der Zeichner Moritz Retzsch, hätte er dieses Gesicht gesehen, »ihm unbedingt vor allen anderen Modellen zu seiner Verkörperung des Satans den Vorzug gegeben haben würde«.[3] In Anbetracht eines solch ungewöhnlichen Anblicks nimmt es nicht wunder, dass der Erzähler aufsteht und dem Mann durch die Straßen folgt, verleitet auch durch den Anblick eines Dolches, den er unter seinen abgetragenen, gleichwohl durchaus teuren Kleidern hervorschimmern sieht.

Doch es gelingt ihm nicht, das Verhalten des Alten zu entziffern. Hat dieser sich im Gedränge mühsam einen Weg durch die Menge gebahnt, beginnt er schließlich zu zögern, entsteht eine Unschlüssigkeit. Kaum dass er seine ursprüngliche Zielstrebigkeit zurückgewonnen hat, verblüfft er seinen Verfolger damit, dass er im Kreis zu laufen beginnt. Weil nichts an seinem Verhalten Sinn zu ergeben scheint, stellt sich ihm der Verfolger kühn in den Weg. Aber der Alte schaut durch ihn hindurch und nimmt seinen Weg wieder auf. Sein Verfolger, der schließlich von seinem Tun ablässt, kommt darauf zu dem folgenden Schluss: »›Dieser alte Mann‹, sagte ich schließlich, ›ist das Urbild und der Dämon des Triebes zum Verbrechen. Er kann nicht allein sein. Er ist *der Mann der Menge*. Es wäre vergeblich, ihm zu folgen, denn ich werde weder ihn noch sein Tun tiefer durchschauen. Das schlechteste Herz der Welt ist ein umfangreicheres Buch als der Hortulus Animae und vielleicht ist es nur eine der großen Gnadengaben Gottes, dies: Es lässt sich nicht lesen.‹«[4]

Selbstverständlich könnte man sich über diese antiklimaktische Erzählung verwundern, die einen Satanas auffahren lässt, dessen einziges, sichtbares Verbrechen in seinem erratischen Gang besteht. Damit ginge man jedoch an der Rätselgestalt des Antihelden vorbei: nämlich dem Verbrechen seiner Unlesbarkeit. Bereits die Art und Weise, wie Poe seinen Beobachter einführt, verrät, dass man es hier mit einem neuen Paradigma zu tun hat. Denn der Beobachter, der die Passanten in Augenschein nimmt, verhält sich wie ein Statistiker, der die Passanten in markante, unterschiedliche Gruppen einteilt.[5] Poes Bezug zu dieser noch jungen Wissenschaftsdisziplin ist keineswegs zufällig, sondern gründet auf einem ausgeprägten Interesse an dieser neuen Wissenschaft. Folglich war ihm das *Ninth Bridgewater Treatise* des Charles Babbage vertraut, der 1830 die Royal Statistical Society gegründet hatte, ebenso wie ihm Laplace', Herschels und Mills Überlegungen zur Wahrscheinlichkeitsrechnung geläufig waren.

Von daher ist es nicht verwunderlich, dass sich Spuren dieser Auseinandersetzung auch in anderen Erzählungen Poes finden lassen. In der Geschichte *Der Goldkäfer* etwa geht es um die kryptografische Entschlüsselung eines Textes. Und im gleichen Jahr, als er den *Mann der Menge* verfasste, überließ er dem *Graham's Magazine* einen Aufsatz über Geheimschriften: *A Few Words on Secret Writing*. Unter diesem Gesichtspunkt stellt sich die Frage, worin Poe die satanische Qualität des alten Mannes ortet. Die Antwort ist, wenig verwunderlich, eine statistische. Der alte Mann, der sich auf chamäleongleiche Weise seiner Umgebung anpasst, ist die Verkörperung dessen, was Adolphe Quetelet den *homme moyen*, den Durchschnittsmenschen genannt hat – den man ebenso gut als eine Form der Abwesenheit, als Nullpunkt definieren könnte.[6] Genau darin besteht sein Verbrechen: in der vollständigen Eigenschaftslosigkeit. Nimmt man diesen Blickpunkt ein, ergeben die vielfältigen literarischen Bezüge plötzlich Sinn: Bruyères Bemerkung über das Elend des Menschen, das Dilemma der Unlesbarkeit, das Verbrechen, das niemals offenbar werden wird etc.[7]

*

Treten wir einen Schritt zurück und halten uns die Perspektive der Erzählung vor Augen, ist bemerkenswert, dass Poes Erzähler das Objekt seines Interesses wie ein Insekt beobachtet, oder genauer: wie ein Lebewesen, das sich in einer anderen Lebenswelt bewegt, wie hinter Glas. Hier kommt unsere Ausgangssituation ins Spiel: die Entdeckung des Vakuums, der Blick des Wissenschaftlers, der den Tod des Vogels in der Glaskugel registriert. Die Asymmetrie von außen und innen ist, wie wir wissen, eine Notwendigkeit. In ihr wird der Betrachter in jene Beobachterposition über dem Luftmeer erhoben, in der menschliches Leben nicht mehr möglich ist.

Streng genommen wird diese Beobachterposition nicht von einem, sondern von mehreren Zeugen eingenommen – besteht das Desiderat der wissenschaftlichen Beobachtung darin, dass sie *intersubjektiv* ist.[8] Der Wissenschaftstheoretiker Ludwik Fleck hat in diesem Kontext von einem *Denkkollektiv* gesprochen – was uns die Gestalt des Hobbes'schen Leviathans, der Sammelperson, in Erinnerung ruft. Wie verhält sich nun die Statistik zu diesem experimentellen Denkkollektiv? Sie markiert, so könnte man sagen, den Augenblick, da die Beobachtung zum Datum geworden ist, zum *matter of fact*, wie die Zeit zu sagen beliebte.[9]

Die Schriftwerdung einer Tatsache, die von mehreren Quellen testiert wird, erzeugt die Statistik, genauer: hebt die Beobachtungen in die Welt der reinen Zahlen empor – in jene Sphäre mithin, in der, wie man weiß, die Luft ziemlich dünn wird. Mag der Bezug von Statistik und Leviathan wie herbeigeholt wirken, ist daran zu erinnern, dass der Zusammenhang von Statistik und Staatlichkeit seit dem 17. Jahrhundert, also dem Beginn der statistischen Wissenschaft, doch eine Selbstverständlichkeit ist.[10] Diese Linie beginnt mit John Graunts *Natural and Political Observations Made upon the Bills of Mortality*, die so etwas wie die Geburtsstunde der Demografie darstellen – und wird bei Hermann Conring weitergeführt; mit Martin Schmeitzels *Collegium politico-statisticum* (1747) und Gottfried Achenwalls *Geschichte der Staatsmerkwürdigkeiten* ist schließlich die Statistik auf den Weg gebracht. Sie gehört zu den Regalia des neuzeitlichen Staates und ersetzt als Staatswissenschaft die religiös aufgeladenen Königs-Insignien. Ein Denker des 19. Jahrhunderts, Eberhard Jonák, löst die Bedeutung des Wortes folgendermaßen auf: »Der Etymologie nach wird das Wort Statistik auf das lateinische *status* zurückgeführt, dieses gleichbedeutend genommen mit dem Worte ›Zustand‹ oder auch in seiner romanischen Umbildung und Bedeutung im Sinne von ›Staat‹, so dass dann Statistik ›die Kunde des Staates‹ oder die ›Kunde des Zustandes‹ bedeutet.«[11]

In der Statistik nimmt der Blick aus dem Luftmeer Gestalt an, schaut man in das dritte Auge des Leviathans (das mit der Unterschrift *novus ordo seclorum* jede Dollarnote ziert). In Anbetracht dieser neuen Weltordnung ist es durchaus treffend, dass Quetelet in den 1840er-Jahren eine erste Form der Klimaforschung anregte – und zwar dadurch, dass er gleichzeitige Beobachtungen an verschiedenen Orten vorschlug und dann die Daten zusammentrug. Auf diese Weise kam das von ihm geleitete statistische *Denkkollektiv* zur Theorie der atmosphärischen Wellen, ja entstand darüber so etwas wie eine frühe Klimatologie. Dabei wird der Wissenschaftler in eine große Maschine eingesponnen, ein Netzwerk aus Menschen und Maschinen, das den statistischen Blick mit Datenreihen versorgt.

*

Der statistische Blick ist, wenn man so will, das symbolische Analogon des Panoptikum-Turms: der über allem schwebende Standpunkt, von dem aus der ganze Rundbau einsichtig ist. Mehr noch: Mit einem kurzen Blick auf die Tabellen und Datenreihen wird auch die Vorgeschichte lesbar, die zum jetzigen Zustand geführt hat. Was aber bedeutet dieser Blick für den einzelnen Menschen? Quetelet gibt darauf eine Antwort, die an Deutlichkeit nichts zu wünschen übrig lässt: »Vor allem müssen wir vom einzelnen Menschen abstrahieren und dürfen ihn nur mehr als einen Bruchteil der ganzen Gattung betrachten. Indem wir ihn seiner Individualität entkleiden, beseitigen wir alles, was nur zufällig ist; die individuellen Besonderheiten, die wenig oder keinen Einfluss auf die Masse haben, verschwinden dann von selbst und lassen uns zu allgemeinen Ergebnissen gelangen [...], die ganze menschliche Gesellschaft ist es, die wir zum Gegenstand unseres Studiums machen wollen, nicht die individuellen Besonderheiten.«[12]

Solcherart angeschaut zu werden, kommt einer Totalabstraktion, ja einer Auslöschung gleich. Von daher ist der Stoßseufzer, den der kleine Beamte Goljadkin in Dostojewskis *Doppelgänger* ausstößt, durchaus präzise: *ich bin einfach nicht ich, und das ist alles.* Die Leere, von der Edgar Allan Poes Erzählung handelt - der leere Blick des Mannes, in dem sich die wässrigen Augen von Frankensteins Monster spiegeln -, ist das Resultat einer Auslöschung, so wie umgekehrt die satanische Qualität des alten Mannes daher rührt, dass in ihm nur mehr das Gattungswesen überlebt hat: die androide Schrumpfexistenz. So wie das Panoptikum sich auf das Verhalten seiner Insassen auswirkt, verändert dieser Herrschaftsblick den Begriff des Individuums selbst. Mag die Französische Revolution die Menschenwürde zur Geltung gebracht haben, enthüllt dieser Blick das reine Gegenteil: Insofern das Eigene zur Abweichung wird, die sich dem Normaltypus entzieht, wird es unter Generalverdacht gestellt. Adolphe Quetelets Durchschnittsmensch, der *l'homme moyen*, ist der Mann ohne Eigenschaften - eine Nummer, nicht mehr.

Wo der Mensch dem Statistiker zum Masseteilchen und Datenkügelchen schrumpft, ist es nicht verwunderlich, dass man glaubt, die ganze Gesellschaft wie hinter Glas betrachten zu können. Nicht zufällig gibt Quetelet seiner Disziplin den klangvollen Namen: *Physique sociale*, als sei die Gesellschaft selbst ein lebloses Studienobjekt, das mit kaltem, interesselosem Blick analysiert, metrisiert und klassifiziert werden kann. Nun stellt Quetelet, der von Natur eher schöngeistige Neigungen hegte, keinen statistischen Sonderfall dar, sondern weiß sich im Einklang mit seiner Zeit. Tatsächlich war der Begriff der sozialen Physik genau das, was Auguste Comte für seine Gesellschaftslehre vorgeschwebt hatte. Aber weil Quetelet ihm zuvorgekommen war und er seine Primogenitur selbstverständlich anzuerkennen bereit war, musste er auf die graeco-romanische Wortbildung »Soziologie« ausweichen. Von der Sache her bleibt die Verführung, der Gesellschaft auf diese Weise zu Leibe zu rücken, unverändert bestehen. Noch Durkheim erliegt ihr, wenn er fordert, dass man soziale Tatbestände wie Dinge auffassen möge.[13]

Im Begriff der sozialen Physik, sei er nun statistischer oder soziologischer Natur, artikuliert sich der Nullpunkt, von dem wir in unserer Betrachtung ausgegangen sind: die Entdeckung des Vakuums. Erinnern wir uns daran, dass die Experimentatoren den gläsernen Behälter mit einem Vogel bestückten, an dessen qualvollem Sterben sie den Erfolg ihres Experiments ablesen konnten, wird deutlich, dass man es mit einer Form der Totalabstraktion zu tun hat. Wie der Auftragskiller im Film, der seinem Opfer, bevor er es ohne ersichtliche Gefühlsregung erschießt, erklärt, das sei nicht persönlich gemeint, macht sich ein fremder, kalter Blick bemerkbar - jene Kälte, die wir gemeinhin den Bürokraten und Apparatschiks zuordnen. Dass dieser Blick als *Entfremdung* gedacht und pauschal dem *System* zugeschrieben wird, mag eine psychologisch verständliche Widerstandsgeste sein - sie geht freilich an der *conditio moderna* vorbei.

Denn Jean de La Bruyères *großes Unglück, nicht allein sein zu können*, ist in einer Gesellschaft der Massenmedien so unvermeidlich wie der Umstand, dass die elektrisierten Mönche in konvulsivische Zuckungen verfallen. Mit Quetelets Durchschnittsmensch entsteht die Idee der *Normalität* - und mit ihr senkt sich das Gesellschaftstier in jeden Einzelnen hinab.[14] Diese Idee ist so mächtig und folgenreich, dass es nötig ist, hier einen Moment innezuhalten. Denn als *normal* gilt nicht mehr das, was einer sittlichen Norm oder Maßgabe folgt, sondern das, was am häufigsten ist. Normalität unterscheidet sich mithin von der Normativität - oder genauer: Sie hat sich in der Massengesellschaft von ihr emanzipiert. In der Normalität ist also keine normsetzende, metaphysische Instanz mehr verborgen - es reicht, dass man *business as usual* betreibt. Und weil man damit ins post-metaphysische Zeitalter eintritt, kommt die Büchse der Pandora ins Spiel, kann sich das *Journal des Luxus und der Moden* an die Stelle der Religion setzen.[15]

Die Normalität ist eine Ephemeride - eine wandelbare Größe, die sich nicht auf ein feststehendes Gesetz zurückführen lässt.[16]

Tatsächlich hat man es mit einem Platzhalter zu tun – einem Joker, der einen jeweiligen, ephemeren Zustand beschreibt, um den herum die Gesellschaft gravitiert. Seiner disziplinierenden Wirkung zum Trotz ist dieser Zustand als veränderlich gedacht, einfach deswegen, weil er auf absolute Verbote verzichtet. Dies macht klar, dass und warum das Freiheitsversprechen der Moderne das Korrelat des Fortschritts ist – denn hier entwindet sich die Vernunft einer blind vorausgesetzten, göttlichen Ordnung. In diesem Sinn wohnt der Moderne eine grundsätzliche permissive Tendenz inne. So wenig wie der Ausgang eines Experiments vorausgesagt werden kann, so wenig lässt sich die künftige Normalität voraussagen. Gleichwohl würde man zu kurz springen, wenn man die Normalität bloß im formalen Sinn betrachtete – als eine Art Hilfsbegriff, den man benutzt, um das für selbstverständlich Genommene in einer Gesellschaft zu subsumieren. Denn mit der Normalität kommt es zu einer historischen Zäsur. Nicht nur, dass sich die Vernunft von der Metaphysik emanzipiert, zugleich tritt sie in eine neuartige Geisterwelt ein, in der die Dinge telematisch, wie von Geisterhand bewegt werden.

Liest man die Normalität vor diesem Hintergrund, so wird vor allem deutlich, dass das Massewesen in die Psyche des Einzelnen eingewandert ist. In Anbetracht dieses gesellschaftlichen Introjekts entpuppt sich die kantische Verheißung, dass sich der Einzelne »seines Verstandes ohne Leitung eines anderen« bedienen möge, als hoffnungslos idealistisch. Denn der Einzelne ist, zu seinem großen Unglück, nicht allein – einfach deswegen, weil das Monster nicht in der Außenwelt wohnt, sondern im Innern selbst spukt. Hatte schon Heinroth davon gesprochen, dass das Gewissen der Fremde in unserem Ego ist, wandert mit der Normalität das stochastische Selbst ins Innere ein. Damit aber wird die Trennung vom einen zum anderen, Alter und Ego obsolet. Der Zustand der Moderne ist vielmehr der eines Einer-im-Anderen – das, was man heutzutage vielleicht gesellschaftliche Vernetzung nennen würde. Folglich ist das Selbst genötigt, mit dem Gesellschaftswesen in eine friedliche Koexistenz einzutreten.

Dies bedeutet nicht zwangsläufig, dass von nun an die *Diktatur des Man* ausgebrochen wäre, wie Heidegger es genannt hat. Ebenso gut könnte man eine andere Haltung einnehmen und darauf insistieren, dass die Normalität, die über die Massenmedien transportiert wird, eine durchaus zivilisierende, sublimierende Wirkung ausüben kann. Was jedoch nicht aufrechterhalten werden kann, ist die Unversehrtheit des eigenen Selbst. Von daher erweist sich die Poe'sche Satanas-Assoziation als eine erste Abstoßungsreaktion – als Versuch, diesen Fremdkörper ins Reich der Finsternis zu verbannen.

Gleichwohl: das Psychotop der Moderne ist eine Tatsache, und jede Hoffnung darauf, den Zustand der *splendid isolation* wiederherstellen zu können, zum Scheitern verurteilt. Und weil die Normalität der Moderne von der Dampfmaschine, der Elektrizität und der Rechenmaschine strukturiert wird, werden die Benutzer den Geistern des Fernhandelns, der Ökonomie und der Bürokratie überantwortet. Damit aber kommt es zu jener psychischen Spaltung, die heute nachgerade eine Selbstverständlichkeit ist: zwischen dem, was als privat, und dem, was als öffentlich gilt.

*

Weil das Ego mit einem Alter, das Selbst mit dem Massewesen in eine Koexistenz hineingezwungen wird, ist die Entfremdung die Signatur der Moderne. Mochte Quetelet seinen Durchschnittsmenschen als eine Art Schönheitsideal gefeiert haben, so hat die kalte, statistische Ratio Auswirkungen auf die Gouvernementalität, ja mehr noch, sie entfaltet ihrerseits eine Gefräßigkeit, die beträchtliche Rückwirkungen auf den Einzelnen hat. So entdeckte Alphonse Bertillon, der autistische Sohn des Statistikers Louis-Adolphe Bertillon, der in der Pariser Polizeipräfektur niederen Arbeiten nachging, die Schriften Quetelets – und stieß hier auf seine Beobachtung, dass keine zwei Menschen die gleichen Körpermaße besitzen.

Weil es zu Bertillons Aufgaben gehörte, die Beschreibungen von als Verbrecher auffällig Gewordenen auf Karteikarten festzuhalten, ersann er eine Technik, die er selbst ein *wissenschaftliches Identifikationssystem*[17] nannte und zu deren Behuf er Fotografien der Delinquenten anfertigen ließ. Zudem entwickelte er ein System von biometrischen Markern, mittels derer die Identität einer Person zweifelsfrei festgestellt werden konnte: Armspannweite, Sitzhöhe, Körperlänge etc. Mithilfe dieses biometrischen Verfahrens konnte man kurz darauf die Festnahme des anarchistischen Bombenlegers Ravachol verbuchen, der zuvor schon wegen eines Diebstahls erkennungsdienstlich behandelt worden war, ein Erfolg, der Bertillons Justizfotografie weltbekannt machte - bis sie ein Jahrzehnt später von der Daktyloskopie, also der Erhebung von Fingerabdrücken, abgelöst wurde.

Hat man ein Gegenüber solcherart *dingfest* gemacht, ist die Verführung, die »soziale Physik« noch weiter zu treiben und Optimierungsmaßnahmen ins Auge zu fassen, fast eine Zwangsläufigkeit. Von daher ist es kein Zufall, dass die Eugenik vor allem das Werk großer Statistiker ist: Francis Galton etwa, der seinen Forschungen zur Vererbungslehre, seinem *Hereditary Genius*, die moderne Eugenik nachfolgen ließ und darüber sann, was man zu einer »möglichen Verbesserung der menschlichen Rasse unter den bestehenden Bedingungen von Gesetz und Gefühl« beitragen könne.[18] Ins gleiche Horn stieß auch Ronald Aylmer Fisher, einer der herausragendsten Statistiker des 20. Jahrhunderts, der eine genetische Theorie der natürlichen Selektion vorlegte.[19]

Was in alledem hervortritt, ist der Herrschaftsblick - das, was Michel Foucault *Biomacht* genannt hat. Dieser Herrschaftsanspruch stützt sich nicht mehr auf die Unterwerfung des Untertanen, sondern nimmt den Gesellschafts- und Gattungskörper selbst in den Blick. Hat Foucault, vor allem: haben sich seine Nachfolger hier auf die Frage von Tod oder Leben kapriziert, erscheint mir jene Verlagerung des Standpunktes, wie ihn Boyles Versuche mit dem Vakuum deutlich gemacht haben, sehr viel bedeutsamer. Denn überall dort, wo die moderne Herrschaft sich über das Luftmeer erhebt, kommt ein extraterrestrischer Blick ins Spiel - ein Blick, in dem die Gesellschaft als bloße Verfügungsmasse erscheint. Bis zu einem gewissen Grad ist diese Fremde, wie wir am Beispiel des Energiebegriffs, der Ökonomie und der Statistik gezeigt haben, eine Unausweichlichkeit. Denn sie folgt der Logik des Gesellschaftstriebwerks, in der das Denken eine Abstraktionshöhe erreicht hat, die über den Kopf des Einzelnen hinausgeht. Ins Totalitäre schlägt sie um, wo dieser Herrschaftsblick, im Triumph des Willens, den einzelnen Menschen zur Nummer, zum Nichts degradiert.[20]

Perverse Moderne

Der Antisemitismus ist das schrecklichste Ungeheuer, das die Moderne hervorgebracht hat.[1] Eines der größten Rätsel in diesem Kontext ist der Umstand, dass eine so fragwürdige Schrift wie die *Protokolle der Weisen von Zion* zur Blaupause des Genozids werden konnte, für den man sich, aller Blut-und-Boden-Romantik zum Trotz, der avanciertesten Datentechnik bediente. Man nutzte dazu nämlich den Hollerith'schen Lochkartenautomaten, der bereits bei der amerikanischen Volkszählung 1890 seine Tauglichkeit unter Beweis gestellt hatte. In das Eigentum der IBM überführt, besorgte er nun, unter der Leitung ihres deutschen Ablegers - der Deutschen Hollerith-Maschinen Gesellschaft (DEHOMAG) -, die Kartierung des deutschen »Volkskörpers«. Und das geschah mit einer solchen Effizienz, dass der Datenkorpus die genaue Bevölkerungszusammensetzung wiedergab, für jeden Sprengel, jeden einzelnen Stadtbezirk. Und weil er auch die sogenannte »Judendichte« anzeigte, war damit so etwas wie das Drehbuch der Judenvernichtung bereitgestellt.

Die Frage ist, in aller Plumpheit gestellt: Wie konnte sich eine der Rationalität verpflichtete Kultur einer Verschwörungstheorie verschreiben, deren Plausibilität die eines Groschenheftes nicht übersteigt? Denn dass es sich bei den *Protokollen* um eine plumpe Fälschung handelte, war schon im Jahr 1921 klar, als der Journalist Herman Bernstein seine Schrift *The History of a Lie* veröffentlichte.[2] Umso bedenkenswerter also, dass diese Fälschung zum Katechismus der Deutschen und zur Legitimation ihres Völkermords werden konnte - ein Gedanke, den Hannah Arendt bereits in ihren *Elemente und Ursprünge totaler Herrschaft* als die Kernfrage ausgemacht hat, der sich die Geschichtsschreibung zuwenden müsse.[3]

Vielleicht die größte Überraschung, die den Historiker erwartet, der der Geschichte dieses Textes nachspürt, ist, dass der Ausgangspunkt nicht einem antisemitischen Ressentiment, sondern dem Unbehagen an der Moderne entspringt. Mehr noch, man könnte sagen, dass der moderne Antisemitismus jenes Vakuum füllt, das mit der Moderne in die Welt geraten ist. Wie die Guillotine eine Tat ohne Täter, das Panoptikum eine Souveränität ohne Souverän, der Markt ein Denken ohne Denker ist, zaubert der Antisemitismus den Sündenbock herbei, der das Vakuum füllt. Fortan wird er für die erlittenen oder eingebildeten Unbilden haftbar gemacht. Vom Politiker Hermann Rauschning, der der NSDAP angehörte, aber schon früh nach Amerika exilierte, stammt die Erzählung eines kleinen Dialogs, in dem Hitler sich über die Weltherrschaft auslässt und auf Rauschnings Frage, ob man die Juden auslöschen müsse, antwortet, wenn es die Juden nicht gäbe, dann müsse man sie erfinden.[4] Es sei wichtig, einen greifbaren Feind zu besitzen, nicht bloß einen abstrakten.

Steckt in diesem Gedanken die Paraphrase eines Voltaire'schen Aperçus – »Gäbe es Gott nicht, so müsste man ihn erfinden« –, so ist bemerkenswert, dass die Logik der Erfindung hier nicht auf die Apotheose der Weltordnung hinausläuft, als beste aller denkbaren Welten, sondern darauf erpicht ist, einen Feind für die Makel des Systems haftbar zu machen. In diesem Sinn ist »der Jude« der Sündenbock der Moderne – derjenige, der für alle realen oder imaginären Unbilden herhalten muss, denen man sich ausgesetzt fühlt.

*

Die Ursprünge der Weltverschwörungstheorie finden sich bereits in den Schriften des Abbé Barruel, der in seinen *Denkwürdigkeiten zur Geschichte des Jakobinismus* eine große Freimaurerverschwörung herbeifantasierte, die schon deswegen nicht jüdisch sein konnte, weil Juden hier keinen Zutritt besaßen.[5] Im Jahr 1763, so die Erzählung des Abtes, hätten die Freimaurer eine geheime literarische Akademie gegründet, die aus den Aufklärern Voltaire, Turgot, Condorcet, Diderot und d'Alembert bestand und sich regelmäßig im Haus des Barons d'Holbach traf; ihre Veröffentlichungen wiederum hätten die Moral und die Religion der Franzosen untergraben. Von 1776 an hätten Condorcet und der Abbé Sieyes eine revolutionäre Organisation von einer halben Million Franzosen aufgebaut, aus denen schließlich die Jakobiner der Revolution hervorgegangen seien. Das Herz der Verschwörung, die wahren Führer der Revolution, seien jedoch die bayerischen Illuminaten um Adam Weishaupt – jener Geheimbund aus Ingolstadt, der, wie wir von Mary Shelley erfahren, auch schon den Doktor Frankenstein zu seinen Monstrositäten verleitet hat.

Diese »Feinde des Menschengeschlechts und Söhne des Satans« hätten die Gesellschaft unterwandert, und zwar dergestalt, dass sie sich eben jener Vernetzungslogik bedient hätten, wie sie auch Claude Chappes optischer Telegraf vorgeführt hat: »Und so werden die Befehle von Nachbar zu Nachbar und von Hand zu Hand mit unvergleichlicher Schnelligkeit weitergegeben, denn diese Fußgänger werden weder durch schlechtes Wetter noch durch Missgeschicke aufgehalten, die normalerweise Reitern oder Kutschen widerfahren; ein Mann zu Fuß kommt immer voran, wenn er das Land kennt, und das ist hier der Fall. Sie halten weder zum Essen noch zum Schlafen an, denn jeder legt nur zwei Meilen zurück. Die Postkutsche braucht zehn Stunden von Paris nach Orleans, wobei sie eine Stunde anhält; die Entfernung beträgt 103 Meilen. Fünfzehn oder zwanzig Fußgänger, die sich gegenseitig ablösen, können Orleans von Paris aus in neun Stunden erreichen, indem sie Abkürzungen benutzen und vor allem nie anhalten.«[6]

Dieser Nexus, bei dem eine symbolische Ordnung auf einen Widersacher, einen »Feind des Menschengeschlechts« zurückgeführt wird, ist das Leitmotiv. Der Vorteil dieser Schuldzuweisung leuchtet unmittelbar ein: Denn nunmehr muss man sich nicht mehr mit der Fremdartigkeit der szientifischen Moderne beschäftigen, sondern operiert auf Augenhöhe, *ad hominem*. Wenn der Abbé bei der Nachrichtenübermittlung eine Form der viralen Übertragung am Werk sieht (von Hand zu Hand, von Nachbar zu Nachbar), zeigt er im dritten Teil seines Werkes, dass diese Form der Proselytenmacherei, die antisoziale Konspiration, einer viralen Logik folgt[7] - womit die Verschwörung, die von den *Kindern des Lichts* ausgeht, sich als eine Form der infektiösen Massenpsychologie artikuliert. Auch der Blutdurst der Revolutionäre, der sich aus Freiheit und Gleichheit speist, wird in einer Hysteron-proteron-Verkehrung damit verknüpft: »Gerade hier liegt der Ursprung jener revolutionären Grausamkeit, jenes Blutdurstes, jener unersättlichen Verbote, jener ungestümen Hinrichtungen und schließlich jener Verbannungen, die kunstvoller und grausamer sind als die unerbittliche Guillotine.«[8]

*

Es ist bezeichnend, dass Barruels Verschwörungstheorie sich den bayerischen Illuminatenorden des Adam Weishaupt als Zentrale der Weltverschwörung auserkor. Dieser war insofern ein dankenswertes Ziel, als die Illuminaten sich als pythagoreischer Geheimbund gegründet hatten - als eine Geisteselite, der es jedoch weniger um Kabbala und alchemistische Techniken als vielmehr um eine Bejahung wissenschaftlichen Denkens zu tun war.[9] Zweifelsohne bot die Geheimniskrämerei der Mitglieder eine Leinwand aller erdenklichen Projektionen, aber mehr noch als ihre Verschwiegenheit zog der Elitismus der Bruderschaft die Aufmerksamkeit auf sich. Folglich fiel es dem Abbé nicht schwer, der versammelten Intelligenz jene Abstraktionshöhe zuzuschreiben, die ihre Mitglieder über die gewöhnliche Menge erhebt.

In diesem Sinn erscheinen die Illuminaten genau dort, wo sich das Vakuum über dem Luftmeer erhebt. Der Vorzug dieser Juxtaposition, genauer, der in ihr steckenden Vermenschlichung besteht darin, dass die Abstraktionsdrohung auf die Erde herabgeholt und das System auf ein menschliches Maß zurechtgestutzt werden kann. Folglich erscheinen die Illuminaten als Puppenspieler, die mit größter Ingeniosität die bewusstlose Menge manipulieren.[10] Weil man sich nicht mehr mit der Problematik der Kopflosigkeit, der Tat ohne Täter herumschlagen muss, ist das Moment des Unheimlichen gebannt – also jene fremde Logik, die, obzwar menschlicher Provenienz, in einer Abstraktionshöhe angesiedelt ist, die nur die maschinell augmentierte Vernunft zu erreichen vermag.

Der Freud-Schüler Otto Fenichel hat in seinen *Elementen einer psychoanalytischen Theorie des Antisemitismus* darauf hingewiesen, dass uns das Unbewusste fremd bleibt – was den Fremden zu einem Träger des Unheimlichen macht. Anders als die psychoanalytische Theorie nahelegt, ist das Unheimliche der Vernunft kein Wiedergänger überkommener Vorstellungen, sondern beschreibt eine neuartige, moderne Form des Entzogenseins. Es ist das Gefühl, das den Beobachter beschleicht, wenn er zuschauen muss, wie im Innern des Glasbehälters der Vogel um Luft ringt – und schließlich verstirbt. In diesem Sinn weist Goyas Schreckbildnis nicht auf einen vorübergehenden Albtraum hin, sondern auf eine Alltäglichkeit: nämlich dass die Monster, die der Traum der Vernunft gebiert, in gewisser Hinsicht eine Alltäglichkeit sind, ja dass sie sich in die Dinge, Institutionen und Denkfiguren der Moderne eingehaust haben. Tatsächlich ist das die eigentliche Wortbedeutung des Monsters – das Unsichtbare, das in die Sichtbarkeit tritt, das Phantom, das einen Körper annimmt.

*

Man könnte in Barruels Verschwörungstheorie einen säkularisierten Antisemitismus am Werk sehen. Folglich behauptete er, in Anlehnung an die mittelalterlichen Schauergeschichten, die man über die Juden verbreitete, dass während der Septembermassaker 1792 jakobinische Fanatiker katholische Priester gebraten und verspeist hätten.[11] Unübersehbar bedient er sich dabei aus dem Reservoir des historischen Antisemitismus, in dem, als Archetypen, all die Bilder der Gottesmörder, Brunnenvergifter und Feinde des Menschengeschlechts präfiguriert sind. Ein früher Anlass, der eher untergründig erste antisemitische Reflexe auf den Plan rief, war die Versammlung, die der »Antichrist« Napoleon im Jahr 1806 einberief und in Anlehnung an die jüdische Gerichtsbarkeit *Grand Sanhedrin* nannte. Anlass dieser Versammlung waren zwölf Fragen, die Napoleon den jüdischen Vertretern stellte - und bei denen es im Wesentlichen darum ging, herauszufinden, ob die jüdischen Glaubensvorschriften in einem Konflikt mit dem *Code civil* standen.[12] Weil das Ergebnis positiv war, wurde den Juden die volle Staatsbürgerschaft zuerkannt. Die Gleichheit fungierte fortan als gesellschaftliches Entréebillet, mit dem Effekt, dass sich das Judentum, als eine sichtbare Gruppierung, in der Massengesellschaft auflöste.[13]

Indes dauert es ein weiteres halbes Jahrhundert, bis sich das antisemitische Narrativ neu formiert. Diese Verspätung ist insoweit bemerkenswert, als sie klarmacht, dass der moderne Antisemitismus weniger als Frucht eines jahrtausendealten Rassismus denn der modernen Monstrosität gelesen werden muss. Insofern ist es bezeichnend, dass die literarische Folie, die den *Protokollen der Weisen von Zion* das theoretische Grundgerüst liefert, in einem Umfeld erscheint, bei dem es nicht um Juden, geschweige denn um irgendeine andere Minderheit geht. Was in Maurice Jolys Werk *Gespräche in der Unterwelt zwischen Machiavelli und Montesquieu* (1864) verhandelt wird, sind die modernen Machttechniken selbst. Vor allem geht es um Napoleon III., den Victor Hugo, mit einem feinen Sinn für das Groteske, »Napoleon den Kleinen« getauft hat und der von seinen Zeitgenossen dem haitianischen Kaiser, Faustin Soulouque, an die Seite gestellt worden ist, der wiederum Voodoo zur Staatsreligion gemacht hatte. Mit der Machtübernahme Napoleons III. wurde Frankreich zu einem *failed state*, politisch korrupt, wirtschaftlich jedoch auf Steroide gesetzt – weswegen es kein Zufall ist, dass Marx, diesen kurzbeinigen, unansehnlichen Prätendenten vor Augen, davon sprach, dass alle weltgeschichtlichen Dinge sich zweimal ereignen, »das eine Mal als Tragödie, das andere Mal als Farce«.[14]

Nachdem Joly, ein etwas schüchterner, gleichwohl höchst widerspenstiger Anwalt, einige Jahre in Pariser Amtsstuben verbracht hatte, hatte er, wie er in einer autobiografischen Schrift erzählt, das Bedürfnis verspürt, all »die furchtbaren Verstöße, welche die kaiserliche Gesetzgebung in allen Zweigen der Verwaltung hinterlassen hatte, in all ihrer Abgründigkeit aufzuzeigen. [...] Ich hatte die Idee, einen Dialog zwischen den Lebenden und den Toten über die aktuelle Politik zu führen.«[15] Mag das Vorhaben, die Herrschaft Napoleons III. als autoritären Führerstaat erscheinen zu lassen, das *Second Empire* in ein denkbar ungünstiges Licht tauchen, gehört zur ganzen Wahrheit dazu, dass der Kaiser sich vor allem als begnadeter Populist in Szene zu setzen vermochte: als Mann der Menge, der die Leidenschaften des Kollektivs besser zum Ausdruck bringt als irgendwer sonst.

Paradoxer-, nein, treffenderweise hatte Louis Bonaparte in seinen jungen Jahren selbst einem utopischen Sozialismus à la Fourier gefrönt, zudem ein kapitalismusfeindliches Buch verfasst, in dem er vor allem die jüdischen Finanziers für die allgemeine Misere verantwortlich machte – und schon von daher vermochte sich die Masse der Zukurzgekommenen mit ihm zu identifizieren.[16] Mit Plebisziten bewaffnet, gelang dem Usurpator das Kunststück, den liberalen Geist von 1848 zu entmachten und zunächst eine autoritäre Herrschaft, dann ein zweites Kaiserreich an seine Stelle zu setzen. Haben einige Historiker seine Machttechnik mit dem Signet des Protofaschismus belegt,[17] könnte man sagen, dass Louis Napoleon der Kunstgriff gelang, der entstehenden Massengesellschaft eine Identifikationsfigur zu liefern. In jedem Fall hat man es mit einem Virtuosen der Macht zu tun, der auf der Klaviatur der Massengesellschaft zu spielen vermochte wie niemand zuvor.

Weil hier die Kritik Maurice Jolys ansetzt, legt er seinem Machiavelli (aka Napoleon III.) folgende Worte in den Mund: »Der Usurpator eines Staates befindet sich in einer Situation, die der eines Eroberers entspricht. Er ist dazu verdammt, alles zu erneuern, den Staat aufzulösen, die Stadt zu zerstören und das Gesicht der Moral zu verändern. Das ist das Ziel, aber in der heutigen Zeit darf es nur mit verqueren Mitteln, mit Täuschungsmanövern, mit geschickten Kombinationen und, so weit möglich, ohne Gewalt erreicht werden. Ich werde also die Institutionen nicht direkt zerstören, aber ich werde sie eine nach der anderen mit einer unsichtbaren Handbewegung berühren, die ihren Mechanismus durcheinanderbringt. So werde ich nacheinander das Justizsystem, das Wahlrecht, die Presse, die individuelle Freiheit und die Bildung adressieren.«[18]

Dass der Kaiser das Prinzip der unsichtbaren Hand zitiert, mag der Ökonomie entsprungen sein, vor allem aber entspricht es der Verführungslogik, die Søren Kierkegaard in unnachahmlicher Form in seinem *Tagebuch des Verführers* angelegt hat, als Prototyp eines perfekten Verbrechens.[19] Selbiges ist so ingeniös angelegt, dass das Objekt dieser Machination keinerlei Anlass sehen kann, den Verführer für sein Tun zur Verantwortung zu ziehen – was den Ausruf in Lessings bürgerlichem Trauerspiel *Emilia Galotti* in Erinnerung ruft: »Was Gewalt heißt, ist nichts: Verführung ist die wahre Gewalt.«[20] Bei Joly heißt es: »Um zu regieren, geht es heute nicht mehr darum, Gewalttaten zu begehen, seine Feinde zu enthaupten, seine Untertanen zu enteignen, sie zu quälen; nein, Tod, Enteignung und körperliche Qualen können in der Innenpolitik moderner Staaten nur eine eher untergeordnete Rolle spielen.«[21]

Der rohen Gewaltausübung gegenüber steht das Ideal der Moderne: die Tat ohne Täter, bei der die Manipulation einer unsichtbaren Hand überlassen ist. Wenn diese Beschreibung das Missfallen des Kaisers erregte und Joly unverzüglich ins Gefängnis brachte, so deswegen, weil er das Kalkül moderner, populistischer Machtausübung decouvrierte. Dieses bedient sich der avanciertesten Mittel und nimmt vorweg, was Edward Bernays in seinem Propaganda-Klassiker in den 1920er-Jahren zur Disziplin der *Public Relations* adelte.

*

Wenn die Steuerung der öffentlichen Meinung (Bernays) zum selbstverständlichen Handwerkszeug der modernen Herrschaftstechnik gehört, stellt sich die Frage: Wie konnte aus Jolys zeitkritischer Schrift jene Monstrosität werden, wie sie uns in den *Protokollen der Weisen von Zion* entgegenblickt? Die Antwort ist einfach und kompliziert zugleich. Einfach, weil die Fremdheit des modernen Gesellschaftssystems jener Figur aufgebürdet wird, der seit jeher die Rolle des Sündenbocks zugedacht worden ist; kompliziert, weil wir es hier mit einer Reihe von Umschriften und Fälschungen zu tun haben: einer Kriminalgeschichte, wenn man so will.

Dabei war das Strategem der Fälschung so einfach wie ingeniös: Der russische Agent, der Jolys längst vergessenes Buch in der Bibliothèque nationale zur Hand nahm, musste nicht viel mehr tun, als die Stellen, die Joly seinem Napoleon-Double Machiavelli in den Mund gelegt hatte, einem der Weisen von Zion zuzuschreiben. War eine Aussage wie die, dass es nicht mehr darauf ankomme, einem Untertanen den Kopf abzuschlagen, dass man sich stattdessen Justiz, Presse etc. gefügig machen müsse, aus dem Mund eines zynischen Machtpolitikers bereits ein Skandalon, so kam die Vorstellung, dass eine kleine Gruppe jüdischer Verschwörer, irgendwo in einem Hinterzimmer des Basler Stadtcasinos, einen solchen Plan ausgeheckt haben könnte, einer diabolischen Weltverschwörung gleich. In jedem Fall aber hat die Macht ihre Gestalt gewandelt: Sie ist keine Positivität mehr, die sich von selber versteht und dem Einzelnen in erkennbarer Form gegenübertritt;

nein, sie ist eine Machination, eine Vortäuschung, eine Form des Gesellschaftstheaters, bei dem die Marionettenspieler im Hintergrund ihre Fäden ziehen.

Von dieser Wendung ins Antisemitische ist bei Joly nichts zu lesen. Um diese Übertragung zu begreifen, muss man einen zweiten Erzählstrang in den Blick nehmen. Dieser ist mit dem deutschen Postsekretär Hermann Goedsche verbunden, der unter dem Pseudonym Sir John Retcliffe diverse Schauerstücke und Abenteuerromane publizierte. Da der anglophobe Goedsche im Dienst des preußischen Geheimdiensts stand, als *agent provocateur* allerdings der Fälschung eines Briefes überführt worden war – der den liberalen Politiker Benedikt Waldeck eines Mordkomplotts gegen den preußischen König bezichtigte –, war er genötigt, sein Amt aufzugeben. Fortan widmete er sich dem stramm konservativen Verein für König und Vaterland, dem er als Geschäftsführer vorstand, und seiner literarischen Karriere.

Im Jahr 1868 erschien der historische Abenteuerroman *Biarritz*. Darin findet sich ein Kapitel, bei dem sich Goedsche von einer Verschwörungsszene aus einem Roman von Alexandre Dumas hatte anregen lassen: Darin planen Alessandro Cagliostro und andere Verschwörer die Halsbandaffäre. Goedsche verlegte sein Weltverschwörungsszenario auf einen Prager Friedhof. Hier versammeln sich im Schatten der Nacht die Anführer der zwölf Stämme Israels, nebst einem dreizehnten, der ganz offenkundig die Inkarnation des Satans darstellen soll. Schon die Wahl des Ortes lässt eine Wiedergängerfantasie aufscheinen, die alle erdenklichen Schauergestalten aus ihren Gräbern hervorsteigen lässt: den Golem des Rabbi Löw, den Ewigen Juden, die Kabbala, den jüdischen Goldhunger.[22] Nacheinander treten nun die Anführer vor und erläutern, wie sich die Welt der jüdischen Suprematie unterwerfen lässt: Man müsse die Börse dominieren, sich Grundbesitz aneignen, das Handwerk ruinieren, die Kirche untergraben, das Militär diskreditieren, mit verschiedenen Parteiungen zur Zersetzung des Gesellschaftsfriedens beitragen, den Handel, die Staatsämter, die Kultur und die Schöße der Christenmädchen erobern, zu guter Letzt gelte es, die Presse und die öffentliche Meinung zu dominieren: »Wenn das Gold die erste Macht im Staate ist, dann ist die Presse die zweite.«[23]

Nimmt man die beiden Quellen zusammen, lässt sich sagen, dass Goedsches Schauerstück das Dekorum und Bühnenbild bereitstellt, während Joly die dahinterstehende politische Philosophie mitliefert.[24] Dass dabei atavistische Ressentiments mit einer raffinierten Massenpsychologie verschmelzen, ist das eigentlich Merkwürdige – und nur erklärbar durch eine allgemeine, psychologische Bereitschaft, einer solch fadenscheinigen Konstruktion Glauben zu schenken. In diesem Sinn ist das von Rauschning überlieferte Hitler-Diktum Ausdruck eines kollektiven Begehrens – und dieses wiederum besteht darin, eine als unverständlich, wenn nicht gar pervers empfundene Weltordnung auf die Machination eines Übeltäters zurückzuführen. Nur dieses Begehren erklärt, wie Jolys Kritik an den populistischen Herrschaftspraktiken Napoleons III. sich zur Blaupause einer Weltverschwörung wandeln konnte.

Gewissermaßen wird das Ungeheuer des Kapitalismus, genauer: die immer stärker sich ausbreitende *alien logic* der telematischen Gesellschaft, in Gestalt eines Fremdkörpers gebannt. Man könnte geradezu einen Gleichschritt fortschreitender Moderne und antisemitischer Umtriebe festhalten, die durch Wirtschaftsturbulenzen wie die Weltwirtschaftskrise von 1857 und den Börsencrash von 1873 reichlich Nahrung erhielten.[25] Das erklärt eines der Paradoxa des modernen Antisemitismus. Denn je unsichtbarer die Juden im städtischen Weichbild waren, desto monströser wurde ihre Reputation. Die Leerstelle, wenn man so will, gebiert das dazugehörige Monster. In jedem Fall wird der Antisemitismus zu einer Obsession, der nicht wenige Künstler und Wissenschaftler frönen. Im Jahr 1860 erscheint Gougenot des Mousseaux' *Le Juif*, das 1921 von Alfred Rosenberg ins Deutsche übertragen wird,

1881 Eugen Dührings *Judenfrage*, 1893 Theodor Fritschs *Antisemiten-Katechismus*; in Frankreich wird Édouard Drumonts *La France Juive*, 1886 erschienen, zu einem Bestseller.

*

Das weitere Schicksal des Textes ist rasch erzählt. 1897, kurz nach dem ersten Zionistenkongress in Basel, entdeckte der Pariser Agent des russischen Geheimdienstes, Pjotr Iwanowitsch Ratschkowski, in der Bibliothèque nationale ein Exemplar der längst vergessenen Gespräche von Montesquieu und Machiavelli. Mit diesem Buch und einer russischen Übersetzung von Goedsches Friedhofsfantasie ausgerüstet, schusterte er einen Text zusammen, der die Elemente des Schundromans mit scharfer politischer Analyse zusammenführte - auf solch grobe Art, dass die Stilbrüche noch heute ins Auge stechen.

Auf der Basis dieser Vorlage entstand ein Text, den der russische Autor Pawel Alexandrowitsch Kruschewan, ein glühender Antisemit und Mitglied der Schwarzen Hundertschaft, in seiner Zeitschrift *Snamja* (»Das Banner«) veröffentlichte. Dieser Text war die Legitimierung jener Pogrome, die seine unermüdliche Hetze in seiner Heimatstadt Chişinău, der heutigen Hauptstadt der Republik Moldau, ausgelöst hatte.[26] Hatte dieses Ereignis die Weltöffentlichkeit aufschrecken lassen, war es doch erst der Auftakt für eine Serie von Pogromen, die in den Jahren 1903 bis 1906 ausbrachen und in deren Folge gut zweitausend Juden umgebracht wurden. Der physische Schrecken ließ das Machwerk des Ochrana-Agenten, das Herz der Finsternis, wenn man so will, nur umso stärker erglühen.

Im Jahr 1905 publizierte der russische Romancier und Mystiker Sergej Nilus eine zweite, längere Fassung, die seinem Roman *Das Große im Kleinen* als Anhang beigefügt war.[27] Nilus, der von der Echtheit des Dokuments überzeugt war - was seinem literarischen Feingefühl kein sonderlich gutes Zeugnis ausstellt -, behauptete, dass ihm das Manuskript von einer Dame der französischen Gesellschaft übermittelt worden sei; diese wiederum wäre in den Besitz einer Übersetzung gelangt, die die freimaurerisch-jüdische Geheimveranstaltung in Paris dokumentierte – eine Aussage, die Nilus später dahingehend veränderte, dass er sie direkt auf Theodor Herzl münzte.

Eine dritte, abermals erweiterte Fassung erschien 1906 aus der Feder des russischen Journalisten Georgij Butmi de Katzman. Dass hier die Feinde des Menschengeschlechts weiterer Untaten bezichtigt wurden, passte zum politischen Klima der Zeit, das geradezu nach Sündenböcken verlangte. Seit der Eisenbahnpionier Sergej Witte im Auftrag des Zaren dem Land, das erst 1861 die Leibeigenschaft hinter sich gelassen hatte,[28] eine Modernisierung von oben verordnet hatte, hatten die sozialen Spannungen stetig zugenommen. Schon der verlorene Krieg gegen Japan, der zum Petersburger Blutsonntag und zur Revolution von 1905 führte, war im Wesentlichen das Resultat einer enthemmten Moderne, die den Arbeitern in alter Tradition Fronarbeit auferlegt und jede gewerkschaftliche Selbstorganisation unter Strafe gestellt hatte – was selbst den Kampf für einen Elfeinhalb-Stunden-Tag zu einem Verbrechen machte.

Die Juden für die sozialen Unruhen verantwortlich zu machen, war insofern die klassische Sündenbock-Lösung. Folglich war die Obrigkeit verführt, wegzuschauen – oder ärger noch: die Pogromstimmung aktiv zu schüren; auf diese Weise konnte man von den wahren Konflikten ablenken, in die sich das sozial und industriell rückständige Russland verstrickt hatte. Dem Modell des betrogenen Betrügers folgend, hingen nicht wenige Vertreter des Establishments, ja der Zar selbst dem Glauben an, dass es sich bei den *Protokollen* um ein zeitgeschichtliches Dokument handele und damit der Beweis einer bevorstehenden Weltverschwörung erbracht sei.[29]

Sehr bald schon wirkte dieser Glaube weit über Russland hinaus. Wo immer es zu heftigen gesellschaftlichen Verschiebungen kam, waren die *Protokolle* nicht fern. Vor allem die vom Krieg gebeutelten Nationen zeigten eine besonders hohe Empfänglichkeit: Über weißrussische, antibolschewistische Emigranten zirkulierten Typoskripte bei der Pariser Friedenskonferenz. Weil die Ereignisse der Oktoberrevolution ein Moment allgemeiner Unsicherheit mit sich brachten, nahm die Angst vor sozialen Unruhen die Gestalt von Verschwörungstheorien an. In Berlin, New York, Paris und Tokio erschienen russischsprachige Editionen des Werkes, Mitte Januar 1920 brachte Gottfried zur Beek (eigentlich Ludwig Müller von Hausen) die erste nicht russische Version des Textes auf den Markt. Zeitgleich veröffentlichte der Industriemagnat Henry Ford - von der Lektüre der *Protokolle* inspiriert - eine Serie von Artikeln, die von einer jüdischen Weltverschwörung raunten.

Im Herbst des gleichen Jahres erschien unter dem Titel *Die Protokolle und die Weltrevolution* das Werk in Boston; und in England brachte ausgerechnet die renommierte *Times* den Text unters Volk, und dies unter einem unheilschwangeren Titel: *The Jewish Peril*, die jüdische Gefahr. Nach Übersetzungen in Frankreich, Polen und Italien folgte eine arabische Übersetzung. Unversehens waren die *Protokolle* zu einem Weltbestseller geworden. Dass der *Times*-Reporter Philip Graves die Verwandtschaft zum Joly'schen Original aufdeckte, bedeutete keineswegs, wie sein Artikel etwas vorschnell frohlockte, das Ende der Protokolle. Im Gegenteil: Henry Ford ließ seiner jüdischen Weltverschwörung ein großes Werk mit dem Titel *Der internationale Jude* nachfolgen. In Deutschland brachte Theodor Fritsch, auf den der berüchtigte *Antisemiten-Katechismus* zurückging, eine weitere Übersetzung heraus, die sich bis 1933 gleich 100 000 Mal verkaufte.

So empfänglich war der deutsche Markt, dass er auch die Version des Nazi-Ideologen Alfred Rosenberg verkraftete, die innerhalb eines Jahres drei Auflagen erlebte. 1929 erwarb die NSDAP die Rechte der Beek'schen Übersetzung, 1933 wurden Auszüge aus den *Protokollen* im rumänischen Parlament verlesen - und von den dortigen Faschisten instrumentalisiert, um die Vertreibung der Juden zu rechtfertigen. Noch am 3. November 1939, also kurz nach dem Überfall auf Polen, regte Hitler an, man möge das Werk weiter im Ausland verbreiten, um damit kundzutun, dass die wahren Verantwortlichen für den Kriegsausbruch die Juden und die Freimaurer seien.

*

Dass ein solcher Text, dem es an jeder inneren Stimmigkeit fehlt, ja der schon seines Schmonzettencharakters wegen sich als Produkt einer eher fragwürdigen Einbildungskraft entlarvt, zu einem der meistgelesenen Werke der Literatur werden konnte, ist ein Enigma. Ebenso rätselhaft ist, dass die Debatte über diesen Text (von Robert Graves über Bernstein bis hin zum großen Berner Prozess, der die Protokolle als Fälschung entlarvte) sich auf die Frage beschränkte, ob man es mit einem authentischen Dokument oder einer Fälschung zu tun habe. Das hatte zur Folge, dass die Frage der Verführbarkeit, der antisemitischen Suggestibilität, kaum weiter erörtert wurde. Folglich blieb die Analyse des zugrunde liegenden Problems – »Gäbe es den Juden nicht, so müsste man ihn erfinden« – weiter im Dunkeln.

Ein zweiter, nicht minder wichtiger Punkt betrifft den Umstand, dass Jolys Kritik an Napoleon III. keine entweihten Hostien, Ritualmorde oder Brunnenvergiftungen insinuiert, sondern zu einer Vivisektion zeitgemäßer Machttechniken schreitet: Presse, Justiz, Bildung etc. Das Skandalon der Moderne ist also nichts anderes als die Moderne selbst: die Tatsache, dass es nicht mehr darum geht, seine Feinde zu enthaupten, seine Untertanen zu enteignen, sie zu quälen, sondern dass Geld, Presse und geistige Manipulation sehr viel subtilere Herrschaftstechniken bereitstellen.

Worin aber besteht der Mehrwert, den der Verschwörungsgläubige aus seinem Narrativ zieht? Der Freud'schen Einsicht gemäß, dass der Traum eine Wunscherfüllung ist, könnte man schlussfolgern, dass auch die Verschwörungstheorie eine Wunscherfüllung darstellt, ja dass die Idee einer solchen Weltverschwörung als Tagtraum zu verstehen ist. Genau diese Realitätsflucht ist der Kunstgriff, der sich in den *Protokollen der Weisen von Zion* realisiert. Indem man den großen Puppenspieler auf die Weltbühne zerrt, hat man die Abstraktionsdrohung der Moderne neutralisiert. Man muss sich nicht mehr mit dem Vakuum, der Tat ohne Täter, einer Souveränität ohne Souverän auseinandersetzen, so wenig wie man sich mit der Fernwirkung der Telegrafie oder der Elektrizität beschäftigen muss. Mit dem *argumentum ad hominem*, das zudem mit dem Zerrbild des Untermenschen einhergeht, hat man den Täter auf das eigene Maß zurechtgestutzt, ist unterschlagen, dass es so etwas wie einen Raum über dem Luftmeer überhaupt gibt. Denn hat man sich solcherart der fremden Logik entledigt, kann man behaupten, dass in dem Augenblick, da der legitime Führer die Herrschaft übernimmt, die Zumutungen der Moderne sich in Luft auflösen werden.

Strukturell, aus einer anthropologischen Warte betrachtet, ist der moderne Antisemitismus das Korrelat der Voodoo-Religion mitsamt Zombifizierung – die Evokation einer Geisterwelt, die schon Le Bon höchst feinsinnig beobachtet hat: »Wenn Menschen zusammenkommen, um eine Frage der Politik, der Religion oder der Moral zu erörtern, sind es die Toten, nicht die Lebenden, die diskutieren. Es sind die Seelen ihrer Vorfahren, die aus ihren Mündern sprechen, und ihre Worte sind das Echo der ewigen Stimmen der Toten, denen die Lebenden immer gehorchen.«[30] Weil die Vergangenheitsseligkeit vor der Gegenwart schützt, ist, bildlich gesprochen, der Kopf des Königs noch nicht gefallen, kann ein Souveränitätsbegriff überleben, der doch schon mit der Sammelfigur des Hobbes'schen Leviathan hinfällig ist.

*

In einem kleinen Text aus dem Jahr 1924, *Der Realitätsverlust bei Neurose und Psychose* betitelt, stellt Sigmund Freud, um die unterschiedlichen Verdrängungstechniken zu beschreiben, folgendes Gedankenexperiment an: Er stellt sich eine Frau vor, die ihren Schwager liebt – und nun vor dem Totenbett ihrer Schwester steht, die unverhofft gestorben ist. Nun stünde ihrem Glück nichts mehr im Weg – jedoch kann sie diesen Gedanken nicht zulassen. Die Neurotikerin, so Freud, würde dieses Dilemma dadurch lösen, dass sie die eigenen Empfindungen verleugnet, die Psychotikerin hingegen würde den Tod der Schwester verleugnen. Im ersteren Falle wird das eigene Triebleben verleugnet, im letzteren Falle die Realität selbst. Die Neurose verleugnet die Realität nicht, sie will nur nichts von ihr wissen; die Psychose verleugnet sie und sucht sie zu ersetzen.[31]

Mit dieser Unterscheidung führt Freud, gleichsam unter der Hand, jenes Triebwerk ein, das nicht aus dem Seelenleben des Kindes stammt, sondern in der Realität selbst pulsiert – und das wir bislang, je nachdem, als Gesellschaftstriebwerk oder als Psychotop bezeichnet haben. »Wahrscheinlich drängt sich bei der Psychose das abgewiesene Stück der Realität immer wieder dem Seelenleben auf, wie bei der Neurose der verdrängte Trieb, und darum sind auch die Folgen in beiden Fällen die gleichen.«[32] Weil das Heranbranden der Realität unausweichlich ist, ist der Psychotiker nicht nur gezwungen, eine Fantasiewelt an ihre Stelle zu setzen – sondern ist seinerseits genötigt, die Realität dergestalt umzubauen, dass der Konflikt aus der Welt geschafft, zumindest aber gemildert ist.

In diesem Sinn ist der Begriff der »Fantasiewelt« fast irreführend, denn diese kann, wie im Fall der Potemkin'schen Dörfer, durchaus reale Züge annehmen. Wenn etwa das Politbüro der DDR, auf dem täglichen Weg von Wandlitz in den Ostberliner Regierungsbezirk, an Straßenzügen vorbeifuhr, die im Gegensatz zur restlichen Stadtkulisse modernisiert und proper angestrichen waren, ließe sich diese Form der Realitätsaufhellung als kollektiver Selbstbetrug, ja nachgerade als kollektives psychotisches Verhalten auffassen. Dieser Linie folgend spricht Freud davon, dass die Psychose auf »einem anderen, mehr selbstherrlichen Weg« an der »Schöpfung einer neuen Realität [interessiert sei], welche nicht mehr den nämlichen Anstoß bietet wie die verlassene«.[33]

Folgt man dieser Argumentation, ließe sich vieles von dem, was wir »Ideologie« oder »Weltanschauung« zu nennen uns angewöhnt haben, als eine Form der kollektiven Psychose auffassen - als Versuch, bestimmte Aspekte der Wirklichkeit nicht wahrnehmen zu müssen.[34] Dabei hängt das Maß des Psychotischen von dem gedanklichen und materiellen Aufwand ab, den eine Ideologie aufbringen muss, um eine Realität, genauer: das grundlegende Psychotop nicht zur Kenntnis nehmen zu müssen. Was der Psychologe Leon Festinger »kognitive Dissonanz« genannt hat, ließe sich, in eine Metrik der Kakofonie übersetzt, als psychotische Energie auffassen. Dass derlei Massenpsychosen sehr viel weniger auffällig sind als beispielsweise ein individuelles Wahnsystem, hat schlicht und einfach damit zu tun, dass der »Kollektivkörper« keine Haut besitzt. Wäre er real, könnte man den modernen Antisemitismus als eine Form des Phantomschmerzes begreifen - als ein amputiertes Glied, das noch immer Schmerzen verursacht.

Im Gesellschaftsleben hingegen sind die Menschen nicht nur mit der verwirrenden Abwesenheit des schmerzenden Körperglieds konfrontiert, sondern können sich über die Projektion auf den anderen der Illusion hingeben, es handele sich um eine Störung, die vorübergeht, wenn dieser Fremdkörper entfernt oder ausgemerzt sei. Ein zweites kommt hinzu: Gelingt es nämlich, den Phantomschmerz dadurch zu überblenden, dass man das fehlende Glied in der Hand eines Feindes sieht, kann das Phantasma der Souveränität unangetastet bleiben. So besehen entspricht der Fremdkörper, dem man alle Macht der Welt zuschreibt, einer suspendierten Selbstherrlichkeit - einem zutiefst narzisstischen Wunsch. Selbstverständlich ist das eine Illusion, ebenso wie der erfundene Jude der Sündenbock für eine Gegenwart ist, die man nicht mehr aus der Welt schaffen kann. Was schmerzt, ist das moderne Psychotop, das Realitätsprinzip selbst.

Dass der moderne Antisemitismus sich an einem Sündenbock schadlos hält, hat bereits der junge Karl Marx in seiner Jugendschrift »Zur Judenfrage« (1844) festgehalten, in der er die Emanzipation des Staates von der Religion fordert - oder wie er formuliert: die »Zersetzung des Menschen in den Juden und in den Staatsbürger« -, um dann, diese Scheinfrage hinter sich lassend, sich den Verhältnissen des real existierenden Kapitalismus zuzuwenden: »Suchen wir das Geheimnis des Juden nicht in seiner Religion, sondern suchen wir das Geheimnis der Religion im wirklichen Juden. Welches ist der weltliche Grund des Judentums? Das praktische Bedürfnis, der Eigennutz. Welches ist der weltliche Kultus des Juden? Der Schacher. Welches ist sein weltlicher Gott? Das Geld. Nun wohl! Die Emanzipation vom Schacher und vom Geld, also vom praktischen, realen Judentum wäre die Selbstemanzipation unsrer Zeit.«[35]

Wie man sieht, gelingt es auch ihm nicht, sich der diabolischen Instanz zu entwinden: Denn er entwirft im zinsheckenden Kapital das Bild eines Vampirs, der das bedürftige Kapital, den Arbeiter, aussaugt - eine Geistesfigur, die man gleichfalls als eine Form des Moderne-Ressentiments auffassen kann. Dass selbst der »wissenschaftliche Materialismus« an der Moderne scheitert, zeigt nur, wie tief der Wunsch ist, das Triebwerk selbst nicht in den Blick nehmen zu wollen - oder präziser noch: dass man es auch hier mit einer massenpsychotischen Energie zu tun hat.[36] Was hier sichtbar wird, ist die Dialektik der Aufklärung, genauer: der Umstand, dass die Vernunft an den Bedingungen der Massengesellschaft, ja an der Massenpsychologie scheitert. Serge Moscovici hat diese Vermählung von Politik und Suggestibilität als die Signatur der Moderne ausgemacht: Die Politik ist ein rationales Mittel, um die grundlegende Irrationalität der Massen auszunutzen.[37]

*

In diesem Kontext stellt der moderne Antisemitismus eine ebenso finstere wie effektive Herrschaftsbatterie dar. Psychologisch betrachtet, besteht seine Infamie darin, dass er, indem er die Feinde des Menschengeschlechts eines Weltherrschaftskomplottes bezichtigt, sich seinerseits ermächtigt, dem diabolischen Gegner auf ebensolche Weise entgegenzutreten. Interessanterweise ist dieser Projektionsvorgang bereits bei Hermann Goedsche zu beobachten. Dass ausgerechnet ein Agent provocateur, der für den Geheimdienst seine Mitmenschen ausspioniert, der Briefe fälscht, um einen verhassten Politiker eines Mordkomplotts zu bezichtigen, die Idee einer jüdischen Weltverschwörung entwickelt, bezeugt nur, dass man es mit einem abgespaltenen Begehren zu tun hat. Weil hier die Verantwortung für das eigene Tun dem anderen aufgebürdet wird, kann man gleichsam straflos agieren. Der Antisemit hat ein reines Gewissen, er ist, wie Sartre so treffend gesagt hat, »Verbrecher für die gute Sache«, ein »unbefleckter Verbrecher«.[38]

In diesem Sinn ist es gar nicht mehr nötig, dass das Gegenüber zum Zug kommt, so wenig wie der Nachweis eines solchen Komplotts notwendig ist. In Anbetracht der Verworfenheit des anderen ist der Erstschlag geboten. Man ermächtigt sich zur Moderne – ohne die Verantwortung für das eigenen Tun zu übernehmen, geschweige denn, den Preis entrichten zu wollen, den die Moderne ihrerseits einfordert. Hat man das im Kopf, löst sich eine Problematik auf, welche die Historiker nachhaltig verstört, zumindest ratlos gelassen hat: die Modernität des Nationalsozialismus. Man muss sich nur die nationalsozialistische Plakatwerbung der 1920er-Jahre vor Augen halten, um sich darüber klar zu werden, dass hier alle Register der Massenpropaganda in Anschlag gebracht wurden.[39] Die perverse Modernität des Nationalsozialismus wird überdeutlich dort, wo sich der Meister aus Deutschland an die Organisation des Massenmords gemacht hat. Die Vorbereitungen beginnen sehr früh, sehr viel früher noch als der politische Wille und die Entschiedenheit, den Genozid Wirklichkeit werden zu lassen.

Bei der ersten Volkszählung am 16. Juni 1933 stützte man sich auf die Mitarbeit der DEHOMAG, der Deutschen Hollerith-Maschinen Gesellschaft, einer IBM-Dependance, welche die Hollerith'sche Lochkartentechnik in Deutschland vertrieb. Der Leiter der Volkszählung, Friedrich Burgdörfer, ein Statistiker, war zugleich als Eugeniker tätig und am Gesetzentwurf *Zur Verhütung erbkranken Nachwuchses* beteiligt.[40] Mit den entsprechenden Bevölkerungsdaten aus der Volkszählung munitioniert, hatten die Nationalsozialisten bereits im Jahr 1936 einen Überblick darüber, welche Bezirke die größte sogenannte »Judendichte« aufwiesen. Strukturell war der Genozid damit kartiert und ein Drehbuch geschrieben, dem die Regierungsstellen nur nachfolgen mussten.[41] Umgekehrt wäre ohne eine solche Kartierung der industriell betriebene Massenmord undenkbar gewesen.

Im Genozid artikuliert sich, was mit dem Computer strukturell vorgegeben ist: dass man es mit einer Maschine zur Verwaltung von Populationen zu tun hat. Es ist kein Zufall, sondern Ausdruck dieser perversen Gouvernementalität, dass jedes Konzentrationslager eine eigene Hollerith-Anlage betrieb und dass die Nummer, die man den Häftlingen auf den Unterarm tätowierte, die ihrer Hollerith-Lochkarte war.[42] »Alle Informationen über die Häftlinge von Auschwitz, einschließlich der noch lebenden Arbeiter, der Verstorbenen und der Überstellten, wurden kontinuierlich in das Hollerith-System eingegeben, das das Lager bediente. Die tabellarischen Summen wurden täglich von den verschiedenen Hollerith-Abteilungen des Lagers an die SS-Wirtschaftsverwaltung und andere Stellen in Berlin übermittelt. Die Hollerith-Verfolgung war das einzige System zur Überwachung der sich ständig ändernden Gesamtbevölkerung aller Lager.«[43]

*

Die naheliegende Schlussfolgerung, dass man die Datenverarbeitung für den Schrecken des Völkermords verantwortlich machen könne, ist freilich abwegig. Die Logik, die sich hier artikuliert, ist vielmehr die einer Spaltung: die Behauptung »rassischer« Suprematie, bei gleichzeitiger Verwandlung der Moderne zur Vernichtungsmaschine. In diesem Sinn ist es durchaus bezeichnend, dass nachfolgend zwei, drei Generationen die informatische Architektur der Judenvernichtung nicht zur Kenntnis genommen haben und sich stattdessen auf die völkische Blut-und-Boden-Ideologie kaprizierten. Indes bewirkt die Fixierung auf die nationalsozialistische Ideologie, dass man das Triebwerk dessen negiert, was man doch auflösen möchte: eine Vernunft, die im Traum Ungeheuer erzeugt.

Im luftleeren Raum

In Gestalt des Computers hat die Moderne zu sich selber gefunden. Jeder Nutzer, der vor einer Computertastatur sitzt oder in sein Smartphone hineinspricht, operiert, ob bewusst oder nicht, »über dem Luftmeer«, im extraterrestrischen Raum. In diesem Sinn ist die Verwandlung zum kybernetisch augmentierten Organismus, also zum Cyborg,[1] eine *conditio moderna*. Dass die Wendung zum »Transhumanismus« ein unspezifisches Unbehagen erzeugt, ist so verständlich wie der Schrecken, den das Boyle'sche Experiment mit der Luftpumpe auf die Gesichter seiner Beobachter gezaubert hat. Man weiß - oder ahnt doch zumindest -, dass man im luftleeren Raum operiert, einer Sphäre, in der die ungeschützte Kreatur nicht überlebt.

Wenn die binäre Logik nur mehr als symbolischer Kunstgriff erscheint, so deswegen, weil man die in ihr enthaltene Abstraktionsdrohung übersieht: die Tatsache, dass die Null ein solches Vakuum voraussetzt - ja dass in der technologischen Gnosis die sukzessive Überwindung der Körperlichkeit Zukunftsprogramm ist. Dampfmaschine, Elektrizität und Telegrafie sind die Vorboten, in denen sich die telematische Moderne ankündigt. Mit der allgemeinen Digitalisierung hat sich ein Gesellschaftstriebwerk etabliert, das die Bedeutung der *mechane*, als Betrug an der Natur, in ungeahnte Höhen hinaufkatapultiert.

Weil der Prozessor das Gewicht der Welt auf das eines Sandkorn schrumpfen lässt, kann der Programmierer die Boole'sche Unendlichkeit ($x=x^n$) als physische Realität empfinden; wie die Beobachter des Boyle'schen Versuchs blickt er in das Innere der Glaskugel, in eine Welt, die keine Schwerkraft mehr kennt. Mehr noch, weil Milliarden von Elektronen, wie die Engel des Mittelalters, in Lichtgeschwindigkeit auf einer Stecknadel tanzen, ist mit der Entfernung der Welt auch das Gefühl der Grenze verloren gegangen. Sofern der endliche Leib und die unendlichen Zeichen unterschiedlichen Welten anzugehören scheinen, ist der Mensch mit einer gespaltenen Wahrnehmung konfrontiert. Mental befindet er sich bereits im luftleeren Raum, physisch bleibt er Beobachter, eine Spaltung, die die Unterscheidung von *Software* und *Wetware* in die Welt gebracht hat. Diese Spaltung, die sich als beständige kognitive Dissonanz artikuliert, wird noch dadurch verschärft, dass die gesellschaftlichen Praktiken, einem gedanklichen Heimatmuseum entsprungen, nicht mit dem Denken zusammengehen wollen.

Nun ist das Unbehagen in der Moderne keineswegs auf den Arbeiter beschränkt, der sich von der Maschine ausgesperrt weiß. Denn weil sie vom Immer-vernünftiger-Werden der Ratio angetrieben wird, fühlt sich auch derjenige bedroht, dessen Arbeitskraft und Selbstwertgefühl einem *machine-learning*-Algorithmus zum Opfer fallen könnte – auch wenn das nur eine theoretische Drohung sein mag. In dem Maß, in dem die Maschine unkenntlich wird, ja in dem sie sich als allgemeines ökonomisches Prinzip in den Köpfen festsetzt, breitet sich ein Moment des Unheimlichen aus. So wie das *Kommunistische Manifest* die Funktionslogik der Dampfmaschine auf das Gesellschaftliche selbst überträgt (»Alles Stehende und Ständische verdampft«), kann sich Marx in der Vorstellung einer unheimlichen, monströsen Wesenheit ergehen: »Das Kapital ist verstorbne Arbeit, die sich nur vampirmäßig belebt durch Einsaugung lebendiger Arbeit und um so mehr lebt, je mehr sie davon einsaugt.«[2]

In dem Maß nun, in dem sich die Moderne modernisiert, wird dieser Fremdkörper immer mächtiger, während der Leib als zurückgebliebenes Überlebsel erlebt wird. Verstärkt wird diese Spaltung dadurch, dass der vorherrschende Diskurs noch immer dem Weltbild des mechanischen Zeitalters anhängt: dass man an das Individuum glaubt, an das Porträt, an den Federstrich.

Insofern verwundert es nicht, dass man just in dem Augenblick den Tod der Moderne proklamiert, da sich das fremde Gesellschaftstriebwerk als solches zu erkennen gibt. In diesem Sinn ließe sich die Postmoderne als jener Augenblick dingfest machen, da man den eigenen Erzählungen keinen Glauben mehr schenkt – und ein illusionäres Selbstbild beerdigt.[3] Dass auf dem Grabstein *Moderne* steht, ist jedoch eine Verwechselung. Denn nicht die Moderne wird hier zu Grabe getragen, nur die großen Erzählungen, die man sich über die Wissenschaft und den Staat herbeifantasiert hat. Ihr Missverständnis, alles in allem.

*

De facto ist die Moderne moderner denn je. All die Stränge, die sich in den vorausgegangenen Kapiteln als gesonderte Entwicklungen gezeigt haben, laufen in der Logik der Digitalisierung zusammen. So kann der cartesianische Raum in der Virtualität animiert werden, ebenso wie das Vakuum, ins Gedankliche übersetzt, der Entfesselung der Einbildungskraft zuarbeitet: *l'imagination au pouvoir!* Deswegen fühlen sich die Adepten des Digitalen ermächtigt, gerade so wie die Verfassungsautoren des 18. Jahrhunderts, soziale Plastiken in die Welt zu entlassen. Weil das Moore'sche Gesetz den Fortschrittsglauben des 19. Jahrhunderts in die Nanotechnik übertragen hat, bleibt der Slogan des *Schneller, weiter, höher!* auch weiterhin gültig, können sich die Futurologen des Silicon Valley dem fantastischen Chiliasmus einer *Singularity* hingeben. Im *machine learning* schließlich zeigt sich, dass der Mann der Menge das entscheidende Spezimen ist: Denn er ist derjenige, dessen Begriff von der Welt, statistisch gemittelt, ein charakteristisches Muster, ja eine Form des Weltwissens ergibt. Folglich lassen sich die Analysen verschiedener Chirurgen, die Röntgenbilder auf Anzeichen von Krebs analysiert haben, in eine Form der maschinellen Krebsfrühkennung übersetzen, ein Programm, das signifikant besser arbeitet als der einzelne Arzt. Wenn ein solches Programm auf

Steroiden daherkommt, so ist das der Tatsache geschuldet, dass die Logik des Arbeitsspeichers der Lichtgeschwindigkeit folgt: *anything, anytime, anywhere.* Kurzum: In der digitalen Welt hat die Moderne ihr Geheimnis und Betriebssystem sichtbar gemacht.[4]

Dass dieser Triumph mit ihrem Totsagen zusammenfällt, also dem Augenblick, da die Postmoderne sich von der Idee der Moderne verabschiedet hat, ist eine Merkwürdigkeit ersten Ranges. In gewisser Hinsicht hat das Unheimliche, das in der Moderne nur subkutan daherkam, mit dem Computer Form angenommen: ein Objekt, das die Fremdheit des neuen Gedankenkontinents deutlich hervortreten lässt. Dass der Chor der Stimmen, die die Moderne als eine weltgeschichtliche Aberration auffassen, im Laufe der Jahrzehnte immer mächtiger geworden ist, ist kein besonders schlagendes Argument. Erinnern wir uns an die Freud'sche Bemerkung, dass das Totsagen noch immer ein Fortschritt gegen das Totschweigen ist, so lässt sich dem nur entnehmen, dass das zugrunde liegende Gesellschaftsgetriebe zu einer Über-, ja einer Gegenmacht geworden ist. So erscheint der Mensch des Anthropozäns, den seine Stifter Paul Crutzen und Eugene Stoermer mit der Dampfmaschine verknüpfen, als widernatürlicher Schädling: ein Fossil, das mit dem globalen Kapitalismus eine gleichermaßen natur- wie menschenfeindliche Ordnung etabliert hat, das, was jetzt gemeinhin das »toxische System« heißt. Dieser Erzählung folgend, ist es nur logisch, dass das Totsagen zu einem apokalyptischen Trompetenstoß anschwillt. Die psychologisch brennende Frage ist: Was ist der Sinn dieses Totsagens? Hier mag uns das Bonmot des früh aus dem Leben geschiedenen Mark Fisher hilfreich sein: *Es ist einfacher, sich das Ende der Welt vorzustellen als das Ende des Kapitalismus.* Ganz offenkundig – das ist der Sinn des Gedankens – ist der Kapitalismus, den wir uns als Synonym für das moderne Gesellschaftstriebwerk denken können, von einer solch überirdischen Kraft, dass ihm allein die Apokalypse zu widerstehen vermag.

Dass man höhere Gewalten, ja ein letztes Gericht anrufen muss, um einer diesseitigen Macht zu begegnen (diese Todesfantasie, in der sich das Totsagen zum Todeswunsch steigert), ist vielleicht der machtvollste Beleg für die anhaltende Vitalität der Moderne. Paradoxerweise verweisen die Medien, die den Untergang der Moderne in die Welt hinaus schmettern, auf die digitale Infrastruktur selbst: Es sind die sozialen Medien der großen Internetkonzerne, der *Freightful Five*, die als apokalyptische Reiter fungieren. Es lohnt, an dieser Stelle nochmals an die Freud'sche Unterscheidung zwischen Neurose und Psychose zu erinnern – an das Beispiel der jungen Frau, die auf dem Totenbett den Leichnam ihrer Schwester entdeckt, in deren Mann sie rettungslos verliebt ist. Erwehrt sich die Neurotikerin dieses Gedankens, redet sich die Psychotikerin ein, die Schwester sei gar nicht tot – womit der Unterschied zwischen Neurose und Psychose in der Realitätsverleugnung besteht. Folgen wir dieser Logik, lässt sich das Totsagen der Moderne als eine Form der Massenpsychose, zumindest aber als doppelter Realitätsverlust auffassen. Indem man sich in apokalyptischen Fantasien ergeht, schafft man die Zudringlichkeiten der Moderne aus dem Blick – mit einer solchen Bestimmtheit, dass nicht einmal die exzessive Nutzung ihrer Werkzeuge die eigene Überzeugung ins Wanken versetzt. Ist mit diesem Realitätsverlust die Freud'sche Psychose-Diagnose bestätigt, so erscheint es doch wenig sinnvoll, die ganze Welt des Wahnsinns zu zeihen. Denn wie die Geschichte des realen Kommunismus zeigt, ist es möglich, dass sich ganze Gesellschaften in der Realitätsverleugnung einrichten – mit der paradoxen Folge, dass die Verleugnung selbst zum Realitätsprinzip wird. Oder wie Nietzsche dies auf prägnante Weise gesagt hat: »Der Irrsinn ist bei Einzelnen etwas seltenes – aber bei Gruppen, Parteien, Völkern, Zeiten die Regel.«[5]

Blicken wir auf die Geschichte der Moderne zurück, lässt sich sagen, dass ihre Zumutungen sich in einer Serie anschwellender kognitiver Dissonanzen artikulieren. Mag ein Teil darauf zurückgehen, dass man sich der Zumutungen der Moderne entlädt, sind diese Dissonanzen insofern unvermeidlich, als sich hier die Spannung zweier inkompatibler Gesellschaftstriebwerke entlädt. Dieser Konflikt ist nun keineswegs präzedenzlos. Bereits das ausgehende Mittelalter hatte mit seiner Metempsychose, dem Übergang zweier Gesellschaftstriebwerke zu kämpfen. Huldigte man einerseits, mit der Heiligen Schrift, der Welt des Alphabets, war man andererseits genötigt, in den Protokapitalismus des Räderwerkgottes einzutreten, was zu bizarren Mischformen wie dem Purgatorium oder dem Ablasshandel führte, dem Sündenerlass im Abreißblock. Diese Gleichzeitigkeit konkurrierender Gesellschaftstriebwerke erzeugte eine Übergangsstimmung, die der große Mediävist Johan Huizinga als eine Form der strukturellen Schizophrenie gedeutet hat. In diesem Sinn ist der *Herbst des Mittelalters*, wie Huizingas Schrift betitelt ist, die Vorwegnahme einer höchst gegenwärtigen Psychopathologie - zeigt er doch, mit welch enormen psychischen Kosten ein solcher Paradigmenwechsel verbunden ist.

Vor diesem Hintergrund ist es hilfreich, die schon mehrfach herbeizitierte kognitive Dissonanz genauer in Augenschein zu nehmen - jene psychische Spaltung, die schon den Verfassern der Bibel so geläufig war, dass sie die Maxime der Barmherzigkeit daraus ableiten konnten: *Wenn du aber Almosen gibst, so lass deine linke Hand nicht wissen, was die rechte tut* (Matth. 6, 3). Der Begriff der kognitiven Dissonanz sagt nichts anderes, als dass es ein Bedürfnis nach geistiger Stimmigkeit gibt, ja dass jede Zeit an einer Konsistenz ihrer Weltsicht interessiert ist.[6] Was aber passiert, wenn Tun und Handeln in eine andauernde Dissonanz hineingeraten?

Das Studienobjekt, das den Psychologen Leon Festinger zu seinem Konzept bewegte, ist hier insoweit von Interesse, als es sich nicht um eine Einzelperson, sondern um eine millenaristisch inspirierte Gruppe handelte - eine Sekte, die überzeugt war, dass das Weltende nahe sei und eine extraterrestrische Intelligenz die

Gläubigen in einem UFO davontragen würde. Was diese moderne Arche-Noah-Gäubigen kennzeichnete, war, dass die uneingelösten Prophezeiungen ihrer Wahrsagerin sie keineswegs dazu brachten, vom Glauben abzufallen; im Gegenteil, die Gläubigen setzten alles daran, ihr Narrativ aufrechtzuerhalten. Dass man sich dazu allerlei geistigen Verrenkungen unterziehen musste - kasuistischen Klimmzügen, rabulistischen Wortverdrehungen etc. -, war kein Hinderungsgrund. Es stellt sich die Frage, welchem Begehren die Aufrechterhaltung eines dysfunktionalen Glaubenssystems entspringt. Ganz offenkundig handelt es sich - auch wenn das Weltbild, das hier zur Disposition steht, sich als rationalistisch begreift - um ein Begehren, das einige Verwandtschaft zum *Credo quia absurdum* aufweist.

Das lässt nur die Schlussfolgerung zu, dass ein Weltbild, in dem ein bestimmtes Gesellschaftstriebwerk pulsiert, seinerseits ein Objekt des Begehrens darstellt: das, was einer Gesellschaft hoch und heilig ist. Dieses Über-uns, das mit einer impliziten Gottesvorstellung verknüpft ist, verheißt seinen Gläubigen Sicherheit, ebenso wie es ein narzisstisch aufgeladenes Selbstbewusstsein verspricht - das, was wir zu Anfang dieses Buches als *Droge der Weltfremdheit* beschrieben haben. Von daher ist durchaus nachvollziehbar, dass man dieses Ideal mit Klauen und Zähnen verteidigt. Wenn der Schlaf der Vernunft Monster gebiert, so deswegen, weil das Bild, das die Aufklärung von sich selber entwirft, mit den Realitäten konfligiert. Wenn das Gesellschaftstriebwerk ein *apparatus communitatis* ist, dann heißt das auch, dass es als Gesellschaftsklebstoff fungiert, als Gesellschaftsspiel, das dem Einzelnen ein bestimmtes Kostüm und eine bestimmte Rolle auferlegt. Folglich - und die vorausgegangenen Beobachtungen haben das deutlich gemacht - markiert eine Metempsychose des Gesellschaftstriebwerks eine Gefahr. Diese Gefahr (und nichts anderes) ist es, die zum Unbehagen in der Moderne beiträgt. Das im Blick, lässt sich die Frage nach dem Sinn des Totsagens sehr viel klarer beantworten. Mit der Ausrufung der Postmoderne ist das historische Kontinuum unterbrochen, mag man sich einreden, dass die Moderne vorüber und eine neue Zeit angebrochen ist.

*

Die Antinomie, die hier aufbricht, läuft über die Polarisierung von Analog-Digital, wobei »analog« für die gefährdete Natur - also den Menschen -, »digital« für das hybride, mit künstlicher Intelligenz begabte Monster steht. In Anbetracht dieses psychischen Konflikts versteht man die Attraktivität, die von der Figur des Zombies ausgeht. Als Schreckbild eines humanoiden Automaten fungiert sie, wie das Monster des Doktor Frankenstein, als Zerrbild entseelter Menschennatur. Einen solchen Doppelgänger vor Augen, kann man sich einreden, dass man echt, authentisch und lebendig sei - ist es doch ein Leichtes, sich vor einer solchen Null als Eins zu gerieren. Geerdet und zum Repräsentanten wahrer Menschennatur avanciert, spielt die eigene Modernität keine Rolle mehr. Folglich übersieht man gnädig, dass man als Massenwesen nicht mehr allein sein kann, ja dass die *conditio moderna* in der Vernetzung, der Teilhabe, dem Seinsmodus eines Dividuums liegt.

In diesem Sinn wirkt der Zombie wie der altgriechische *pharmakos*, über den sich die Polis entsühnt: ein Sündenbock, dem auferlegt wird, was der Einzelne nicht zu tragen bereit ist. Jedoch vermag die Funktion des Sündenbocks das Phänomen des Zombies nicht in seiner Gänze zu fassen. Denn dieser ist, als Untoter, noch immer tätig - ein unermüdlicher Arbeiter, dem die Zeit nichts anhaben kann.[7] Spiegelt sich darin die historische Erfahrung, die die Arbeitssklaven auf den Zuckerrohrplantagen Santa Domingos erlitten, wird der Zombie zur Inkarnation der Entfremdung, zum Dunkelmann des Kapitalismus. Ähnlich wie die Wucherer des Mittelalters genötigt waren, ihre Sünden im Purgatorium abzuarbeiten, zollt der Zombie der Arbeit Tribut - nur dass er nicht mehr im Höllenfeuer, sondern in der Welt seinen Frondienst ableisten muss.[8]

In diesem Sinn besteht die Sündenbockfunktion des Zombies nicht mehr in seiner Auslöschung, sondern darin, dass er im Frondienst den Tod suspendiert. Begreifen wir die Gedankenfigur des *suspendierten Todes* als einen Versuch, die Realität zu verleugnen und durch etwas anderes zu ersetzen, nähern wir uns dem sonderbaren Phänomen der *Zombieökonomie* - also dem Umstand, dass man, indem man die Märkte mit billigem Geld und Staatsanleihen versorgt, eine Ökonomie unterhält, die selbst nicht mehr lebensfähig ist. In diesem Kontext fungiert der Zombie nicht mehr bloß als das abgespaltene Selbst, sondern ist das Resultat einer politischen Ökonomie.[9]

Mit der Zombieökonomie geht eine Hystereselogik einher, mit der die Volkswirtschaft sich der Illusion hingeben kann, auch fürderhin *business as usual* betreiben zu können. Jedoch ist das nur möglich aufgrund von heftigen, präzedenzlosen Eingriffen ins Gesellschaftstriebwerk selbst. Historisch betrachtet galt der Negativzins, der das Überleben des Kapitalismus ermöglicht, geradezu als Gottseibeiuns aller Ökonomie - war es bis vor wenigen Jahren undenkbar, dass der Kapitalismus Negativzinsen aushecken könnte.[10] Tatsächlich geht die Logik des Zinses auf das Gesellschaftstriebwerk des Mittelalters zurück und lässt sich gewissermaßen als ihr Herzstück auffassen.[11] Da der Räderwerkautomat eine mehrwerterzeugende Rationalisierungslogik in die Welt brachte, wurde Zeit Geld und der Zins Bürgerpflicht.[12] Folglich machte die Bank of England, mit der das moderne Gemeinwesen anhebt, den Zins zu einer verlässlichen Größe - und war auf diese Weise das Gesellschaftstriebwerk mit einem verlässlichen Herzschrittmacher versehen. Alle Fortschrittsgedanken und Mehrwertfantasien[13] der Moderne basieren auf dem Zins als dem Grundkalkül eines zunehmenden Wohlstands. Mit dem Augenblick jedoch, da der Zins ins Negative kippt, ist dieses Fortschrittsversprechen gebrochen. Bildlich gesprochen, läuft das Gesellschaftstriebwerk fortan rückwärts. *Take back control!*

Nicht nur, dass der Glaubenssatz des Kapitalismus (*Zeit ist Geld*) außer Kraft gesetzt ist, er hat sich darüber hinaus, im Sinn eines *hysteron-proteron*, invertiert. Nunmehr ist Geld Zeit: die Zeit, die man sich kauft, um den Tod eines nicht mehr tragfähigen Gesellschaftsmodells zu suspendieren. Diese Realitätsverleugnung im Groß- und Gesellschaftsmaßstab wird verständlich, wenn man sie als Abwehrmaßnahme gegen das neue, digitale Gesellschaftstriebwerk begreift – als den verzweifelten Versuch, die Normalität der Vergangenheit aufrechtzuerhalten. Da der Funktionsmodus des Geldes zu einem nicht geringen Teil auf der Geldillusion beruht, mag diese Maßnahme kurzfristig sogar erfolgreich sein – wie überhaupt nicht wenige Institutionen ihr Überleben allein der Gutgläubigkeit ihres arglosen Publikums verdanken. Bereits John Maynard Keynes hat in seiner *Allgemeinen Theorie der Beschäftigung, des Zinses und des Geldes* die Scheinhaftigkeit, wenn nicht den Zombiecharakter politischen Handelns ins Auge gefasst: »Praktiker, die glauben, frei von intellektuellen Einflüssen zu sein, sind in der Regel die Sklaven irgendeines vergessenen Wirtschaftswissenschaftlers. Autoritätsgläubige Irre, die Stimmen zu hören glauben und sich ihren Wahn aus den verjährten Werken eines akademischen Schreiberlings zusammenbrauen.«[14]

Ist damit vor allem gesagt, dass das Gesellschaftstriebwerk ein langsamer Tanker ist, der schwerlich zu einer Kurskorrektur, geschweige denn zur Umkehr zu bringen ist, lässt sich der Negativzins nur als Verzweiflungsmaßnahme deuten, denn hier wird das Glaubenssystem des Kapitalismus selbst auf den Kopf gestellt. Gewiss, die Zeitungen mögen einen Mario Draghi als modernen Zombiejäger feiern, de facto jedoch lässt sich eine Ökonomie, die künstlich am Leben gehalten wird, nur als eine Form gesellschaftlicher Scheinproduktion deuten. In dieser Welt leben und arbeiten Untote, die keinen Schimmer davon haben, dass sie, je nachdem, als *Walking* oder *Working Dead* ihr Scherflein zur gesellschaftlichen Selbstblendung beitragen.

*

Wie man bei allen Dingen, die Geld betreffen, die Frage nach dem *cui bono* aufwerfen muss, stellt sich die Frage nach dem Nutzen der Zombieökonomie. Die Antwort führt ins Register der Psychologie, also dorthin, wo sich ernsthaft über den Sinn des Unsinns räsonieren lässt.[15] Der größte Vorzug besteht zweifelsohne in der Abwehr des neuen, digitalen Gesellschaftstriebwerks – wobei man es nicht nur mit einer psychischen Abwehr, sondern auch einer höchst materiellen Form der Arbeitsverweigerung zu tun hat. Diese Verdrängungslogik vor Augen versteht man, dass und warum das Unbehagen in der Moderne nicht nachlassen will, ja warum der Widerstand im Augenblick ihres Triumphs ins Apokalyptische wechselt.[16]

Erinnern wir uns daran, dass sich mit dem Gesellschaftstriebwerk vor allem die Begriffe von Raum, Zeit und Bewegung ändern, lassen sich einige aktuelle Widerstandsformen erklären. Der vernetzten, rein symbolischen Welt wird der Fundamentalismus und das analoge Selbst entgegengestellt, den Zeitspeichern die Ewigkeit (»Ihr habt die Uhren, wir haben die Zeit«), zu guter Letzt insistiert man – um der Wertekrise der Gesellschaft zu begegnen – auf der Unwandelbarkeit der eigenen Identität. Als stünde eine letzte Entscheidungsschlacht bevor, versammelt man die Truppen und stimmt martialische Schlachtgesänge an. Wie das *Etiolement*, das Geilwachstum in der Pflanzenwelt, das nahende Ende ankündigt, bezeugt das Moment der Hypertrophie (der Hypermoral, der Hypersensitivität etc.) eine Form der zunehmenden Entleerung. C. G. Jung hat diesen Prozess sehr treffend als »psychische Inflation« bezeichnet und mit dem Zustand maximaler Selbstermächtigung verknüpft: eine narzisstische Energie, die hin zur Gottähnlichkeit strebt.[17]

In dem Maß, in dem eine gesellschaftliche Entität, Institution, Identität etc. sich entleert, muss sie psychisch aufgeblasen werden – oder anders gesagt: Was man an Substanz verliert, kommt an Volumen hinzu. Worin aber besteht der psychische Vorteil dieses Aufblasens? Im Fall der Ökonomie ist die Antwort einfach: Die Zeiten der Blasenbildung sind Phasen der Entgrenzung, der Euphorie, der Ekstase, einer ins Maßlose hinüberschießenden Gier. In diesen Phasen werden Privilegien, die zuvor nur einer begrenzten Elite zugänglich schienen, massentauglich. Die Serie der Börsenschocks, die den ins freie Flottieren geratenen Kapitalismus heimgesucht haben, lassen sich nicht anders denn als kollektive Enthemmungen auffassen.

Interessanterweise spielt bei all diesen Ereignissen das digitale Gesellschaftstriebwerk eine entscheidende Rolle: Wurde der Crash des 13. Oktobers 1987 dadurch ausgelöst, dass alle Börsenhändler dieselbe Software benutzten – sich also eine Art Feedbackschleife entwickelte, welche die Kurse so jäh in die Tiefe riss, wie sie diese in schwindelnde Höhe hinaufkatapultiert hatte –, basierte der Boom der Jahrtausendwende, treffend als Dotcom-Blase bezeichnet, auf den Verheißungen der New Economy; die *Housing Bubble* des Jahres 2008 schließlich, gespeist vom billigen Geld der Zentralbank, lebte davon, dass man den geplatzten Träumen der Internetwelt vermeintlich echte Werte, also Immobilien entgegensetzen wollte. Jedoch verlor man sich, über die Bündelung und Auslagerung der Risiken, in einem Labyrinth gegenseitiger Verpflichtungen, die sich im Augenblick des Sturzes als globalisierte Ponzi-Schemen entblößten, deren Faszination selbst das risikoaverse *German Money* erlag.

Nun sind die ökonomischen Blasen keineswegs isolierte Ereignisse, sondern drücken nur aus, was der amerikanische Kulturtheoretiker Christopher Lasch Ende der 1970er-Jahre als *Kultur des Narzissmus* bezeichnet hatte – eine psychische Inflation, die in der neoliberalen Privatisierungslogik die entsprechende Lehre gefunden hat.[18] Damit nähern wir uns der Geistesfigur, die das philosophische Korrelat des *fiat*-Geldes ist: der Vorstellung, dass die gesellschaftliche Wirklichkeit das Resultat eines Sprechaktes ist: *Gesagt! Getan!* Dieser Gedanke, in dem sich neben einer konstruktivistischen Weltsicht vor allem ein entschiedenes Selbstermächtigungsstreben widerspiegelt, bewirkt die Ausblendung des konkreten Gesellschaftstriebwerks, während er andererseits, in der Beliebigkeit der Gestaltung, den Raum der Utopie öffnet.[19] In jedem Fall kann man darin eine Selbstermächtigungsformel entdecken - ein imperiales Selbst,[20] das nach der Manier eines Sonnenkönigs sich anschickt, die Welt nach dem eigenen Bild zu entwerfen: *L'état, c'est moi!*

Die Ironie der Geschichte ist nur, dass die selbst ernannten *Masters of the Universe*, in der Verleugnung der universalen Maschine, sich am Ende als eine Herde hilfloser Zauberlehrlinge herausstellten, als digitale Analphabeten, die sich im Labyrinth der selbst geschaffenen Wunschmaschine verirrten. Die Frage ist: Was sind das für Bilder, die im Prozess der psychischen Inflation als Identitätsmuster und Blaupausen wirken? Weil sich hier insbesondere die entleerten Grandiositätsformeln der Vergangenheit anbieten, nährt man sich aus dem Fundus. Bildlich gesprochen, gebärdet sich jedermann als Königskind der Moderne, und diese Anmaßung fällt umso leichter, als die Vergangenheit nur mehr als leere Repräsentanz wirkt. Bringt das billige Geld der Zentralbank in der Wirtschaft Zombieunternehmen hervor, gesellen sich im Psychologischen die Narzissten hinzu - Blender, denen es vor allem um das soziale Prestige geht, das sich mit einer bestimmten Rolle verbindet.

Dass im Innern selbst eine gähnende Leere[21] herrscht, ja dass der Betreffende nur über eine dünn besiedelte Innenwelt verfügt,[22] ist die Folge einer Entleerung - und belegt, dass dem Begriff der *psychischen Inflation* auch eine gesellschaftliche Dimension innewohnt. Wenn jeder Künstler ist, ist niemand mehr ein wirklicher

Künstler. In jedem Fall verwandelt sich derjenige, der sich zum Schauspieler seiner selbst macht, zur reinen Oberfläche - einer Existenz, die beständig verführt ist, einem Größenbild ihrer selbst zuzuarbeiten. Insofern ist der Narziss der Spießgeselle des Zombies. Ist dieser zum Nichts zusammengeschrumpft, ein Automat in Menschenform, hat jener die innere Leere zur Grandiosität aufgeblasen: ein König ohne Land. Während in der Gestalt des Zombies der Tod suspendiert ist, ist dem Narziss irgendwann die Erlösung verheißen.

*

Diese doppelte Realitätsverleugnung bewirkt, dass man sich der Zumutung des Gesellschaftstriebwerks zu entziehen vermag - ja dass der durch die digitale Rationalität bewirkte Phantomschmerz von einer regelrechten Phantomlust überglänzt wird. Weil die Rollenangebote aus dem Fundus verführerisch sind und weil man sich ihrer weit unter Einkaufspreis bemächtigen kann, hat sich die psychische Inflation zu einer Form des Gesellschaftsspiels entwickelt. Fortan geht es darum, dass man das eigene Humankapital steigert und sich zur *Brand* stilisiert, einer wiedererkennbaren Marke. Das einzige Dilemma: Derjenige, der zum Künstler seiner selbst geworden ist, hat sich restlos verausgabt und ist zu einer leeren Mitte geworden, einem Luftballon, der bei einem kleinen Piks schon zu platzen droht. Wo Berühmtheit um der Berühmtheit willen angestrebt ist, hängt alles vom sozialen Resonanzkörper ab. Dagegen ist die Mitte eine weiße Fläche, die dem Ennui des Prinzen in *Leonce und Lena* entspricht: »Mein Leben gähnt mich an wie ein großer weißer Bogen Papier, den ich vollschreiben soll, aber ich bringe keinen Buchstaben heraus.«[23] Oder wie Christopher Lasch diese Perspektivverschiebung beschreibt: »Der Schriftsteller sieht das Leben nicht mehr in seiner Vorstellungswelt reflektiert, im Gegenteil: Er sieht die Welt, sogar in ihrer Leere, als Spiegel seiner selbst.«[24]

Hier von Selbstbespiegelung zu reden, ist insofern irreführend, als das fragliche Selbst eine Leerstelle ist, ein Vakuum, das der Injektion einer Masseempfindung bedarf. So wie die Mönche des Abbé Nollet nur mit dem Stromschlag in Zuckungen versetzt werden konnten, bedarf der Narziss der kollektiven Dopaminzufuhr. In diesem Sinn trägt die Größenfantasie bereits eine Form der Selbstauslöschung in sich. Es nimmt nicht wunder, dass die konkrete Bewirtschaftung einer *Influencer*-Existenz, die auf den steten Zustrom öffentlicher Aufmerksamkeit angewiesen ist, jener Logik zuarbeitet, die doch eigentlich als Zumutung, als durchgehend feindliche Sphäre erlebt wird. Mit der Abhängigkeit vom sozialen Resonanzkörper kommt die List der Vernunft aufs Tapet. Nunmehr kann man den Nutzerstatistiken entnehmen, wie das selbst verwaltete Leben sich zunehmend einem Gesellschaftskörper anverwandelt, einer Projektionsfläche, die umso besser funktioniert, je geringer der Eigenwille und die Unverwechselbarkeit ausfallen.

Diese Vergesellschaftungslogik im Blick, ist leicht zu erklären, dass und warum die heteronome Logik des Vorgehens aus dem Blick geraten kann. Die Traumfabrik ist eine Größe, die davon lebt, dass sie Archetypen reinszeniert – weswegen man auf bekannte Gesichter und Formen zurückgreifen muss.[25] Ökonomisch betrachtet: auf ein *MeToo*-Produkt, die Imitation eines am Markt bereits vorhandenen Produktes. Bildlich gesprochen, kommen damit die Toten aus den Gräbern gekrochen: all die Gestalten, die in unzähligen Romanen, Filmen oder Theaterstücken ihre Gesellschaftstauglichkeit unter Beweis gestellt haben. Freilich: Insofern sich mit der Digitalisierung so etwas wie eine fremde, unheimliche Macht etabliert hat, ist das Rollenangebot dezimiert. Fortan kann nur noch der Mensch in der Revolte gezeigt werden, das Opfer, das gegen ein menschenfeindliches, »toxisches« System aufbegehrt. Auf die gleiche Weise, wie der moderne Prometheus dem Monströsen anheimfällt, invertiert sich der Existenzbeweis der Moderne. Das cartesianische *cogito, ergo sum* wird zu einer negativen Identität: *patior, ergo sum* - ich leide, also bin ich.

*

Der Antagonismus, aus dem sich das Unbehagen in der Moderne speist, hat mit der Metempsychose des Gesellschaftstriebwerks zu tun, und mit dieser geht eine Umwertung aller Werte einher. Hat sich die Gesellschaft über lange Zeit einreden können, dass über Jahrhunderte erprobte Gewissheiten immer noch Gültigkeit besitzen, wird mit der *conditio moderna* sichtbar, dass man es mit einem gedanklichen Zeit- und Filmriss zu tun hat. Und da ist plötzlich nichts mehr als das Vakuum, eine reine Virtualität, durch die die zuckenden Mönche, der kopflose König und das stochastische Selbst taumeln. Konnte man zu den Zeiten der Studentenrevolution dem Slogan des *anything goes* noch ein emanzipatorisches Versprechen entnehmen, tritt nun zutage, dass man es mit einer Drohung zu tun hat. Nicht zufällig hat Nietzsche sein *Nichts ist wahr, alles ist erlaubt!*[26] der Kommandozentrale des mittelalterlichen Assassinenordens entnommen. Man könnte in diesem Freibrief die Übertragung des Boyle'schen Vakuums ins Moralische ausmachen. Oder genauer: den *horror vacui*, der den Zuschauer befällt, da er begreift, dass das Versuchstier, das dort im Innern der gläsernen Kugel steckt, niemand anderer ist als er selbst. Warum? Weil er einsehen muss, dass das Gesellschaftstriebwerk kein Vergnügungspark ist, der der Realität als digitale Hinterwelt angeflanscht ist, sondern das Realitätsprinzip selbst. Man steckt drin - und es gibt kein Entkommen.

Man versteht leicht, dass und warum sich die Blicke hier abwenden - und man sich andererseits ein Heimatmuseum herbeizaubern will. Wie aber ist das einem Kollektiv möglich? Nur dadurch, dass man sich in eine phantasmatische Weltsicht hineinflüchtet, die wie eine Droge oder eine kollektive Fiktion die Pein zu sedieren vermag. Man bedarf einer Phantomlust, die den Phantomschmerz betäubt – einer Droge, die stärker ist als jeder Verlust. Wenn Victor Hugo gesagt hat, dass nichts stärker ist als eine Idee, deren Zeit gekommen ist, so müsste man diese Einsicht eigentlich abwandeln: Nichts ist stärker als eine Idee, deren Zeit vorüber ist. Warum? Weil eine Idee erst dann Durchschlagskraft besitzt, wenn ihr Massentauglichkeit innewohnt, sie also jene kritische Masse angenommen hat, da eine Kettenreaktion einsetzt. Und das bedarf der Zeit. Oder wie Karl Valentin hinreißend gesagt hat: »Es ist alles gesagt. Bloß noch nicht von allen.« Erst tausendfach durchgekäut, wieder und wieder skandiert, kann eine Idee die Form einer allgemeinen Gewissheit annehmen, eine kollektive Batterie, welche die zeitgemäßen Diskurse antreibt.

Der zweite große Vorzug ist dadurch gegeben, dass im Zustand des Readymade die ursprünglichen Kosten des Gedankens auf null herabgesenkt worden sind – eine Logik, die in der Ökonomie als *Nachahmerprodukt* bekannt ist. Ein solches *Me-too*-Produkt gestattet es dem Nachahmer, die Geistesfrüchte eines Pioniers zu ernten, ohne sich an den Entwicklungskosten beteiligen zu müssen; und dieser Umstand führt wiederum dazu, dass der billig produzierende Produktimitator erfolgreicher sein kann als derjenige, der die Innovation auf den Markt gebracht hat. Im Fall des Gedankens geht mit der Entwertungslogik ein Moment der psychischen Inflation einher: Menschen können etwas für sich reklamieren, was nicht auf die eigene Leistung zurückgeht. Unter Einkaufspreis gehandelt, werden Geist, Moral, ja wird alles zum *act gratuit*, einer Geisteshaltung, die sich in großen Lettern aufs T-Shirt drucken lässt.

Damit aber geraten wir in das Feld der Fiktionen, der Viralität und des mimetischen Begehrens hinein – mit der Besonderheit, dass die Fiktionen der Vergangenheit gegen die Zumutungen der Gegenwart in Stellung gebracht werden. Weil hier die Phantomlust gegen den Phantomschmerz anreitet, möchte ich diesen Mechanismus das *Don-Quijote-Syndrom* nennen.[27] Der Ritter von der traurigen Gestalt ist insofern ein höchst verlässlicher Gewährsmann, als er, an einer Zeitschwelle stehend, den Blick zurückgerichtet hat - oder genauer: sich an den Fiktionen der Ritterromane nährt. Folglich beginnt seine Mission damit, dass er die Namen der Dinge, seiner selbst, seines Pferdes abändert - und das verehrte Bauernmädchen zur Dame seines Herzens, zu seiner *Dulcinea* erhebt. Mit diesem Nominalismus begabt, wird eine rostzerfressene Rüstung zum Ritterkostüm, eine Schenke zu einem Kastell, die dort tätigen Prostituierten zu Burgfräulein und der Wirt zum Kastellan, der den Mann aus dem Nirgendwo zum Ritter schlägt. Auf wunderbare Weise verwandelt sich die trostlose Kulisse zum Ritterroman - einem Wahngebilde, das noch die materielle Verbrennung, das Autodafé seiner literarischen Vorlagen überlebt. Die Fiktion setzt sich an die Stelle der Realität.[28]

Man hat es mit einer grandiosen Form der Realitätsverleugnung zu tun, genauer: ihrer Ersetzung durch ein nostalgisches *bigger than life*. Dass die Weltverleugnung eine Welt wiederauferstehen lässt, die es als solche nie gegeben hat, ja die ihrerseits ein Produkt der Fantasie ist, ist ein Beleg dafür, dass die Logik des Traums auch im Wachzustand gilt. Hat sich das in der Formel »Das Leben ist ein Traum« niedergeschlagen, ist das Don-Quijote-Syndrom dennoch ein Sonderfall - denn hier geht es darum, dass eine ganze Gesellschaft der Verführung erliegt, das aktuelle Gesellschaftstriebwerk um einer vergangenen Traumfabrik willen nicht zur Kenntnis zu nehmen - eben wie die Psychotikerin, die sich am Totenbett ihrer Schwester einredet, die Schwester sei gar nicht tot.[29]

Interessanterweise bezeugt die Vita des Autors Miguel de Cervantes selbst diese Spaltung. In ihr wird eine Übergangszeit sichtbar, die von den schroffsten Widersprüchen gekennzeichnet war: ein verarmter Adliger, der, um den Nachstellungen der Polizei zu entgehen, sich als Kammerdiener eines Kardinals verdingt, anschließend als Söldner in die Seeschlacht von Lepanto zieht und seine Hand verliert, dann auf einem Boot der spanischen Marine von algerischen Korsaren gefasst und versklavt wird, und der, nach Spanien zurückgekehrt, nach ersten und wenig erfolgreichen schriftstellerischen Versuchen, als Steuereintreiber tätig ist – um dann, wegen Veruntreuung von Steuergeldern, im Gefängnis zu landen, wo große Teile des *Don Quijote* entstehen. Alles an dieser Biografie atmet den Geist der Übergangszeit, einer strukturellen Schizophrenie, in der eine Welt entkernter Ideale sich an einer ebenso begriffslosen wie aufdringlichen Gegenwart reibt.[30] Von daher ist Don Quijote ein durchaus zeittypischer Protagonist. Dass er als Wahnsinniger erscheint, ist nur der satirischen Überspitzung geschuldet – dem Umstand, dass er dem Leser vorführt, wie der Held im Zustand vollständiger Gegenwartsblindheit nur damit beschäftigt ist, die Gegenwart in die Matrix seiner Ritterromane zu pressen. So ausgeprägt ist diese Neigung, dass Don Quijote nicht einmal einem Puppenspiel zuschauen kann. Kaum treten die feindlichen Mauren auf, stürmt er die Bühne und fällt über die Puppen her – zur Verzweiflung des Puppenspielers, der sich seiner Theatermaschine beraubt sieht.

Treibt Cervantes die Phantasmen seines Protagonisten ins Absurde hinein, enthüllt dieser Kunstgriff in hyperbolischer Form doch einen höchst diesseitigen Projektionsmechanismus. So haben Lucien Febvre und Henri-Jean Martin in ihrem *L'Apparition du livre* darauf hingewiesen, dass in der Zeit des Buchdruckes vor allem mittelalterliche Werke in den Druck gingen – was zu der paradoxen Situation führte, dass das 15. Jahrhundert vertrauter mit dem Mittelalter war als dieses mit sich selber. Weil die frei flottierenden Fantasien auf fruchtbaren Boden fielen, war die Folge, dass die gesellschaftlichen Novitäten in die Bilder der Vergangenheit gekleidet wurden – ein Vorgang, den Oswald Spengler, im Rückgriff auf einen mineralogischen Vorgang, *Pseudomorphose* getauft hat. Ist in der Mineralogie damit jener Vorgang gemeint, bei dem ein Mineral nicht seine kristalline Eigengestalt annimmt, sondern diejenige, an deren Stelle es tritt, genauer: deren Hohlraum es füllt, ließe sich das, auf die symbolische Welt übertragen, als *neuer Wein in alten Schläuchen* begreifen.

Dass diese strukturelle Doppeldeutigkeit - in der Ablösung zweier Gesellschaftstriebwerke - die gesamte Gesellschaft erfassen kann,[31] verleiht dem Don-Quijote-Syndrom eine ungeheure Gewalt. Denn es besagt nichts Geringeres, als dass eine ganze Epoche der Geistesverfinsterung, einer kollektiven Psychopathologie, anheimfallen kann. Während die Verleugnung der Realität in der Individualpsychologie leicht entzifferbar ist, kann sie sich, sobald sie die kollektive Psyche erfasst, zum kollektiven Wahngebilde aufblasen. In diesem Vexierbild kann die phantasmatische Vergangenheit Realität für sich reklamieren, indes das tatsächlich wirkende Triebwerk als geisterhafte, uneigentliche Maschine abgetan wird. In diesem Sinn ließe sich *Don Quijote* weniger als Satire denn als Dokument einer kollektiven Psychopathologie lesen. Man kämpft mit den Riesen, aber reitet in Wahrheit doch nur gegen Windmühlen an.

*

Das im Sinn, lassen sich die geistigen Verrenkungen der Zeitgenossen in einem neuen Licht betrachten, einem Licht, bei dem es nicht mehr um Realitäten geht, sondern um eingebildete Identitäten, eine *ars fingendi*, die die Königskinder der Moderne mit einem passablen Gesellschaftskostüm ausrüstet. Dass die sozialen Medien vor allem der Eigen-PR dienen, oder um der Empörung über eine beschädigte Identität Ausdruck zu verleihen, legt den Gedanken nahe, dass hier tatsächlich das Dilemma der Negidentität verhandelt wird. Dass der mit *Likes* versehene Schrei als eine Form des Existenzbeweises angesehen wird (*patior, ergo sum*), ist eine Szene von quijotesker Groteskheit. Wie Don Quijote in allem den Ritterroman sieht, hängt der Zeitgenosse daran, dass er seine vergangenheitsseligen Größenfantasien, seine gelebten

Klischees und Worthülsen für eine Form der *Selbstverwirklichung* nehmen kann.

Merkwürdigerweise greift dieser Selbstverwirklichungsfuror auch dort, wo sich die eigenen Anstrengungen nur als Anspruch geltend machen lassen: als ein Nichtrealisiertes, das von einem toxischen System, einer gläsernen Decke etc. torpediert worden ist. Ganz offenkundig kann noch die beschädigte, nicht realisierte Identität Wirklichkeit für sich reklamieren, wohingegen die Kommunion mit dem Gesellschaftstriebwerk der Zukunft als eine Form der Selbstvernichtung perhorresziert wird. Auf die allereinfachste Formel reduziert: Ein jeder strebt an, ein *Repräsentant* von irgendetwas zu sein, während der *Simulant* als bemitleidenswerte, krankhafte Aberration betrachtet wird.

In Wahrheit aber macht die Moderne, indem sie die Tat ohne Täter instituiert, dem Repräsentanten den Garaus – ebenso wie sie die Gesetze der Repräsentation hinter sich lässt.[32] Folgerichtig gehorcht die *ars fingendi* – die Kunst, die unsere zeitgemäßen Fiktionen entlässt – den Gesetzen der Simulation. Von daher wäre es sehr viel angemessener, einen jeden, der mit ihrer Hilfe das eigene Selbstbild aufpoliert, als Simulanten aufzufassen. Dabei wäre der Photoshopfilter, der das Profilbild aufhübscht, nur als kleines, technisches Symptom dieses Vorgangs aufzufassen – bedeutsamer ist, dass der Persönlichkeitskern dem digitalen Schatten überantwortet wird, jener digitalen »Repräsentanz«, in der sich der Einzelne entäußert. Von daher ist es eben kein Paradox, sondern geradezu rational, dass sich jemand einer Schönheitsoperation unterzieht, um dem eigenen Profilbild ähnlich zu sehen. Genau hier aber liegt das Dilemma. Denn die Bilder, denen man zu entsprechen sucht, sind Teil einer Welt, die im Sterben liegt, während das Persönlichkeitsbild, mit dem man den eigenen Avatar versieht, strukturell der Welt der *digital natives* souffliert. Im Grunde folgt dieser Vorgang, in dem sich das Don-Quijote-Syndrom zeigt, der Logik der Zombifizierung, insoweit jedenfalls, als man, mit der

Mobilisierung des Avatars, dieses Automaten in Menschenform, die Suspendierung des Todes anstrebt.

*

Anstatt diese Selbsttäuschungstechniken nur dem Einzelnen anzulasten, seiner Gier, Infantilität, Asozialität etc., sind sie sehr viel präziser als Symptome einer historischen Metempsychose zu sehen - genauer: als Metamorphose des psychischen Apparats selbst. Mit dem Gesellschaftstriebwerk kommen neuartige Begierden, Werte und Selbstbilder ins Spiel - und diese wiederum verändern das zeitgenössische Psychotop. Können die gesellschaftlichen Institutionen mit dem Wandel nicht Schritt halten, formiert sich Widerstand, kann es passieren, dass der Widerstand gegen den »Fortschritt« zur gesellschaftlichen Übereinkunft, mithin zur Übermacht werden kann. Dass sich im Schatten dieser Übermacht das neue, heteronome Gesellschaftstriebwerk weiter ausbildet, ist kein Widerspruch. Auf paradoxe Weise stellt die Restitution einer imaginären Vergangenheit eine spanische Wand dar, hinter der die Binnenlogik der Fälschung verschwindet, während die großen Ideen der Vergangenheit, von jeglichem Realitätstest befreit, sich in ihrem ganzen Glanz entfalten können. Wie hat es Baudelaire gesagt? »Liebe Freundin, der gemeine Verstand sagt uns, dass die Dinge der Erde nur wenig Dasein haben, und dass es Wirklichkeit nur in den Träumen gibt.«

Vor dem künstlichen Paradies kann sich die Wirklichkeit nur wie ein kümmerliches Schrumpfbild ausnehmen. Folglich sehnten die Zeitgenossen des Miguel de Cervantes, von der Druckerpresse gespeist, wie süchtig die Fortsetzungsgeschichten des Amadís de Gaula herbei, jenes Kavaliers, der das Vorbild des Don Quijote darstellt und noch im 16. Jahrhundert als Handbuch des Höflings fungierte.[33] Damit aber erweist sich das Ideal, das jegliche Realität abgestreift hat, als das *wahre* Faszinosum. Man könnte sagen: Eine Gesellschaft, die keine Zukunft mehr hat, muss sich der Herkunft verschreiben.[34] In dieser Rückprojektion lässt sie weniger die Vergangenheit als ihre Geschichtsvergessenheit und ihre innigsten Wünsche hervortreten. Nehmen wir unsere Begrifflichkeit des Gesellschaftstriebwerks, könnte man sagen, dass sich die Gesellschaft selbst, genauer: ihr eigenes Größenbild als Triebwerk in den Dienst nimmt – wohingegen die konkreten Praktiken ganz in den Hintergrund treten. Mit einer solch rosaroten Brille ausgestattet, vor allem aber: einem nominalistischen Projektionsapparat kann aus der verrosteten Rüstung das Ritterkostüm, aus der käuflichen Dirne die höfische Dame und aus dem Schankwirt der Kastellan werden.

*

Vielleicht müssen wir uns Don Quijote als einen glücklichen Menschen vorstellen. Sein Glück besteht darin, dass er in die Welt der Fiktionen eingetreten ist, in der kein Schatten seine Wahrnehmungen mehr trübt. Die Rollen sind verteilt, das Stück ist bekannt, das Gute wird siegen.

Anmerkungen

Einleitung

Anmerkungen

Einleitung

1 Sigmund Freud, *Zur Geschichte der psychoanalytischen Bewegung*, in: ders., *Gesammelte Werke*, Bd. 10, herausgegeben von Anna Freud, London 1949, S. 74.

2 Max Horkheimer, Theodor W. Adorno, *Dialektik der Aufklärung*, Amsterdam 1947, S. 13. – Der Text ist 1944 verfasst worden, aber es ist unübersehbar, dass die beiden Emigranten Kenntnis von dem hatten, was in Los Alamos in Vorbereitung war. Folglich erscheint die Kernspaltung gleichermaßen als Zertrümmerung der Materie wie auch der Religion: »Dem bereitet die Wissenschaft ein Ende. In ihr gibt es keine spezifische Vertretbarkeit: wenn schon Opfertiere, so doch keinen Gott. Vertretbarkeit schlägt um in universale Fungibilität. Ein Atom wird nicht in Stellvertretung, sondern als Spezimen der Materie zertrümmert, und das Kaninchen geht nicht in Stellvertretung, sondern verkannt als bloßes Exemplar durch die Passion des Laboratoriums.« (S. 21).

3 In seiner philosophischen Autobiografie *Bodenlos* schreibt Vilém Flusser, dem sich das Konzept der Nachgeschichte verdankt: »Ich selbst war von der Absurdität der Geschichte zutiefst überzeugt und sympathisierte mit allen Tendenzen, die Historizität und die Diachronie zu überholen.« Vilém Flusser, *Bodenlos. Eine philosophische Autobiographie*, Düsseldorf 1992, S. 211. – Es ist kein Zufall, dass nach dem Ende des Zweiten Weltkrieges die Bücher, die die Welt von gestern beschreiben, Legion werden, z. B. Walter Mehrings *Die verlorene Bibliothek*, Heinrich Manns *Ein Zeitalter wird besichtigt* etc.

4 Hier wären zu nennen: Philip Rieff, *The Triumph of The Therapeutic. Uses of Faith after Freud*, New York 1966; Daniel Bell, *The*

Coming of Post-Industrial Society, New York 1973; Ronald Inglehart, *The Silent Revolution. Changing Values and Political Styles among Western Publics*, Princeton 1977.

5 Bruno Latour hat in seinem kleinen Büchlein *Wir sind nie modern gewesen* die interessante Behauptung aufgestellt, dass die Moderne noch nicht zu sich selbst gefunden hat.

6 Paul J. Crutzen, Eugene F. Stoermer, »The ›Anthropocene‹«, in: *IGBP Global Change Newsletter* 41 (2000), S. 17–18. – Wie vergleichsweise lässig dieser Anfang gesetzt ist, wird daran deutlich, dass Newcomens Dampfmaschine sehr viel älter ist und darüber hinaus die Grundbedingungen für die industrielle Nutzung der Dampfkraft nicht ins Denken einbezogen sind.

7 Das ist ein Begriff, den der konservative Philosoph Roger Scruton für das Fremdwerden der eigenen Tradition gewählt hat.

8 Mark Fisher, *Kapitalistischer Realismus ohne Alternative?*, Hamburg 2013, S. 7.

9 Ich habe das Konzept des »Geschwindigkeitsraums« bereits andernorts ausgearbeitet: Martin Burckhardt, *Metamorphosen von Raum und Zeit*, Frankfurt/M., New York 1994.

10 Martin Burckhardt, *Eine kurze Geschichte der Digitalisierung*, München 2019.

11 Sigmund Freud, *Das Unbehagen in der Kultur*, in: ders., *Gesammelte Werke*, Bd. 14, herausgegeben von Anna Freud, London 1948, S. 457.

12 In *Vom Geist der Maschine* habe ich der Entstehung des Freud'schen Unbewussten ein ganzes Kapitel gewidmet – und hier namentlich dem Umstand, dass Freud das Unbewusste aller Historizität entzieht, es mithin zu einer metaphysischen Batterie macht. Anders als die Philosophie, die die Wahrheit leuchten lässt, geht es um eine negative Größe: die Libido – von daher die Überschrift des Kapitels: *Die schwarze Sonne.* Das hat nichts mit dem Ornament zu tun, dem die Nazi-Obskurantisten um Himmler in der Wewelsburg ihre Reverenz erwiesen haben.

13 Martin Burckhardt, *Vom Geist der Maschine*, Frankfurt/M. 1999, S. 271 ff.

14 Johannes Christian August Heinroth, *Lehrbuch der Störungen des Seelenlebens oder der Seelenstörungen und ihrer Behandlungen, vom rationalen Standpunkt aus entworfen*, Leipzig 1818.

15 Es ist durchaus interessant zu verfolgen, wie der psychische Apparat im Freud'schen Œuvre entsteht. In der Traumdeutung ist die Rede davon, dass »alle komplizierten Maschinerien und Apparate der Träume mit großer Wahrscheinlichkeit Genitalien [sind] – in der Regel männliche –, in deren Beschreibung sich die Traumsymbolik so unermüdlich wie die Witzarbeit erweist«. Sigmund Freud, *Traumdeutung*, in: ders., *Gesammelte Werke*, Bd. 20, herausgegeben von Anna Freud, London 1949, S. 361.

16 Das ist die Formulierung, die Freud in seinen Vorlesungen zur Psychoanalyse wählt: »Es gibt im Es nichts, was man der Negation gleichstellen könnte, auch nimmt man mit Überraschung die Ausnahme von dem Satz des Philosophen wahr, daß Raum und Zeit notwendige Formen unserer seelischen Akte seien ...« Sigmund Freud, *Neue Folge der Vorlesungen zur Einführung in die Psychoanalyse*, in: ders., *Gesammelte Werke*, Bd. 15, herausgegeben von Anna Freud, London 1949, S. 80.

17 C. G. Jung, *Die Beziehungen zwischen dem Ich und dem Unbewussten*, Freiburg 1972, S. 13 ff.

18 Eine Seitenbemerkung: Der Begriff der *autopoiesis*, also der sich selbst schreibenden Schrift, geht ursprünglich auf Friedrich Schlegel zurück, kommt also aus der Kunsttheorie.

19 Giorgio Agamben hat darauf hingewiesen, dass sich der Begriff der *dispositio* der Rhetorik verdankt. Hier meint die *dispositio* die Gliederung einer Rede, sie bezieht sich also auf die zugrundeliegende, die Rede strukturierende Intelligenz. Hält man sich vor Augen, dass eine der wesentlichen Anregungen, die Foucault zu seiner *Ordnung der Dinge* geführt hat, Ernst Cassirers »symbolische Form« war, könnte man das Dispositiv als eine

morphogenetische symbolische Form, in Cassirers Worten als *forma formans* auffassen.

20 Man könnte hier, auf etwas ironische Weise, die Jung'sche Archetypenlehre unterlaufen. Jung kommt, um das Konzept zu erläutern, auf Irenäus von Lyon zu sprechen, der einen Widerschein des platonischen Urbildes liefert: *Mundi fabricator non a semetipso fecit haec, sed de alienis archetypis transtulit.* [Der Schöpfer der Welt hat diese Dinge nicht selbst gemacht, sondern die Originale anderer übersetzt, Übers. MB] (Irenäus, *Adv. Haer*, 2,7,4). Der Aspekt der Morphogenese kommt über ein Vakuum ins Spiel, über den Prozess der verlorenen Form.

21 Diese begriffliche Unterscheidung geht auf Ernst Cassirer zurück: Ernst Cassirer, *Symbol, Technik, Sprache. Aufsätze aus den Jahren 1927-1933*, herausgegeben von Wolfgang Orth, Hamburg 1985.

22 Charles Baudelaire, *Le paradis artificiel, opium et haschisch*, Paris 1860, S. I (Übers. MB).

23 Der Begriff wird erst im 17. Jahrhundert ins Deutsche überführt. Plinius, der den Begriff der *cultura* in seiner *Historia naturalis* prägt, meint damit die »Pflege des Ackers«, benutzt ihn zunehmend aber als Synonym für das *Leben* überhaupt.

24 Martin Burckhardt, *Philosophie der Maschine*, Berlin 2018.

25 Abraham Maslow, dem sich die Motivationstheorie verdankt, hat mit seiner Bedürfnispyramide, die von basalen Bedürfnissen bis hin zum Selbstverwirklichungstrieb aufsteigt, versucht, dieser Veränderung des Begehrens Rechnung zu tragen. Diese Stratifikationsordnung mag die Taxonomie der Bedürfnisse erklären, sie vermag aber nicht die retroaktive Verdunkelung der Vergangenheit zu erklären. – Abraham Maslow, *Motivation and Personality*, New York u. a. 1970.

26 Der Pädagoge Marc Prensky, auf den der Begriff zurückgeht, macht das gleich im ersten Satz seines 2001 erschienenen Aufsatzes zu den *Digital Natives* klar: »Unsere Schüler haben sich radikal

verändert. Die Schüler von heute sind nicht mehr die Menschen, für die unser Bildungssystem konzipiert wurde.« Marc Prensky, »Digital Natives, Digital Immigrants«, in: *On the Horizon* 5 (2001), S. 1 (Übers. MB).

27 *Citius, altius, fortius – schneller, höher, weiter* war das Motto, das Pierre de Coubertin den Olympischen Spielen verpasst hat.

28 Dies ist in der Soziologie, von Bourdieu eingeführt, als *Hysterese-* oder *Don-Quijote-Effekt* bekannt. Aufs einfachste heruntergebrochen, besagt das nichts anderen, als dass die sozialen Rollen den Realitäten hinterherlaufen. Pierre Bourdieu, *La distinction*, Paris 1979, S. 122.

29 Strukturell betrachtet ist Descartes' Gedankenexperiment, bei dem er zu seinem *Cogito* kommt, eine Form des *hysteron-proteron*. Wie im Steve-Jobs-Zitat – »Der Computer ist die Lösung, was wir brauchen, ist das Problem« – ist das, was bewiesen werden soll, stillschweigend schon vorausgesetzt.

Am Nullpunkt

1 Linda Colley, *The Gun, the Ship, and the Pen. Warfare, Constitutions and the Making of the Modern World*, New York, London 2021.

2 Die Rückständigkeit des russischen Druckwesens wird sichtbar daran, dass die Tradition des handgeschriebenen Buches sich bis ins 18. Jahrhundert erhielt: »das Leben der Heiligen, Reiseberichte, Bücher über Geschichte, Wissenschaft und andere Themen wurden weiterhin in den verschiedenen Skriptorien kopiert«. Lucien Febvre, Henri-Jean Martin, *L'apparition du livre*, Paris 1991, S. 293 (Übers. MB). Noch im Jahr 1724 wurden von der einzigen Druckerei Russlands lediglich 140 Titel pro Jahr gedruckt – ein Zustand, der wegen der staatlichen Zensur und des verbreiteten Analphabetismus auch bis ins späte 18. Jahrhundert noch anhielt.

3 Immanuel Wallerstein, der in seinem vierbändigen Werk *Das moderne Weltsystem* die Arbeit der Annales-Schule, unter anderem

von Fernand Braudel, fortgesetzt hat, setzt die Entstehung kapitalistischer Strukturen sehr viel früher an.

4 Gottfried Wilhelm Leibniz, *Leibniz's Deutsche Schriften*, Berlin 1838, S. 278. In einem Brief an den Jesuitenpater und Chinamissionar Joachim Bouvet heißt es: »Zu Beginn des ersten Tages war die 1, das heißt Gott. Zu Beginn des zweiten Tages die 2, denn Himmel und Erde wurden während des ersten geschaffen. Schließlich zu Beginn des siebenten Tages war schon alles da; deshalb ist der letzte Tag der vollkommenste und der Sabbat, denn an ihm ist alles geschaffen und erfüllt, und deshalb schreibt sich die 7 111, also ohne Null. Und nur wenn man die Zahlen bloß mit 0 und 1 schreibt, erkennt man die Vollkommenheit des siebenten Tages, der als heilig gilt, und von dem noch bemerkenswert ist, dass seine Charaktere einen Bezug zur Dreifaltigkeit haben.« 12. Januar 1697, Gotthold Ephraim Lessing, *Zwei Briefe über das binäre Zahlensystem und die chinesische Philosophie*, hg. von Renate Loosen und Franz Vonessen, Stuttgart 1968. Dass die 7, in einem 3-bit-System notiert, einen Bezug zur Dreifaltigkeit hat, ist eine Form der mathematischen Mystik, die ihresgleichen sucht.

5 Gottfried Wilhelm Leibniz, *Explication de l'arithmétique binaire, qui se sert des seuls caractères O et I avec des remarques sur son utilité et sur ce qu'elle donne le sens des anciennes figures chinoises de Fohy. Mémoires de mathématique et de physique de l'Académie royale des sciences*, Académie royale des sciences, 1703.

6 *Athaeneus* X, 454.

7 Die Sozialanthropologin Mary Douglas hat sich in ihrem Werk *Wie Institutionen denken* mit der Frage beschäftigt, warum gesellschaftliche Institutionen von einem Gründungsmythos umhüllt, nicht selten gar hinter einem Schleier des Nichtwissens verborgen sind. Ihre Antwort ist, dass der Versuch, eine zerbrechliche Institution dadurch zu stärken, dass man sie naturalisiert, in dem Augenblick vereitelt wird, da dieser Versuch als solcher erkannt wird. »Deshalb müssen die begründenden Analogien verborgen

bleiben, und dasselbe gilt für den Denkstil, wenn er die zugehörige Denkwelt beherrschen soll.« Mary Douglas, *Wie Institutionen denken*, Frankfurt/M. 1991, S. 92.

8 Die Null unterliegt im 17. Jahrhundert einer gründlichen Umdeutung. Bedeutet die *nulla figura* des Mittelalters, wörtlich übersetzt, »keine Zahl«, so verwandelt sie sich im 17. Jahrhundert zu einer Maschine, die einen neuartigen Zahlenraum generiert: positive, negative, natürliche, rationale, imaginäre Zahlen. Attestierte ein Denker des Mittelalters der Null eine Art Phantomexistenz (»So wie die Stoffpuppe ein Adler, der Esel ein Löwe und der Affe eine Königin sein wollte, gab sich die Null als Ziffer aus«), wurde sie plötzlich zur Maschine, die, quasi aus dem Nichts, einen neuen Zahlenraum generiert: das Kontinuum, das wir als Zahlenstrahl kennen. Der Trick besteht darin, dass die Null das Dilemma der mittelalterlichen Vierung (a:b = c:d) in ein Drittes auflöst: in einen *Repräsentanten*. Auf diese Weise kann ein Fraktal (sagen wir 0,5) eine unendliche Anzahl von Proportionen erzeugen: 1:2, 2:4, 3:6, 4:8 etc. Ein Dreieck ist so nicht mehr durch seine Seitenlängen charakterisiert, sondern ein Körper, der über die entsprechenden Sinus und Kosinus in *allen erdenklichen Größen* generiert werden kann. Robert Kaplan spricht folgerichtig davon, dass die Null im 17. Jahrhundert zum Ding wird: Robert Kaplan, *The Nothing that is. A natural History of Zero*, London 1999, S. 75.

9 Ich habe das an anderer Stelle, im *Geist der Maschine* wie in der *Philosophie der Maschine*, in extenso ausgeführt.

10 Das ist die Lehrmeinung des Aristoteles, die der atomistischen Vorstellung, wonach es nur Atome und leeren Raum geben könne, gegenübersteht. Vergegenwärtigen wir uns allerdings, dass der Atomismus als eine Form der alphabetischen Semiotik zu lesen ist, verwundert das nicht.

11 Albert van Helden, »The Birth of the Modern Scientific Instrument«, in: John G. Burke (Hg.)., *The Uses of Science in the Age of Newton*, Berkeley u. a. 1983.

12 Steven Shapin weist darauf hin, dass das Leitmotiv der wissenschaftlichen Revolution des 17. Jahrhunderts das Bewusstsein der Neuheit ist: von den beiden neuen Wissenschaften des Galilei, dem *Novum Organon und der Nova Atlantis* des Francis Bacon bis hin zu Pascals *Neuen Experimenten über die Leere*. Steven Shapin, *The Scientific Revolution*, Chicago 1996, S. 65 f. – Nun könnte man das ebenso gut über das gotische Europa sagen, das sich der *ars moderna* verschrieben hat – mit dem Unterschied nur, dass die Novität des Neuen im 17. Jahrhundert in der vollständigen Evakuierung der Welt besteht. Man könnte sagen, dass sich die Kepler'sche Revolution, der Verlust der Gewissheit, sich im Zentrum des Universums zu befinden, im Vakuum materialisiert.

13 Francis Bacon, *The New Organon, and Related Writings*, herausgegeben von Fulton H. Anderson, Indianapolis 1975, S. 4 (Übers. MB).

14 Robert Boyle, *New experiments physico-mechanicall*, Oxford 1660, S. 328 (Übers. MB).

15 Johann Wolfgang von Goethe, *Berliner Ausgabe. Kunsttheoretische Schriften und Übersetzungen*, Band 18, Berlin 1960 ff., S. 493.

16 Simon Schaffer, Steven Shapin, *Leviathan and the Air Pump*, Princeton 1985, S. 77 (Übers. MB).

17 Bacon, *The New Organon, and Related Writings*, S. 34 (Übers. MB).

18 Robert Boyle, *The Sceptical Chymist*, London, New York 1911, S. 162 (Übers. MB).

19 Simon Schaffer und Steven Shapin sprechen in diesem Kontext von der »Perspektive des Fremden«, die allein es erlaubt, die blinden Flecke der eigenen Kultur zu entziffern: »Eine Lösung könnte in der Unterscheidung zwischen ›Mitgliedskonten‹ und ›Fremdenkonten‹ liegen. Mitglied einer Kultur zu sein, die man zu verstehen sucht, hat enorme Vorteile. Es ist in der Tat schwer vorstellbar, wie man eine Kultur verstehen könnte, der man völlig fremd ist. Dennoch bringt die unreflektierte Zugehörigkeit

auch schwerwiegende Nachteile für die Suche nach Verständnis mit sich, und der wichtigste davon könnte als ›die selbstverständliche Methode‹ bezeichnet werden. Ein Grund, warum Historiker nicht systematisch und gründlich die Fragen gestellt haben, die wir über experimentelle Praktiken stellen wollen, liegt darin, dass sie zu einem großen Teil Berichte verfasst haben, die von der selbstverständlichen Methode des Mitglieds geprägt waren.« Schaffer, Shapin, *Leviathan and the Air Pump*, S. 4 f. (Übers. MB).

20 Dem mathematischen Formkalkül Spencer-Browns gemäß.

21 Robert Boyle, *New experiments Physico-mechanicall Touching the Air*, London 1660, S. 6 (Übers. MB).

22 Shapin, *The Scientific Revolution*, S. 99 (Übers. MB).

23 Martin Burckhardt, *Metamorphosen von Raum und Zeit*, Frankfurt/M., New York 1994.

24 Sir Samuel Morland, *Elevation des eaux par toute sorte de machines reduite à la mesure, au poids, à la balance, par le moyen d'un nouveau piston, et corps de pompe, & d'un nouveau mouvement cyclo-elliptique, en rejettant l'usage de toute sorte de manivelles ordinaires; avec huit problemes de mechanique. Proposez aux plus habiles & aux plus sçavans du siecle, pour le bien public*, Paris 1700, S. 44 f.

25 Matthew Boulton, *Selling What All the World Desires*, herausgegeben von Shena Mason, New Haven, London 2009, S. 6.

26 »Die Leute in London, Manchester und Birmingham sind dampfmaschinenverrückt. Ich will Sie nicht drängen, aber ich denke, im Laufe von ein oder zwei Monaten sollten wir uns entschließen, ein Patent für bestimmte Methoden zur Erzeugung von Rotationsbewegungen anzumelden ...« Ebd., S. 33 (Übers. MB).

27 Die Formulierung *»Change begets change. Nothing propagates so fast«* ist einem Roman von Charles Dickens entnommen: Charles Dickens, *The Life and Adventures of Martin Chuzzlewit*, London 1994, S. 152.

28 »Gegen Ende des Jahres 1676 transportierte Monsieur Picard sein Barometer in der Nacht vom Observatorium nach Port

Saint Michel, [als] er ein Licht in einem Teil des Rohres bemerkte, in dem sich das Quecksilber bewegte; da ihn dieses Phänomen überraschte, berichtete er es sofort den Lesern des Journal de Scavans ...« J. Picard, »Sur la lumière du baromètre«, in: *Histoire de l'Académie Royale des sciences de Paris*, Bd. 2, Paris 1694, S. 202 f. (Übers. MB).

29 Zit. n. Gad Freudenthal, »Early electricity between chemistry and physics. The simultaneous itineraries of Francis Hauksbee, Samuel Wall, and Pierre Polinière«, in: *Historical Studies in the Physical Sciences* 2 (1981), S. 203-229, hier: S. 204 (Übers. MB).

30 »Experiments on the production and propagation of light from the *phosphorus* in *vacuo*, made before the Royal Society by Mr. Fra. Hauksbee«, 1.1.1705, in: *Philosophical Transactions* (1683-1775), Bd. 24, S. 1865-1866.

31 Freudenthal, »Early electricity between chemistry and physics«, S. 209.

32 Das ist der Titel eines Folgeaufsatzes: »Machine for Giving a Swift Motion to Bodies in Vacuo, without Admitting the External Air«, in: *Philosophical Transactions*, 24/304 (1705), S. 2165-2175.

33 »Die sanfte Reibung stößt die geistigen Teile der Luft beiseite, die sich dem Durchgang, dem Fall eines geistigen Stoffes widersetzen, den wir Samenflüssigkeit nennen. Diese elektrische Reibung verursacht eine Empfindung, ein Kitzeln, durch die Schärfe der Punkte des Feuergeistes, da die Verdünnung stattfindet und dieser Feuergeist sich an der geriebenen Stelle ansammelt. Dann verlässt der Liquor, der die Leichtigkeit des in der Atmosphäre angesammelten Feuergeistes nicht halten kann, seinen Platz und fällt in die Gebärmutter, in der sich auch die Atmosphäre befindet: Die Vagina ist nur die Leitung, die zum allgemeinen Reservoir führt, das diese Gebärmutter ist. Die Vagina ist nur der Kanal, der zum allgemeinen Reservoir führt, das diese Matrix ist. Es gibt einen sexuellen Teil im weiblichen Geschlecht. Dieser Teil ist für das weibliche Geschlecht das, was der Geschlechtsteil des Mannes

für den Mann ist.« Zit. n. Gaston Bachelard, *La psychanalyse de feu*, Paris 1949, S. 50 (Übers. MB).

34 Man könnte eine Parallele zwischen der experimentellen Konstruktion des Vakuums und der Geburt der Öffentlichkeit im 17. Jahrhundert ziehen. Nicht bloß, dass Robert Boyles Experimente zeitgleich mit der ersten Zeitung sind, der *London Gazette*, die der Journalist des Königs, Joseph Muddiman, auf den Weg brachte - unter dem Slogan »Published by Authority« -, darüber hinaus war Robert Boyle nicht nur ein skrupulöser Wissenschaftler, sondern ein einflussreicher Adliger, der über einige Beziehungen in die Regierung Charles II. verfügte, aber vor allem mit seinem *Invisible College*, dem Vorläufer der Royal Society, eine Institution imaginierte, die dem Gemeinwohl dienen sollte. Insofern ist es ein Desiderat, dass man Wissen nicht geheim hält oder in verborgenen Kammern hortet, sondern der Öffentlichkeit zur Verfügung stellt. James R. Jacob, *Robert Boyle and the English Revolution*, New York 1977.

35 »Kirche und Heer sind künstliche Massen, das heißt, es wird ein gewisser äußerer Zwang aufgewendet, um sie vor der Auflösung zu bewahren und Veränderungen in ihrer Struktur hintanzuhalten.« Sigmund Freud, »Massenpsychologie und Ich-Analyse«, in: *Gesammelte Werke*, Bd. 13, herausgegeben von Anna Freud, London 1949, S. 101.

36 Ebenso wenig verwundert es, dass die pneumatische Maschine in Nollets Versuchen eine hervorragende Rolle spielt. Nollets *Essai sur électricité des corps* aus dem Jahr 1753 zeichnet den Weg der Elektrizität nach, von Torricelli, Boyle, Guericke zu Hauksbee.

37 Siehe dazu Manuel Castells, *The Network Society*, Cheltenham, Northampton, MA, 2005. - Ich habe diesen Versuch im *Geist der Maschine* strukturell eingehend analysiert.

38 In symbolischer Form freilich lassen sich durchaus Parallelen ziehen. Die antike Hoplitenformation, die nach dem Modell

der alphabetischen Isomorphie energetisch als eine Bruderschaft auftritt, lässt sich ihrerseits als ein Kollektivsubjekt auffassen. Hier wird der Einzelne »zum Mann, wenn er sich jenem Glied einfügt, das wie ein Mann zu agieren vermag; er wird zum Bürger, wenn er mit dem Aggregat der Gruppe verschmilzt. Die Uniform markiert den Eintritt in eine serielle, abstrakte Ordnung - wo die Typen, obschon unterschiedlich, im Gleichschritt marschieren.« Martin Burckhardt, *Die Scham der Philosophen*, Berlin 2008, S. 84.

39 Burckhardt, *Geist der Maschine*, Frankfurt/M. 1999, sowie Burckhardt, *Philosophie der Maschine*, Berlin 2018.

40 Es ist interessant, dass Jean-François Lyotard beim Nachdenken über den *technologos* sich der Synchronie, also dem Echtzeitcharakter der Telegrafie zugewandt hat - und die einfache, aber durchaus nachvollziehbare Frage stellt, wie sich ein solcher Schriftbegriff auf die Gesellschaft auswirkt: »Welche Institution ist für das Lehren der Tele-graphie zuständig? Kann das Ideal, das eine solche Instutution verfolgt, noch der Staatsbürger sein?« Jean-François Lyotard, »Logos und Techne oder: die Telegraphie«, in: ders., *Das Inhumane. Plaudereien über die Zeit*, Wien 1989, S. 89-106, hier: S. 95.

Geistesdiätetik

1 Das mimetische Begehren ist ein Grundkonzept René Girards. Es macht klar, dass der Einzelne nicht voraussetzungslos und unmittelbar begehrt, sondern dass sein Begehren einer sozialen Vermittlung bedarf. René Girard, *Figuren des Begehrens*, Wien u. a. 1999 (1961).

2 Das altgriechische Wort *phoros*, von dem sich die *metaphora* ableitet, ist vor diesem Hintergrund höchst aufschlussreich. Leitet sich dieses vom Verb *phorein ab*, d. h. tragen, bringen, steht *phoros* im weitesten Sinn für die Steuer, also das, was man der Gesellschaft schuldet, was sich in der Institution der *eisphora* niederschlägt, die so etwas wie eine antike Vermögenssteuer darstellt. Man könnte

also sagen, dass man es hier mit dem Fundament der Polis zu tun hat. Folglich wird das, was sich selber trägt, mit *euphoria* goutiert, gilt das Unerträgliche als *dysphoros*, das Feindliche, Unterschiedene als *diaphoros*. Zu guter Letzt hat man in Gestalt des *phosphoros*, des Lichtbringenden, so etwas wie eine antike Aufklärungslehre vor sich. Matthew R. Christ, »The Evolution of the Eisphora in Classical Athens«, in: *The Classical Quarterly* 57/1 (2007), S. 53–69.

3 Mildred R. Ziegler, »The History of the Calorie in Nutrition«, in: *The Scientific Monthly* NR (1922), S. 520–526.

4 Lulu Hunt Peters, *Diet and Health. The Key to Calories*, Chicago 1918. – Die Autorin verbindet die Ermahnung an ihre Leserinnen, abzunehmen, mit einer patriotischen Ermahnung: »Wie können Sie es wagen, Fett zu horten, wenn unsere Nation es braucht?« (Ebd., S. 12, Übers. MB). Das zeigt aufs Schönste, dass der Privatisierung eines Konzeptes die *koinonia* vorausgeht, die Gesellschaft durch Teilhabe.

5 Aristoteles schreibt: »Darum werden uns die Tugenden weder von Natur noch gegen die Natur zuteil, sondern wir haben die natürliche Anlage, sie in uns aufzunehmen, zur Wirklichkeit aber wird diese Anlage durch Gewöhnung.« Aristoteles, *Nikomachische Ethik*, übers. von Eugen Rolfes, bearbeitet von Günther Bien, Hamburg 1995, 1103a.

Vom Geist des Kapitalismus

1 Diese Herkunft schlägt sich in den Worten nieder, mit denen er sein Testament beginnen lässt: *Ich, Benjamin Franklin aus Philadelphia, Drucker*. Zit. n. »Last Will and Testament, 28. April 1757«, in: *The Papers of Benjamin Franklin*, Bd. 7: *October 1, 1756 bis March 31, 1758*, herausgegeben von Leonard W. Labaree, New Haven 1963, S. 199–205.

2 H. W. Brands, *The First American. The Life and Times of Benjamin Franklin*, New York u. a. 2000.

3 »1. Ich muss für mich eine lange Zeit sehr sparsam sein, bis ich meine Schulden bezahlt habe. 2. Ich muss mich bemühen, in jedem Fall die Wahrheit zu sagen; niemandem Erwartungen machen, die wahrscheinlich nicht erfüllt werden, sondern in jedem Wort und jeder Handlung Aufrichtigkeit anstreben – die liebenswerteste Eigenschaft eines vernünftigen Menschen. 3. Ich muss mich fleißig um jedes Geschäft bemühen, das ich in die Hand nehme, und meinen Geist nicht durch irgendein törichtes Projekt, plötzlich reich zu werden, von meinem Geschäft ablenken; denn Fleiß und Geduld sind die sichersten Mittel zum Überfluss. 4. Ich nehme mir vor, über niemanden etwas Schlechtes zu sagen, auch nicht, wenn es sich um die Wahrheit handelt, sondern die Fehler, die man anderen vorwirft, auf irgendeine Weise zu entschuldigen, und bei passenden Gelegenheiten alles Gute zu sagen, das ich von jedem Menschen weiß.« Zit. n. H. W. Brands, *The First American. The Life and Times of Benjamin Franklin*, New York u. a. 2000, S. 96 (Übers. MB).

4 Es ist bezeichnend, dass diese Gedanken sich in einem Text finden, der sich mit dem Wesen und der Notwendigkeit einer Papierwährung auseinandersetzt – was deutlich macht, dass eine Generation nach der Institution der Bank of England das *knapp gewordene Nichts* zu einer solchen Selbstverständlichkeit geworden ist, dass man es auch in Notenform denken kann. Benjamin Franklin, *The Nature and Necessity of a Paper-Currency*, 3. April 1729.

5 Zit. n. Brands, *The First American*, S. 135 (Übers. MB).

6 Sein Interesse wurde im Jahr 1746 geweckt, als er der Demonstration eines gewissen Dr. Spence in Boston ansichtig wurde. Bald schon war es vollends von seinen Experimenten und Forschungen absorbiert. So verkündete er seinem Freund Collinson im März 1747: »Ich war noch nie mit einer Studie beschäftigt, die meine Aufmerksamkeit und meine Zeit so sehr in Anspruch genommen hat wie diese.« Brands, *The First American*, S. 192 (Übers. MB).

7 Dieses, in Amerika zumindest, geflügelte Wort ging aus einem kleinen Wortwechsel hervor, den Franklin mit dem Prädidenten

des Kongresses, John Hancock, hatte. Dieser plädierte auf Einmütigkeit: »There must be no pulling different ways. We must all hang together«, woraufhin Franklin die Problematik wunderbar auf den Begriff brachte: »We must all hang together, or assuredly we shall all hang separately.« Brands, *The First American*, S. 512.

8 Franklin begriff sehr schnell, dass der Magier vergleichsweise wenig von Elektrizität und Magnetismus verstand, aber ein Meister des Glasharmonikaspiels war. Als er Madame Brillon ausführte, wie sich das auf ihr himmlisches Liebesleben auswirken würde, bemerkte Madame Brillon: »Im Himmel wird sich Monsieur Mesmer damit begnügen, auf der Glasharmonika zu spielen, und uns nicht mit seinem elektrischen Fluidum belästigen!« Zit. n. Brands, *The First American*, S. 631 (Übers. MB).

9 Zit. n. Brands, *The First American*, S. 632 (Übers. MB).

10 »We hold these truths to be self-evident, that all men are created equal, that they are endowed by their Creator with certain unalienable Rights, that among these are Life, Liberty and the pursuit of Happiness.«

Von den Grenzen der Vernunft

1 Julius Hermann, *Immanuel Kant's vermischte Schriften und Briefwechsel*, Berlin 1873, S. 82. – Kants Beschäftigung mit Swedenborg geht, wie seinem Brief an Fräulein von Knobloch zu entnehmen ist, bis auf das Jahr 1758 zurück.

2 Immanuel Kant, *Träume eines Geistersehers, erläutert durch Träume der Metaphysik*, Königsberg 1766, S. 3.

3 Kant zielt hier auf eine allgemeine Vernunft ab, die versucht, »dasjenige, was man vor sich selbst als gut oder wahr erkennt, mit dem Urtheil anderer zu vergleichen, um beyde einstimmig zu machen«. Kant, *Träume eines Geistersehers*, S. 41.

4 Beide zit. n. James John Garth Wilkinson, *Emanuel Swedenborg*, London 1849, S. 74 f. (Übers. MB).

5 Der Physiker H. T. French schreibt dazu: »Folgende Lehren der modernen Wissenschaft finden sich mehr oder weniger bestimmt in den Principia schon dargelegt: Die Atomtheorie (das Atom als kleinstes Sonnensystem mit Energiekernen und Bewegungen nach mathematischen Gesetzen), den Ursprung der Erde und ihrer Schwesterplaneten aus der Sonne, die Wellentheorie des Lichtes, die Nebular-Hypothese, die Lehre, dass Wärme eine Art Bewegung ist. Dass Magnetismus und Elektrizität (auch Licht und Elektrizität) eng zusammenhängen, dass Elektrizität eine Form der Ätherbewegung ist und dass die Molekularkräfte von der Wirkung eines Äthermediums herrühren.« Zit. n. H. W. Zahn, *Swedenborgs Geistererscheinungen.* Schriftenreihe der Swedenborg-Gesellschaft 1952, neu hg. vom Swedenborg-Zentrum Berlin 2000, S. 5 f. - Der Psychoanalytiker Alfred von Winterstein führt Swedenborgs Einstieg in die Theosophie auf einen Vaterkomplex zurück, vor allem aber auf den Grundkonflikt zwischen dem »sadistischen Forscher und dem masochistischen Mystiker«. Alfred von Winterstein, »Swedenborgs religiöse Krise und sein Traumtagebuch«, in: *Imago* 3 (1936), S. 292–338, hier S. 299. Wintersteins Bemerkung, dass »Swedenborg in geradezu heroischer Weise gegen seine Neigung zur Selbstüberhebung« ankämpfe, lässt sich als Beleg dafür nehmen, dass Swedenborg, in der Boyle'schen Asymmetrie (der Forscher über dem Luftmeer, die Kreatur im Innnern der Kugel, um Atem ringend), sich auf die Seite der Kreatur schlägt. In diesem Sinn äußert er sich in einem Traumtagebuch: »Der vollkommenste Zustand wäre, wenn man ganz willenlos sein könnte.« (12./13. Oktober 1743, ebd., S. 304) Tatsächlich finden sich eine Reihe von Träumen, bei denen es stets darum geht, dass sich unter dem Träumer ein Abgrund auftut, hier ein Traum vom 11. Dezember 1743: »Glaubte, auf einem Berge zu liegen, unter dem ein Abgrund war. Ich lag da auf Baumwurzeln, wollte mich aufrichten, indem ich mich an einer Wurzel festhielt, aber mein Fuß fand keinen Stützpunkt, der Abgrund war darunter. Bedeutet, daß es mir nicht möglich ist, mir selber aus

dem Abgrund zu helfen.« (Ebd., S. 310) - Auch die Maschine der Abstraktion taucht in dieser Zeit auf: »Stand an einer Maschine, die von einem Rade getrieben wurde. Ich verwickelte mich mehr und mehr in die Speichen und wurde in die Höhe gezogen. Es gab kein Entrinnen. Erwachte.« (Ebd.)

6 Novalis, *Werke in einem Band*, hg. v. Hans-Joachim Mähl u. Richard Samuel, München 1981, S. 430.

7 Vor diesem Hintergrund gelesen ist Kants Aufsatz zu den »Krankheiten des Kopfes« durchaus aufschlussreich. Ausgehend von einem Rousseau'schen Naturzustand, in dem es keinen Wahnsinn gibt, zeigt sich der Wahnsinn als Begleiter des Zivilisationsprozesses: Geht Kant von einer natürlichen Einfalt aus, verlässt der Tor, der, von einem Objekt oder Wesen betört, seine »natürliche Stelle«; der Torheit folgt die Narrheit, die sich nicht mehr mit der Leidenschaft für ein nichtiges Objekt begnügt, sondern eine Leidenschaft hervorbringt, die das Objekt der Leidenschaft »hasst« - weswegen Kant von einer verkehrten Leidenschaft spricht. Als zivilisatorische Krone des Wahnsinns gibt sich der Hochmut zu erkennen, und so ist der Hochmütige der Verblendete, »der aus dem Betragen Anderer, die ihn spöttisch angaffen, schließt, dass sie ihn bewundern.« *Immanuel Kant's vermischte Schriften und Briefwechsel*, hg. v. J. H. von Kirchmann, Berlin 1873, S. 79.

8 Immanuel Kant, *Die Religion innerhalb der Grenzen der bloßen Vernunft*, herausgegeben von Karl Vorländer, Leipzig 1922, S. 196.

9 Oliver Kohns, *Die Verrücktheit des Sinns. Wahnsinn und Zeichen bei Kant, E. T. A. Hoffmann und Thomas Carlyle*, Bielefeld 2007, S. 54.

10 Henri F. Ellenberger, *The Discovery of the Unconscious. The History and Evolution of Dynamic Psychiatry*, New York 1970, S. 54 f.

11 »[D]a durchströmt ein göttlicher Hauch die Seele, und der Mensch fühlt im tieffsten Schauer die Wunder einer himmlischen Kraft«. Zit. n. Car August Eschenmayer, »Über Gaßners Heilmethode«, in: *Archiv für den Thierischen Magnetismus*, Achter Band, erstes Stück, Leipzig 1820, S. 86.

12 Vincent Buranelli, *The Wizard from Vienna. Franz Anton Mesmer*, New York 1975, S. 97.

13 Ellenberger, *The Discovery of the Unconscious*, S. 72 (Übers. MB).

14 Es ist bemerkenswert, dass die Griechen unter der *eisphora* eine allgemeine Vermögenssteuer verstanden, bei der jeder, nach seinen individuellen Verhältnissen, sein Scherflein zum Gemeinwohl beitrug.

15 Zit. n. Ellenberger, *The Discovery of the Unconscious*, S. 7 (Übers. MB).

16 Burckhardt, *Vom Geist der Maschine*, S. 221–245.

17 Ich habe im Freud-Kapitel (S. 271–295) im *Geist der Maschine* die Freud'sche Konstruktion des Unbewussten nachvollzogen, wie sie sich in der Zeit um 1895 in den Briefen an Wilhelm Fließ, vor allem aber im *Entwurf einer Psychologie* artikuliert.

18 Ich habe Tausks Büchlein vor längerer Zeit herausgegeben und mit einem Nachwort versehen, das sich dieser Frage widmet: Victor Tausk, *Beeinflussungsapparate. Zur Psychoanalyse der Medien*, Berlin 2008. – Siehe auch mein Nachwort zu: Daniel Paul Schreber, *Denkwürdigkeiten eines Nervenkranken*, Berlin 1995.

19 Bayer u. a., »Anxiety in experimentally induced somatoform symptoms«, in: *Psychosomatics* 34 (1993), S. 416–423.

20 Es ist interessant, dass Robert K. Merton, auf den das Konzept der *self-fulfilling prophecy* zurückgeht, dieses gelegentlich als soziale oder moralische Alchemie bezeichnet. Robert K. Merton, *Social Theory and Social Structure*, New York 1968, S. 483.

Kopflos

1 Ich habe bereits an anderer Stelle, im *Geist der Maschine*, sehr ausführlich über die Guillotine, ihr Verhältnis zur Zeitlichkeit und zur Souveränität geschrieben: Burckhardt, *Vom Geist der Maschine*, S. 201–219.

2 Guy Lenôtre, *Die Guillotine*, Berlin 1996, S. 123.

3 Ein Beispiel mag veranschaulichen, in welche moralischen Kalamitäten die Guillotine hineinführt: Von alters her war es so, dass die Henker in den Besitz der Kleidungsstücke ihrer Opfer gerieten. Da in Zeiten der Terreur eine nicht enden wollende Schar von gutgekleideten, zumeist adligen »Patienten« aufs Schafott stieg, regte sich Unmut, es könne doch nicht sein, dass der Henker der bestgekleidete Mann Frankreichs sei. Also entschied das Wohlfahrtskomitee, dass man die Kleider der Gehenkten Bedürftigen zukommen lassen möge. Diese wohlfahrtsstaatliche Maßnahme jedoch war nicht leicht umzusetzen: Es bedeutete, dass man kopflose Leichen auf Karren quer durch die Stadt transportieren musste. Man entschied, das bei Nacht zu tun – mit dem Effekt, dass eine Reihe von Angestellten auf dem Friedhof der Madeleine bei Kerzenlicht Leichen entkleiden, begraben und, um der Gerechtigkeit Genüge zu tun, die Kleidungsstücke inventarisieren mussten.

4 Lenôtre, *Die Guillotine*, S. 135. – Der erwähnte *Galgen*, den die Menge singend zurückforderte, heißt, ins Französische zurückübersetzt, »potence«.

5 Pierre Vergniaud, auf den diese Formulierung zurückgeht, hat den Umschlag von Freiheit in Schreckensherrschaft im Blick gehabt, als er seine berühmte Rede in der Nationalversammlung hielt: »Wir haben gesehen, wie sich dieses seltsame System der Freiheit entwickelt hat, nachdem sie zu euch sagen: Ihr seid frei, aber denkt wie wir in dieser und jener Frage der politischen Ökonomie, oder wir werden euch der Rache des Volkes ausliefern. Du bist frei, aber beuge dein Haupt vor dem Götzen, dem wir Weihrauch darbringen, oder wir werden dich der Rache des Volkes ausliefern. Ihr seid frei; aber schließt euch uns bei der Verfolgung der Männer an, deren Ehrlichkeit und Intelligenz wir anzweifeln, oder wir werden euch mit lächerlichen Namen bezeichnen und euch der Rache des Volkes ausliefern. [...] Dann, Bürger, ist die

Befürchtung erlaubt, dass die Revolution, wie Saturn, der nacheinander alle seine Kinder verschlingt, am Ende eine Despotie mit den damit verbundenen Unglücken hervorbringen wird.« Claude Gernade Bowers, *Pierre Vergniaud, Voice of the French Revolution*, New York 1950, S. 340 (Übers. MB).

6 Joseph de Maistre, *Vom Papst. Ausgewählte Texte*, Berlin 2007. - Joseph de Maistres Verteidigung des Henkers, die ihm Seelengröße attestiert, aber vor allem zugutehält, dass er sich bei seinem Opfer entschuldigt, ist eines der zugleich merkwürdigsten, aber auch erhellenden Dokumente dieses Paradigmenwechsels der Souveränität. Weil der Henker als *last man standing* der Moderne fungiert, finden sich in dieser Apologie Sätze wie diese: »Er ist [...] das sublime Wesen, der Eckstein unserer Gesellschaft.« (Ebd., S. 47)

7 Der Historiker Guy Lenôtre, dem sich eine Sozialgeschichte der Guillotine verdankt, berichtet von überaus merkwürdigen Szenen. So entwickelte sich sehr bald schon ein gewisses Ennui, was die Hinrichtungen anbelangte - weswegen das Restaurant, das sich auf der Place de Grève niederließ, auf der Speisekarte auch die Namen der täglichen Exekutionen verzeichnete. Siehe dazu auch: Burckhardt, *Der Geist der Maschine*, S. 201-229.

8 François-Alphonse Aulard, *Le culte de la raison et le culte de l'Être Suprême (1793-1794). Essai historique*, Paris 1892, S. 114.

9 Robespierre, der in den Wissenschaften nicht besonders bewandert war, war sich gleichwohl der Bedeutung des modernen Prometheus Franklin bewusst. Er erinnerte an die Verfolgung von Galilei, Harvey und Descartes und gab einen detaillierten Überblick über die Geschichte der Blitzableiter von Dalibards Experiment im Jahr 1752 bis zu den jüngsten Entdeckungen von Benjamin Franklin, wobei er Beispiele für die Verwendung der Geräte in Frankreich und im Ausland anführte. »Ein Mann«, erklärte er, »ist in unserer Zeit erschienen, der es gewagt hat, die Menschen gegen das Feuer vom Himmel zu wappnen. Er hat den Blitzen befohlen: ›Ihr sollt nicht weitergehen.‹« Jean Matrat,

Robespierre or The Tyranny of The Majority, London 1975, S. 24 f. (Übers. MB).

10 Dies ist wunderbar dokumentiert bei Guy Lenôtre. Mag die Freisetzung der Henkerschar eine historische Miszelle darstellen, macht sie doch das Rationalisierungsdilemma der Moderne deutlich: nämlich, dass in dem Maße, in dem die Maschine sich in die Wirklichkeit einschreibt, man es mit einer zunehmenden Kopflosigkeit zu tun hat – das, was man sich heute »organisierte Verantwortungslosigkeit« zu nennen angewöhnt hat.

11 Arasse schreibt: »Indem die Revolution einen Körper opferte, der durch die Theorie des göttlichen Rechts der Könige als heilig galt, vollzog sie eine Art umgekehrtes Sakrament, indem sie gleichzeitig die Republik, ein neues Konzept nationaler Repräsentation, gründete und weihte.« Daniel Arasse, *La guillotine et l'imaginaire de la Terreur*, Paris 1987, S. 5 (Übers. MB).

12 Gustave Le Bon, *Psychologie der Massen*, Leipzig ^{12}1908, S. 2.

13 Le Bon, *Psychologie der Massen*, S. 1 f.

14 Gustave Le Bon, *La Révolution française et la psychologie des révolutions*, Paris 1912.

15 Die ersten Sätze von Le Bons *La Révolution française* lassen sich gleichsam als eine Paraphrase des Nullpunktes lesen: »Das moderne Zeitalter ist nicht nur eine Zeit der Entdeckungen, sondern auch eine Zeit der Revision der verschiedenen Elemente des Wissens. Nachdem die Wissenschaft erkannt hat, dass es kein Phänomen gibt, dessen primärer Grund heute zugänglich ist, hat sie ihre alten Gewissheiten wieder auf den Prüfstand gestellt und deren Brüchigkeit festgestellt. Sie sieht nun ihre alten Grundsätze einen nach dem anderen verschwinden. Die Mechanik verliert ihre Axiome, die Materie, einst das ewige Substrat der Welten, wird zu einer bloßen Ansammlung flüchtiger, verdichteter Kräfte.« (S. 1, Übers. MB)

16 »Sie ignorierten sie und versuchten vergeblich, die Dinge zu ändern, wurden durch ihr Scheitern verärgert und verübten

schließlich alle Arten von Gewalt. Sie ordneten an, dass Papiergeld, Assignaten genannt, Gold wert sein sollte, aber all ihre Drohungen konnten nicht verhindern, dass dieser fiktive Wert fast auf null sank. Sie verordnen das Gesetz des Maximums, und dieses Gesetz vergrößert nur die Übel, die es beheben wollte. Robespierre erklärte dem Konvent, ›dass alle Sans-Culottes auf Kosten der Staatskasse bezahlt werden, die von den Reichen gespeist wird‹, aber trotz der Durchsuchungen und der Guillotine blieb die Staatskasse leer.« Le Bon, *La Révolution française*, S. 116 (Übers. MB).

17 Le Bon wird nicht müde, die Verwandtschaft von Jakobinerwesen und Religion zu unterstreichen. Dabei ist der Vergleich von revolutionärem Enthusiasmus und der Anhängerschar Mohammeds noch harmlos, werden die Heroen der Revolution als Apostel gefasst, die dem Universum einen neuen Katechismus predigen – und Robespierres Position mit dem Pontifikat vergleichen. Bemerkenswert aber ist die Buchstabengläubigkeit: »Der Jakobiner ist ein Mystiker, der seine alten Götter durch neue ersetzt hat. Von der Macht der Worte und Formeln durchdrungen, schreibt er ihnen eine geheimnisvolle Kraft zu. Um diesen anspruchsvollen Gottheiten zu dienen, schreckt er auch vor den gewaltsamsten Maßnahmen nicht zurück. Die von unseren heutigen Jakobinern verabschiedeten Gesetze sind ein Beweis dafür.« Le Bon, *La Révolution française*, S. 84 (Übers. MB).

18 Karl Jaspers hat in *Die geistige Situation der Zeit* diesen Zusammenhang deutlich begriffen: dass die Autorität des Staates sich dem Blut seiner Untertanen verdankt. In diesem Sinn spricht er von einem Unbewussten des Blutes, des Glaubens und der Erde.

19 Gustave Le Bon, *Psychologie der Massen*, Leipzig 1908, S. 2.

20 Die Kartografie, die über die Triangulationslogik läuft, ist die große Errungenschaft des 18. Jahrhunderts. Für so wichtig werden die Kartografen gehalten, dass sie als Beamte eingestellt werden. So arbeitete César-François Cassini de Thury von 1750 bis 1793 an der Kartierung Frankreichs.

21 Abbé Barruel, *Mémoires pour servir à l'histoire du jacobinisme*, Hamburg 1803, S. 258.

22 In seiner Vorlesung an der Sorbonne hat Ernest Renan die selbst gestellte Frage »Was ist eine Nation?« mit dem Hinweis beantwortet: »Nationalität jedoch hat eine Gefühlsseite, sie ist Seele und Körper zugleich. Ein ›Zollverein‹ ist kein Vaterland.« Zit. n. Michael Jeismann, Henning Ritter, *Grenzfälle. Über neuen und alten Nationalismus*, Leipzig 1993, S. 32.

23 *Qu'un sang impur / Abreuve nos sillons! - und etwas später: Tout est soldat pour vous combattre, / S'ils tombent, nos jeunes héros, / La terre en produit de nouveaux, / Contre vous tout prêts à se battre!*

24 Joseph de Maistre, *Vom Papst. Ausgewählte Texte*, Berlin 2007, S. 62.

25 Der deutsch-amerikanische Historiker Hans Kohn spricht von einem *Geisteszustand*.

26 Benedict Anderson, *Die Erfindung der Nation*, Frankfurt/M. 1988.

Zwischenspiel mit Zombies

1 Die Zeugnisse des Bartolomé de las Casas, des späteren Bischofs von Mexiko-Stadt, der vor seiner geistlichen Karriere der erste Konsul von Hispaniola war, beschreiben nicht nur die Exzesse, die sich die Kolonisatoren in der Neuen Welt zuschulden kommen ließen, sondern sind darüber hinaus auch Belege eines zivilisatorischen Bruchs: der Rückkehr der Sklaverei, die in Europa mit dem *Sachsenspiegel* von 1215 zum Tabu erklärt worden war. Bartolomé de las Casas, *A Short Account of The Destruction of The Indies*, London, New York 1992.

2 Der *Code Noir*, den der Berater Ludwigs XIV., Jean-Baptiste Colbert, mit der Übernahme von Santo Domingo dort etablierte, lässt sich gleichermaßen als Institutionalisierung der Sklaverei wie als Versuch lesen, dem kulturellen Exzess einen Schein

von Legitimität zuzusprechen – artikuliert vor allem in diversen Regelungen zu Religionsfragen, Arbeitsverboten an katholischen Feiertagen etc. In jedem Fall aber belegt dieser »monströseste juristische Text der Moderne« (Louis Sala-Moulins) ein höchst partikulares Verständnis der Menschenrechte und machte sich keiner der Aufklärer anheischig, auf das Ende dieser Gesetzgebung zu dringen.

3 Eine der ersten Schilderungen der Voodoo-Religion, die auf Moreau de Saint-Méry, einen Sklavenhalter und entschiedenen Gegner des Mesmerismus, zurückgeht, ist schon so sehr davon imprägniert, dass er Voodoo in dessen Begriffen beschreibt. Moreau de Saint-Méry, *De la danse*, Paris 1801. – »Was sehr wahr und gleichzeitig sehr bemerkenswert am Voodoo ist, ist jene Art von Magnetismus, der die zum Tanzen Versammelten dazu bringt, ihre Gefühle zu verlieren. Die Vorbeugung ist in dieser Hinsicht sogar so stark, dass Weiße, die beim Ausspähen der Geheimnisse dieser Sekte ertappt wurden und von einem ihrer Mitglieder, das sie entdeckt hatte, berührt wurden, manchmal zu tanzen begannen und sich bereit erklärten, die Voodoo-Königin zu bezahlen, um dieser Bestrafung ein Ende zu setzen.« Zit. n. Kieran Murphy, »Magic and Mesmerism in Saint Domingue«, in: *Paroles gelées* 24 (2008), S. 31-48, hier: S. 38.

4 Laurent Dubois, *Haiti. The Aftershocks of History*, New York 2013.

5 Toussaint Louverture, der Freiheitskämpfer des Sklavenaufstandes, wird zum Gouverneur auf Lebenszeit gewählt. Zwar hat man die Sklaverei abgeschafft, aber das Plantagensystem erhalten.

6 Haiti erhielt erst im Jahr 1897 eine dampfbetriebene Eisenbahn, die von amerikanischen Finanziers initiiert wurde.

7 Der Abolitionist und Journalist Victor Schoelcher, der das Land unter der Ägide des Diktators Jean-Pierre Boyer besuchte (1818-1848), monierte das Mikromanagement des Präsidenten, den man sich, seinem Titel zum Trotz, eher als »wahren

Diktator« und Alleinherrscher denken müsse. »Er ist unfehlbar, er ist die Republik, und selbst Ludwig XIV. hätte mit keinem größeren Recht behaupten können: Der Staat bin ich.« Dubois, *Haiti*, S. 95 (Übers. MB).

8 Wade Davis, *Passage of Darkness. The Ethnobiology of the Haitian Zombie*, Chapel Hill 1988.

9 Dubois, *Haiti*, S. 127 (Übers. MB).

10 Wade Davis, *Passage of Darkness*, S. 232–240.

11 Die erste literarische Erwähnung eines Zombies verdankt sich einem französischen Abenteurer, Paul-Alexis Blessebois, der unter dem Pseudonym Pierre-Corneille Blessebois eine Erzählung mit dem Titel *Le Zombi du Grand* schreibt. Zwar hat dieser *Zombi* mit der Gestalt des Untoten wenig zu tun – aber der Bezug zum *Herz der Finsternis* liegt relativ nahe, war Blessebois doch, diverser Betrügereien wegen, auf eine Plantage nach Guadeloupe zwangsverpflichtet worden. Auf diese Weise war er mit den kulturellen Gepflogenheiten seiner afrikanischen Mitgefangenen, oberflächlich jedenfalls, vertraut.

12 Es ist bemerkenswert, dass ein Autor wie der aus Haiti stammende Reginald Crosley in einer Ehrenrettung der Voodoo-Religion einen Bezug zur unsichtbaren Welt sieht – und sich alle Mühe gibt, zum einen den Rückbezug zur griechischen Antike, zum anderen die Parallelen von Quantenmechanik und Voodoo herauszuarbeiten. Reginald Crosley, *The Vodou Quantum Leap: Alternative Realities, Power, and Mysticism*, St. Paul 2000.

13 Der Anthropologe Wade Davis hat in seinem Buch *The Rainbow and the Serpent*, das ihn tief in die Welt der Geheimgesellschaften geführt hat, zwei Fälle der Zombifizierung dokumentiert, die deutlich machen, dass vor allem sozial randständige Figuren, *Outcasts*, zu Opfern dieser Maßnahmen wurden.

14 Im Gefolge und in der Kritik des Neoliberalismus finden sich zahllose Publikationen, die sich dieser Metapher bedienen. So kann man lesen, dass die Zombiefikation eine Widerstandsgeste ist, mit

der man sich tot stellt, um den Rationalisierungsbemühungen der Hochschulleitung zu entgehen. David Schmid, *The Limits of Zombies. Monsters for a Neoliberal Age.* – Michael Hardt äußert sich in einem *Spiegel*-Interview in einem ähnlichen Sinn: »Zombies laufen umher und erzeugen entsetzliche Verwüstungen, aber in ihnen ist kein Leben mehr. [...] Der Neoliberalismus ist in dem Sinne tot, dass in seinen Ideen kein Leben mehr ist, aber er wird noch eine Weile umhergehen und Zerstörung anrichten.« Michael Hardt, »Wir müssen verstehen, wer der Feind ist«, in: *Spiegel Online*, 24.3.2010.

Fernbedienung

1 Robert Hooke, Vortrag bei der Royal Society, 21. Mai 1684, »Showing a Way how to Communicate one's Mind at great Distances«, in: *Philosophical Experiments and Observations of the late Eminent Dr. Hooke*, London 1726, S. 142–150.

2 Rollo Appleyard, *Pioneers of Electrical Communication*, London 1930, S. 269 f.

3 Appleyard, *Pioneers of Electrical Communication*, S. 269 f.

4 Jeremy Bentham: *Panopticon; Or, The Inspection-House: Containing The Idea of a New Principle of Construction applicable to any Sort of Establishment, in which Persons of any Description are to be kept under Inspection: And In Particular To Penitentiary-Houses, Prisons, Houses Of Industry, Work-Houses, Poor Houses, Manufactories, Mad-House, and Schools, With a Plan of Management Adapted to the Principle*, London 1791. In deutscher Übersetzung: *Das Panotikum*, Berlin 2013.

5 Michel Foucault, *Überwachen und Strafen*, Frankfurt/M. 1976.

6 Jeremy Bentham, *Panopticon*, S. 76. Die Geschichte dieses Aufenthalts trägt durchaus farcehafte Züge. Siehe dazu Simon Sebag Montefiore, *Potemkin*, New York 2000.

7 In Abgrenzung zum berühmten *Ohr des Dionysos*, das der sizilianische Tyrann errichten ließ, um seine Feinde zu belauschen, ist

das Ziel des Panoptikums das genaue Gegenteil: »Es geht darum, sie nicht nur zu verdächtigen, sondern ihnen die Gewissheit zu geben, dass alles, was sie tun, bekannt ist, auch wenn dies nicht der Fall sein sollte. Die Aufdeckung ist das Ziel des ersten, die Vorbeugung das des zweiten. Im ersten Fall ist die herrschende Person ein Spion, im zweiten Fall ist sie ein Überwacher.« Jeremy Bentham, *Panopticon*, S. 37.

8 Martin Heidegger, *Sein und Zeit*, Tübingen [11]1967, S. 126.

9 Smiths Konzept der unsichtbaren Hand geht auf einen Gedanken zurück, den Bernard Mandeville mit seiner *Bienenfabel* im Jahr 1714 der englischen Öffentlichkeit zugänglich gemacht hatte – und der einen Sturm der Entrüstung auslöste. Hauptskandalon war Mandevilles verwegene Behauptung, dass unter den Bedingungen eines homogenisierten Marktes (also der Scheinproduktion) *private Laster* sich zu *allgemeinem Nutzen* verwandeln – eine Einsicht, die vorwegnahm, was Adam Smith später mit seiner unsichtbaren Hand zum Apriori der Volkswirtschaftslehre machte. Zu Anfang des Jahrhunderts jedoch war dieser Gedanke so anstößig, dass man Mandeville für noch gefährlicher erachtete als Machiavelli. In Frankreich, wo man des Autors nicht habhaft werden konnte, wurde statt seiner das Buch aufgehängt. Nimmt man die Begründung Mandevilles, sieht man, dass er hier einen kollektiven psychischen Apparat supponiert: »Die Leidenschaften werden für Schwächen gehalten und gemeinhin als Schwächen bezeichnet, obwohl sie die eigentlichen Kräfte sind, die die ganze Maschine beherrschen, und, ob sie nun wahrgenommen werden oder nicht, den Willen bestimmen oder vielmehr erzeugen, der jeder bewussten Handlung unmittelbar vorausgeht.« Zit. n. D. H. Munro, *The Ambivalence of Bernard Mandeville*, Oxford 1975, S. 102 (Übers. MB).

10 Adam Smith, *The Wealth of Nations*, in: ders., *Works*, Bd. 3, herausgegeben von Dugald Stewart, London 1811, S. 180 (Übers. MB).

11 Adam Smith, *The Wealth of Nations. Part Two*, New York 1902, S. 161 (Übers. MB). – Oder wie es an anderer Stelle heißt:

»Ohne jegliches Eingreifen des Gesetzes führen daher die privaten Interessen und Leidenschaften der Menschen natürlicherweise dazu, dass sie den Bestand jeder Gesellschaft [...] so gut wie möglich [...] verteilen, das dem Interesse der gesamten Gesellschaft am besten entspricht.« (Ebd., S. 400) – Es ist bemerkenswert, dass sich dieses berühmt gewordene Konzept im *Wohlstand der Nationen* nur einmal, im gesamten Œuvre des Ökonomen nur dreimal findet – ein Indikator, dass man es bei Smith noch nicht mit einem fertig ausgearbeiteten Theorem zu tun hat.

12 Johann Christian August Heinroth, *Die Psychologie als Selbsterkenntnislehre*, Leipzig 1827.

13 Dies findet sich in Quesnays *Tableau économique*.

14 Jean-Baptiste Say, *A Treatise on Political Economy*, Philadelphia 1832, S. 2.

15 Ebd., S. 5 f. (Übers. MB).

Geburt eines Monsters

1 Robert Darnton, *Mesmerism and the End of Enlightenment in France*, Cambridge, London 1968, S. 10.

2 Immanuel Kant, »Betrachtungen der seit einiger Zeit wahrgenommenen Erderschütterungen«, in: ders., *Sämtliche Werke*, Bd. 19, herausgegeben von Gustav Hartenstein, Leipzig 1867, S. 456.

3 Martin Heidegger, *Was heißt Denken?*, Tübingen 1954, S. 4.

4 Hier waren vor allem die naturphilosophischen Schriften von Thomas Hobbes gemeint.

5 Schon Condorcet sieht diesen Zusammenhang, wenn er schreibt: »Die Erfindung einer Maschine untergräbt den Lebensunterhalt der Menschen, die sie früher ergänzt haben.« Condorcet, *Sur Les Assemblées Provinciales*, in: ders., *Œuvres*, Bd. 8, herausgegeben von A. Condorcet O'Connor u. M. F. Aragi, Paris 1847, S. 459 (Übers. MB).

6 Condorcet, *Selected Writings*, Indianapolis 1976, S. 254 (Übers. MB).

7 Die Frage, ob Jacquard seine Erfindung bei Vaucanson abgekupfert, sich also letztlich mit fremden Federn geschmückt hat, ist für unsere Untersuchung nachrangig.

8 George Beaumont, *The Beggar's Complaint, against Rackrent Landlords, Corn Factors … and many other Oppressors and Oppressions. Also, some Observations on the Conduct of the Luddites. In Reference to the Destruction of Machinery*, London 1812.

9 Eric Hobsbawm, »The Machine Breakers«, in: ders., *Labouring Men*, London 1964, S. 5.

10 Charles Babbage, *Passages of a Life of a Philosopher*, London 1994, S. 97 (Übers. MB).

11 Charles Babbage, *On the Economy of Machinery and Manufactures*, London 1841, S. 339.

12 Es ist interessant, dass Mary Shelley selbst konzedierte, dass sie ihren Protagonisten Dr. Frankenstein nicht selten mit dem Monster verwechsele.

13 Das geht zusammen mit der Deutung von Hans Blumenberg, der den Faust-Mythos als letzten, genuinen Mythos gedeutet hat: Hans Blumenberg, *Arbeit am Mythos*, Frankfurt/M. ^{6}2006.

14 *The Letters of Horace Walpole, Earl of Oxford*, Bd. 6. hg. v. J. Wright, London 1840, S. 522.

15 Edmund Burke, *A Letter to a Noble Lord*, hg. v. Albert H. Smyth, Boston 1903, S. 43. Und er fährt fort: »[E]in furchtbareres Unglück kann nicht aus der Hölle kommen, um die Menschheit zu peinigen. Man kann sich nichts Härteres vorstellen als das Herz eines Vollblutmetaphysikers. Es kommt der kalten Bösartigkeit eines bösen Geistes näher als der Zerbrechlichkeit und Leidenschaft eines Menschen.« S. 1080 (Übers. MB).

16 Thomas de Quincey, *The Collected Writings*, hg. v. David Masson, London 1897, S. 25 (Übers. MB).

17 Die Vervollkommnung des Menschengeschlechts qua Vernunft ist das Leitmotiv von Godwins *Political Justice*. Da schreibt er: »Vernünftige Argumentation und Wahrheit müssen, wenn sie

angemessen vermittelt werden, immer über den Irrtum siegen: Vernünftige Überlegungen und die Wahrheit können so vermittelt werden: Die Wahrheit ist omnipotent: Die Laster und die moralische Schwäche des Menschen sind nicht unbesiegbar: Der Mensch ist vervollkommnungsfähig, d. h. er kann sich ständig verbessern.« William Godwin, *Enquiry concerning political justice, and its influence on morals and happiness*, London 1842, S. 41 (Übers. MB).

18 »Die Menschen, die es gibt, wenn die Erde sich einer größeren Bevölkerung verweigert, werden aufhören, sich fortzupflanzen, denn sie werden keinen Beweggrund mehr haben, weder aus Irrtum noch aus Pflicht, der sie dazu veranlasst. Darüber hinaus werden sie vielleicht unsterblich sein. Das Ganze wird eine Rasse von Menschen und nicht von Kindern sein. Die Generation wird nicht auf die Generation folgen, und die Wahrheit wird in gewissem Maße ihre Laufbahn nach jeweils dreißig Jahren neu beginnen müssen. Es wird keinen Krieg geben, keine Verbrechen, keine Rechtspflege, wie man sie nennt, und keine Regierung.« William Godwin, *Enquiry Concerning Political Justice*, London 1831, S. 253 (Übers. MB).

19 Im Roman sagt das Monster zu Frankenstein: »Remember that I am thy creature; I ought to be thy Adam, but I am rather the fallen angel, whom thou drivest from joy for no misdeed.« Mary Wollstonecraft Shelley, *Frankenstein or The Modern Prometheus*, Ballingslöv 2015, S. 62.

20 Ebd., S. 31. In Mary Shelleys Briefen wird die Distanz deutlich, die sie den politischen Ansichten ihres Vaters gegenüber hegte.

21 Mit *De monstruorum causis, natura et differentiis*, einem Buch des Galilei-Vertrauten Fortunio Licetis, beginnt 1616 der Säkularisierungsprozess des Monsters.

22 Es ist überliefert, dass Mary und Percy Shelley einander aus der Schrift des Abbé Barruel vorgelesen haben.

23 Mary Shelley, *Frankenstein*, Ballingslöv 2015, S. 46 f.

24 Bei einer ersten Stromanwendung im Gesicht hätten die Wangen des Hingerichteten gezuckt und die angrenzenden

Muskeln hätten sich fürchterlich verzerrt; sogar ein Auge sei dabei geöffnet gewesen. In einem nachfolgenden Versuch habe sich die rechte Hand angehoben und verkrampft, Beine und Oberschenkel hätten sich bewegt. Der Eindruck auf Anwesende muss derart stark gewesen sein, dass sie dachten, Forster sei tatsächlich zum Leben wiedererweckt worden. Ein offiziell anwesender Bediensteter aus der Chirurgie, Mr. Pass, war dermaßen schockiert, dass er kurz darauf zu Hause starb.

25 Mary Shelley, *Frankenstein*, Ballingslöv 2015, S. 30.

26 Lewis Peck, *A Life of Matthew G. Lewis*, Cambridge 1961, S. 160.

27 François Regourd, »Mesmerism in Saint-Domingue. Occult Knowledge and Vodou on the Eve of the Haitian Revolution«, in: Nicholas Dew, James Delbourgo (Hg.), *Science and Empire in the Atlantic World*, London 2007, S. 311–332.

28 Mary Shelley, *Frankenstein*, Ballingslöv 2015, S. 105.

29 Das ist, nebenbei, auch die Deutung, die Percy Shelley seinem *Prometheus Unbound* mitgibt.

30 Das Motiv findet sich, wie Otto Rank in seiner Studie über den *Doppelgänger* deutlich gemacht hat, auch schon bei Goethe, Percy Shelley, Adelbert von Chamissos *Peter Schlemihl* oder in Maupassants *Lui*.

31 Martin Burckhardt, *Vom Geist der Maschine*, S. 221–246.

32 Novalis, *Das Allgemeine Brouillon. Materialien zur Enzyklopädistik*, Leipzig 1798/99, S. 23.

33 Die Geschichte de l'Isle-Adams ist hier insofern höchst erhellend, als der Adlige bei der Verfassung seines Romans so verarmt war, dass er in Ermangelung des gepfändeten Mobiliars das Manuskript auf dem Boden liegend schreiben musste.

34 Andrew Jackson Davis, *The Harmonial Philosophy*, London 1923, S. 174 (Übers. MB).

35 »Um die Unabhängigkeit von den Gedanken des Mediums zu gewährleisten, sind verschiedene Instrumente entwickelt worden,

die aus Zifferblättern bestehen, auf denen die Buchstaben nach Art der Zifferblätter des elektrischen Telegrafen aufgezeichnet werden. Eine Nadel, die durch den Einfluss des Mediums mithilfe eines leitenden Fadens und eines Flaschenzuges bewegt wird, zeigt die Buchstaben an.« Allan Kardec, *The Book on Mediums*, New York 1978, S. 187 (Übers. MB).

36 Allan Kardec, *Le Livre de médiums*, Québec 2000, S. 256 f. (Übers. MB).

37 William Stainton Moses, *Spirit Teaching*, London 1904, S. 4 (Übers. MB).

38 Eduard von Hartmann, der dem Spiritismus wie der Philosophie des Unbewussten ein ganzes Buch gewidmet hat, geht an dieser regressiven Technikbegeisterung gänzlich vorbei: »Dass tibetanische Mönche dazu gelangt sind, die Vorstellungsübertragung zu einer Art von Telegraphie auszubilden, lässt sich daraus begreifen, dass ihnen ein naturgemäßes Post- und Telegraphen-System fehlt. Wir, die wir im Besitz eines solchen sind, haben gar kein Interesse daran, uns auf seelische Fernwirkungen einzuüben, die doch in ihrer hallucinatorischen Gestalt nur eine sehr unvollkommene, unzulängliche und unsichre Art der Gedankenmittheilung gestatten.« Eduard von Hartmann, *Spiritismus*, Leipzig, Berlin 1885, S. 83.

39 John Warne Monroe, *Laboratories of Faith. Mesmerism, Spiritism and Occultism in Modern France*, Ithaca, London 2008.

40 Zit. n. Harry Houdini, *A Magician among the Spirits*, New York 1924, S. XVII.

41 Zit. n. Houdini, *A Magician among the Spirits*, S. 5 (Übers. MB).

42 Nach Clifford Geertz liegt in der Aura der Faktizität jener Klebstoff, der ein Glaubenssystem in den Stand erhebt, als Ordnung der Dinge zu gelten: »eine Religion ist (1) ein Symbolsystem, das darauf zielt, (2) starke, umfassende und dauerhafte Stimmungen und Motivationen in den Menschen zu schaffen, (3) indem es Vorstellungen einer allgemeinen Seinsordnung formuliert

und (4) diese Vorstellungen mit einer solchen Aura von Faktizität umgibt, daß (5) die Stimmungen und Motivationen völlig der Wirklichkeit zu entsprechen scheinen«. Clifford Geertz, »Religion als kulturelles System«, in: ders., *Dichte Beschreibung. Beiträge zum Verstehen kultureller Systeme*, Frankfurt/M. 1983, S. 44-95, hier: S. 48.

Der Mann in der Menge

1 In ähnlicher Form äußert sich auch Blaise Pascal: »Das Elend des Menschen besteht darin, nicht allein in seinem Zimmer sein zu können.« Blaise Pascal, *Pensées*, hg. von Henri Margival, Paris 1903, S. 46.

2 Theodor Etzel (Hg.), *Edgar Allan Poes Werke. Gesamtausgabe der Dichtungen und Erzählungen*, Bd. 3, *Verbrechergeschichte*, Berlin 1922, S. 11.

3 Ebenda, S. 16.

4 Ebenda, S. 23.

5 Maurice S. Lee, »Probably Poe«, in: *American Literature*, 81/2 (2009), S. 225-252.

6 In der Denkschrift *Recherches sur le penchant au crime aux differens âges* verwendet er zum ersten Mal den Begriff des Durchschnittsmenschen (*homme moyen*). »Wenn der Durchschnittsmensch für eine Nation bestimmt würde, würde er den Typus dieser Nation darstellen; wenn er aus der Gesamtheit der Menschen bestimmt werden könnte, würde er den der gesamten menschlichen Gattung darstellen.« Zit. n. Frank H. Hankins, *Adolphe Quetelet as Statistician*, New York 1908, S. 64 (Übers. MB).

7 Nicht von ungefähr ist das La Bruyère entnommene Motto eine deutliche Zuspitzung, die vor allem Edgar Allan Poes Handschrift trägt. Das Originalzitat, das sich in La Bruyères *Characters* findet, lautet: »Tout notre mal vient de ne pouvoir être seuls: de là le jeu, le luxe, la dissipation, le vin, les femmes, l'ignorance,

la médisance, l'envie, l'oubli de soi-même et de Dieu.« – Das wäre etwa folgendermaßen zu übersetzen: »Unser ganzes Übel kommt daher, dass wir nicht allein sein können: Daher das Spiel, der Luxus, die Ausschweifung, der Wein, die Frauen, die Unwissenheit, die üble Nachrede, der Neid, das Vergessen von sich selbst und von Gott.«

8 In genau diesem Sinn äußert sich Boyle: »Denn wenn auch die Aussage eines einzigen Zeugen nicht ausreicht, um den Angeklagten des Mordes schuldig zu sprechen, so reicht doch die Aussage von zwei Zeugen, wenn auch von gleicher Glaubwürdigkeit, denn man hält es für vernünftig anzunehmen, dass, wenn auch jede einzelne Zeugenaussage nur wahrscheinlich ist, doch das Zusammentreffen solcher Wahrscheinlichkeiten (die in der Vernunft der Wahrheit dessen zugeschrieben werden sollten, was sie gemeinsam zu beweisen suchen) sehr wohl eine moralische Gewissheit darstellen kann, d. h. eine solche Gewissheit, die den Richter dazu berechtigt, das Todesurteil gegen den Angeklagten zu fällen.« Robert Boyle, zit. n. Shapin, *The Scientific Revolution*, S. 488 (Übers. MB).

9 Es ist bemerkenswert, dass das Wort für die *Tatsache* eine Übersetzung dieser *matter of fact* ist, zurückgehend auf den Theologen Johann Joachim Spalding, der das Wort im Jahr 1756 in die deutsche Sprache einführt.

10 Vincenz John, *Geschichte der Statistik*, Stuttgart 1884.

11 Zit. n. John, *Geschichte der Statistik*, S. 5.

12 Adolphe Quetelet, *Soziale Physik oder Abhandlung über die Entwicklung der Fähigkeiten des Menschen*, Jena 1914, S. 329.

13 »Die erste und grundlegendste Regel besteht darin, die soziologischen Tatbestände wie Dinge zu betrachten.« Emile Durkheim, *Die Regeln der soziologischen Methode*, Frankfurt/M. 1974, S. 125. Ähnlich wie Robert Boyle vom Experimentator verlangt, jedes Vorwissen auszuschalten, postuliert Durkheim: »Es ist nötig, alle Vorbegriffe systematisch auszuschalten« (ebd., S. 128).

14 In diesem Kontext wird häufig auf die Gauß'sche »Normalverteilung« referiert, die er in seiner *Theorie der Bewegung der in Kegelschnitten sich um die Sonne bewegenden Himmelskörper* 1809 entwickelte, die aber bereits bei Abraham de Moivres in *Doctrines of Chance* (1733) vorweggenommen ist. Quetelet applizierte diesen mathematisch-probabilistischen Begriff auf die Realität selbst, angestachelt durch die Beobachtung, dass die Daten zum Brustumfang von mehreren Tausend Soldaten auf ein ähnliches Graphem herauslaufen.

15 Quetelet selbst scheint die Problematik dieser Proteusgestalt durchaus verspürt zu haben, war er doch bestrebt, seinen Durchschnittsmenschen zum gotterwählten Idealbild zu veredeln. »Nachdem wir gesehen haben, welchen Weg die Wissenschaften hinsichtlich des Weltsystems gegangen sind, können wir da nicht versuchen, ihn hinsichtlich des Menschen zu betreten? Wäre es nicht unsinnig anzunehmen, dass, während alles nach so bewundernswerten Gesetzen vor sich geht, das menschliche Geschlecht allein blind sich selbst überlassen sei, oder keinerlei Prinzip der Erhaltung besitze? Ohne Scheu können wir behaupten, dass eine solche Annahme eine Beleidigung der Gottheit wäre und nicht die Untersuchung, die wir uns zum Ziele gesetzt haben.« Adolphe Quetelet, *Soziale Physik oder Abhandlung über die Entwicklung der Fähigkeit des Menschen*, 2 Bände, übers. von Valentine Dorn, Einleitung von Prof. Dr. Heinrich Waentig, Band 1, Jena 1914, S. 170.

16 Hier artikuliert sich, in einem nachgerade Luhmann'schen Sinn, ein neuartiger Begriff von Gesellschaft, in der selbige wie ein autopoietisches, sich selbst steuerndes System funktioniert. Der Motor dieses Gesellschaftssystems ist das Psychotop der Moderne, der Treibstoff das Begehren und das soziale Ordnungssystem der Begriff von Normalität, den die Menschen davon ableiten.

17 Alphonse Bertillon, *Photographie judicaire*, Paris 1890, S. 4 (Übers. MB).

18 Sir Francis Galton, *Essays in Eugenics*, London 1909, S. 1 (Übers. MB).

19 Tatsächlich ist Fishers Blick als eine Form der sozialen Physik lesbar, macht er zwischen lebendiger und toter Materie keinen Unterschied: »Eine sichtbare Blase enthält zwar mehrere Milliarden Moleküle, was für eine organische Population eine vergleichsweise große Zahl wäre, aber das Prinzip, das die Regelmäßigkeit gewährleistet, ist das gleiche.« Ronald Aylmer Fisher, *The Genetical Theory of Natural Selection*, London 1930, S. 34 (Übers. MB).

20 Zu welchen Absurditäten sich die Fantasien über den *neuen Menschen* haben versteigen können, machen die Versuche Ilja Iwanows deutlich, »Stalins Frankenstein«, der in den 1920er-Jahren mit dem Segen der KPdSU und der Russischen Akademie der Wissenschaften ein Mischwesen aus Mensch und Affe heranzüchten wollte.

Perverse Moderne

1 August Bebel hat in seiner Antisemitismus-Rede 1906 das Dilemma deutlich gemacht, indem er den Antisemitismus als eine »neue Erscheinung« bezeichnete.

2 Herman Bernstein, *The History of a Lie*, New York 1921.

3 Hannah Arendt hat diesen Punkt klar erfasst: »Wenn, mit anderen Worten, eine so offensichtliche Fälschung wie die *Protokolle der Weisen von Zion* von so vielen geglaubt wird, daß sie die Bibel einer Massenbewegung werden kann, so handelt es sich darum, zu erklären, wie dies möglich ist, aber nicht darum, zum hundertsten Male zu beweisen, was ohnehin alle Welt weiß, nämlich, daß man es mit einer Fälschung zu tun hat. Geschichtlich gesehen ist die Tatsache der Fälschung ein sekundärer Umstand.« Hannah Arendt, *Elemente und Ursprünge totaler Herrschaft*, München 1991, S. 30.

4 Hermann Rauschning, *The Voice of Destruction*, New York 1940, S. 237. – Dieser kleine Dialog bestätigt die Analyse, die Jean-Paul

Sartre in seinem Text *Betrachtungen zur Judenfrage* gegeben hat. »So ist der Antisemit dazu verurteilt, ohne den Feind, den er vernichten will, nicht leben zu können.« Jean-Paul Sartre, *Betrachtungen zur Judenfrage*, S. 120. Interessanterweise fasst Sartre den Antisemitismus als »Leidenschaft« auf – so ist es eigentlich nur ein Schritt, hier den *homo dolororus* der Moderne am Werk zu sehen. Die Idiosynkrasien, die Sartre dem Antisemiten beilegt, sind durchgängig Charakteristika der Moderne: Geld, Aktien, Arbeitsteilung, immaterielle Arbeit, die »Vernunftgebilde der Abstraktion«.

5 Abbé Barruel, *Mémoires pour servir à l'histoire du Jacobinisme*, Lyon 1819.

6 Zit. n. Norman Cohn, *Warrant for Genocide. The Myth of the Jewish World Conspiracy and the Protocols of the Elders of Zion*, Chicago 1969, S. 31 (Übers. MB).

7 »Die Art und Weise, das universelle Licht zu verbreiten, besteht darin, es nicht auf einmal der ganzen Welt zu verkünden, sondern mit sich selbst zu beginnen: Dann wendet euch eurem nächsten Nachbarn zu; ihr zwei könnt einen dritten und vierten erleuchten; lasst diese auf die gleiche Weise die Zahl der Kinder des Lichts erweitern und vervielfältigen, bis die Zahl und die Kraft die Macht in unsere Bande wirft.« Abbé Barruel, *Memoirs Illustrating The History Of Jacobinism*, Bd. III, New York 1799, S. 117 (Übers. MB).

8 Ebd., S. 13 (Übers. MB).

9 Es ist bemerkenswert, dass Weishaupts System-Design von Anbeginn eine gewisse Verwandtschaft zu Benthams Panoptikum aufweist. So schreibt er im Jahr 1776 in einem Brief: »und in specie mache ich darinnen jeden zum Spion des andern und aller«. Zit. n. Lorenz Engel, *Die Geschichte des Illuminatenordens*, Berlin 1906, S. 76. – Dabei ist das Ziel der Unternehmung die »Ausreitung [Ausrottung] derr Vorurtheile«, das heißt: die Mehrung der Vernunft.

10 Es ist abermals Sartre, der die Übersetzung eines Massenereignisses in die Sphäre des Individuellen als Signatur liest: »Der

Antisemitismus, ein bürgerliches Phänomen, erscheint uns demnach als der Wille, die Massenereignisse durch die Initiative einzelner zu erklären.« Sartre, *Betrachtungen zur Judenfrage*, S. 125.

11 Abbé Barruel, *Histoire du clergé pendant la Révolution Française*, London 1801.

12 Hintergrund war, herauszufinden, ob die jüdische Religionsgemeinschaft ein Problem mit dem Code civil haben würde (Vielweiberei, Scheidung, Verheiratung und Umgang mit Nicht-Juden etc.), vor allem aber: ob sie bereit war, eine Loyalitätsadresse an den französischen Staat zu unterschreiben.

13 Hannah Arendt hat diese Verschiebung – vom *Hofjuden* hin zum *citoyen* – in ihrem *Elemente und Ursprünge totaler Herrschaft* deutlich gemacht.

14 Karl Marx, »Der achtzehnte Brumaire des Louis Bonaparte«, in: *MEW*, Bd. 8, S. 115.

15 Maurice Joly, *Son passé, son programme, par lui-même*, Paris 1870, S. 14 (Übers. MB).

16 J. Schalwyn Schapiro, »Louis Napoleon. Statesman«, in: Brian Dowling-Gooch (Hg.), *Napoleon III. Man of Destiny; Enlightened Statesman or Proto-Fascist?*, New York 1963, S. 73.

17 Ebd.

18 Maurice Joly, *Dialogue aux enfers entre Machiavel et Montesquieu*, Brüssel 1864, S. 86 f. (Übers. MB).

19 Jean Baudrillard hat dem *Tagebuch* ein kleines Büchlein gewidmet, das sich mit der Frage der Verführung beschäftigt.

20 Gotthold Ephraim Lessing, *Emilia Galotti*, hg. v. Rainer Siegle, Stuttgart 1992, 5. Akt, 7. Auftritt, S. 81.

21 Joly, *Dialogue aux enfers entre Machiavel et Montesquieu*, S. 71 (Übers. MB).

22 »Wenn alles Gold der Erde unser ist, ist alle Macht unser. Dann ist die Verheißung, die Abraham gegeben ward, erfüllt. Das Gold ist das neue Jerusalem – es ist die Herrschaft der Welt. Es ist Macht, es ist Vergeltung, es ist Genuss – also Alles, was die

Menschen fürchten und wünschen. Das ist das Geheimnis der Kabbala, der Lehre von dem Geist, der die Welt regiert, von der Zukunft!« Sir John Retcliffe, *Biarritz*, Berlin 1868, S. 166 f.

23 Es ist bemerkenswert, dass Karl Marx in seiner Jugendschrift »Zur Judenfrage« (1844), in der er die Emanzipation des Staates von der Religion fordert – wie er sagt: die »Zersetzung des Menschen in den Juden und in den Staatsbürger« –, sich anschließend den Verhältnissen des real existierenden Kapitalismus zuwendet … und den Antisemitismus als Symptom des zinsheckenden Geldes liest.

24 »Die Welteroberungspläne der Weisen von Zion entstammen also Goedsches Schundroman. Aber die politischen Dogmen und Pläne der Weisen sowie die moralischen Prinzipien, die ihre Grundlage bildeten, stammten fast wortwörtlich aus den Reden Machiavellis in Jolys kleiner Satire auf Napoleon III. Es gab also zwei Quellen, aus denen die Ältesten von Zion ihre Weisheit geschöpft haben müssen. Wir werden uns später mit den Plagiaten im Detail befassen und durch einen Textvergleich mit dem Original die Diebstähle deutlich machen.« Binjamin W. Segel, *A Lie and a Libel. The History of the Protocols of the Elders of Zion*, Lincoln, London 1995, S. 67 (Übers. MB).

25 Ein Buch, das die fortschreitende Globalisierung, die »unsichtbare Hand« des Kapitalismus als Ursache für den Ersten Weltkrieg deutete, war das Werk des österreichischen Politikers Friedrich Wichtl, *Weltfreimaurerei – Weltrevolution – Weltrepublik*, das nach dem Ende des Krieges erschien.

26 Die Kommission zur Untersuchung der Pogrome hat Pawel A. Kruschewan als den geistigen Rädelsführer der Pogrome identifiziert. Siehe Kommission zur Untersuchung der Pogrome, herausgegeben vom Zionistischen Hilfsfonds London, *Die Judenpogrome in Russland*, Köln 1910.

27 Sergej Nilus, *The Jewish Peril. Protocols of the learned elders of Zion*, London 1920.

28 Es ist bemerkenswert, dass Witte den Konnex zwischen Moderne und Abschaffung der Leibeigenschaft selbst als *conditio sine qua non* herausstellte. Nach dem Krimkrieg, so Witte, sei beschlossen worden, dass die Leibeigenschaft verschwinden müsse, wenn das Ansehen Russlands in der Welt wieder steigen solle. Theodore von Laue, *Sergej Witte and The Industrialization of Russia*, New York 1963, S. 174.

29 Ein Beleg, inwieweit das moderne Ressentiment selbst höchste und reformwillige Regierungsbeamte betraf, überlieferte der Militärschriftsteller Kuropatkin, der nach dem schrecklichen Pogrom von Chişinău zu Ostern 1903 in seinem Tagebuch notierte: »Ich hörte von Plehve wie vom Kaiser, dass man den Juden eine Lektion erteilen müsse, dass sie sich aufspielen und die Führer der revolutionären Bewegung seien.« Zit. n. von Laue, *Sergej Witte and The Industrialization of Russia*, S. 203 (Übers. MB).

30 Gustave Le Bon, *Psychologie du Socialisme*, Paris ^{3}1905, S. 75 (Übers. MB).

31 Sigmund Freud, »Der Realitätsverlust bei Neurose und Psychose«, in: ders., *Werke*, Bd. 13, herausgegeben von Anna Freud, London 1949, S. 365.

32 Ebd., S. 366.

33 Ebd., S. 365.

34 Sartre schreibt: »So bekennt sich der Antisemit von Anfang an zu einem faktischen Irrationalismus. Er wehrt sich gegen den Juden, wie das Gefühl gegen den Verstand, wie der Einzelne gegen die Allgemeinheit, wie die Vergangenheit gegen die Gegenwart, wie das Konkrete gegen das Abstrakte, wie der Grundbesitzer gegen den Besitzer mobiler Werte.« Sartre, *Betrachtungen zur Judenfrage*, S. 118.

35 Karl Marx, »Zur Judenfrage«, in: *MEW*, Bd. 1, S. 372.

36 Gustave Le Bon hat diese Problematik sehr klar erfasst: die Überschätzung der Legalität, der Institution, bei gleichzeitiger Unterschätzung des ökonomischen Triebwerks: »Eine einfache

chemische Reaktion, die in einem Labor stattfindet, ruiniert ein Land und bereichert ein anderes.« Vgl. a. a. O., S. 2 (Übers. MB).

37 Serge Moscovici, *The Age of the Crowd*, New York 1986, S. 24 (Übers. MB).

38 Sartre, *Betrachtungen zur Judenfrage*, S. 132.

39 Von Benito Mussolini ist überliefert, dass er sich von Le Bon hat inspirieren lassen, bei Hitler ist es hochwahrscheinlich. Hitler schreibt in *Mein Kampf*: »Während die gesamte menschliche Kultur nur das Ergebnis der schöpferischen Tätigkeit der Person ist, tritt in der gesamten, vor allem aber in der obersten Leitung der Volksgemeinschaft das Prinzip des Wertes der Majorität ausschlaggebend in Erscheinung und beginnt von dort herunter allmählich das ganze Leben zu vergiften, d. h. in Wirklichkeit: aufzulösen.« (S. 498) Wird hier das Führerprinzip gegen die Massengesellschaft gestellt, hat er kein Problem mit der populistischen Anbiederung: »Jede Propaganda hat volkstümlich zu sein und ihr geistiges Niveau einzustellen nach der Aufnahmefähigkeit des Beschränktesten unter denen, an die sie sich zu richten gedenkt. Damit wird ihre rein geistige Höhe um so tiefer zu stellen sein, je größer die zu erfassende Masse der Menschen sein soll.« Adolf Hitler, *Mein Kampf*, München [851]1944, S. 197.

40 Wir haben im Kapitel zum *Mann in der Menge* gesehen, dass auch andere große Statistiker wie Francis Galton oder Ronald Fisher eugenischen Programmen anhingen.

41 Edwin Black, *IBM and the Holocaust. The Strategic Alliance between Nazi-Germany and America's Most Powerful Corporation*, New York [2]2002, S. 58 f.

42 Das gilt zumindest für die Anfangszeit. Als die Zahl der Opfer ins Unermessliche wuchs, sah man davon ab. Black, *IBM and the Holocaust*, S. 352.

43 Ebd., S. 353 f. (Übers. MB).

Im luftleeren Raum

1 Der Begriff kommt aus der Raumfahrt und wurde geprägt, um die Astronauten zu charakterisieren, die, um im All zu überleben, luftdichter Anzüge, Helme und Atemgeräte bedurften.

2 *MEW*, Bd. 23, S. 247.

3 Baudrillards *Der symbolische Tausch und der Tod* wäre ein sehr schönes Exempel dafür. Ebenso gut aber könnte man auch den Stifter der *condition postmoderne*, Jean-François Lyotard, als Beispiel heranziehen, der sich nicht zufällig einer post-marxistischen Libidotheorie, dann der »telegrafischen« Gesellschaft zugewandt hat.

4 Ich habe diese Prozesse in der *Kurzen Geschichte der Digitalisierung* erzählt – Martin Burckhardt: *Eine kurze Geschichte der Digitalisierung*, München 2019.

5 Friedrich Nietzsche, *Jenseits von Gut und Böse*, in: ders., *Werke in drei Bänden*, München 1954, Bd. 2, S. 63.

6 Leon Festinger, *When Prophecy Fails*, New York 1964 [1956].

7 Das ist der Kern des ersten Zombiefilms, *White Zombie* (1932, Regie: Victor Halperin), in dem ein Plantagenbesitzer über die Zombies sagt: »They work faithfully. They are not worried about long hours« (Min. 15:00).

8 Der Regisseur George Romero hat seinen Grundeinfall zur *Nacht der lebenden Toten* folgendermaßen charakterisiert: »Wenn die Hölle überfüllt ist, kommen die Toten aus ihren Gräbern gekrochen.«

9 Der Gedanke der Zombieökonomie ist im Gefolge der Finanzkrise aufgekommen: John Quiggin, *Zombie Economics. How Dead Ideas Still Walk Among Us*, Princeton 2010.

10 Der Gedanke geht auf den Sozialisten Silvio Gesell zurück, der in seinem Text *Der Abbau des Staates* (1919) die Idee eines Schwundgeldes entwirft.

11 Um genau zu sein: Zinsen gab es bereits in der Antike. Was mit dem Räderwerkautomaten einhergeht, ist die Vorstellung,

dass die Zeit selbst einen Mehrwert generiert. In diesem Sinn ist der Zins des Mittelalters nur das Symptom der mehrwertzeugenden Zeit: Zeit ist Geld.

12 Benjamin Nelson, *The Idea of Usury. From Tribal Brotherhood to Universal Otherhood*, Chicago 1960.

13 Der Gedanke des Mehrwerts, der gemeinhin Marx zugeschrieben wird, erscheint schon 1824 in einer Schrift William Thompsons, der den Mehrwert einem *Wettbewerb der Begierden* zuschreibt und ihn auf den Zins zurückführt. William Thompson, *An Inquiry into the Principles of the Distribution of Wealth most conducive to Human Happiness; applied to the Newly Proposed System of Voluntary Equality of Wealth*, London 1824.

14 John Maynard Keynes, *General Theory of Employment, Interest and Money*, in: ders., *Collected Writings*, Bd. 7, London 1971, S. 383 (Übers. MB).

15 *La razón de la sinrazón*, der Sinn des Unsinns, ist eine Formel, die sich im ersten Kapitel des *Don Quijote* findet.

16 Ich habe an anderer Stelle die Geburt des apokalyptischen Denkens mit den Zumutungen des panhellenischen, alphabetischen Gesellschaftstriebwerks in Verbindung gebracht: Martin Burckhardt, »Apocalpyse now. Über die Mechanik endzeitlichen Denkens«, in: *Lettre international* 141 (2021), S. 7-14.

17 Dieser Begriff erscheint mir insofern passend, als der infrage stehende Zustand eine die individuellen Grenzen überschreitende Ausdehnung der Persönlichkeit bedeutet, eine *Aufgeblasenheit* mit einem Wort. In diesem Zustand erfüllt man einen Raum, den man normalerweise nicht ausfüllen könnte. Das kann man nur, wenn man sich Inhalte und Eigenschaften aneignet, die als an und für sich bestehend außerhalb unserer Grenzen liegen sollten.

18 Christopher Lasch, *Das Zeitalter des Narzißmus*, Hamburg 1995.

19 Man kann diesen Gedanken bis zum aristotelischen Verständnis des Geldes zurückführen, das *nosmisma* heiße, weil es

ein beliebig wählbares Zeichen sei. Man nimmt das Geld also zum Nennwert - was die Essenz des philosophischen Nominalismus ist.

20 Lasch, *Das Zeitalter des Narzißmus*, S. 28.

21 *Leonce und Lena* ließe sich als Dokument dieser Leere feiern. »Mein Kopf ist ein leerer Tanzsaal, einige verwelkte Rosen und zerknitterte Bänder auf dem Boden, geborstene Violinen in der Ecke, die letzten Tänzer haben die Masken abgenommen und sehen mit todmüden Augen einander an.« (1. Akt, 3. Szene) Georg Büchner, *Leonce und Lena*, in: ders., *Werke und Briefe*. Frankfurt/M. [13]1979, S. 121.

22 Das ist eine schöne Bemerkung von Christopher Lasch: »Weil die innerseelische Welt dieser Patienten so dürftig und leer ist - sie besteht laut Kernberg nur aus dem ›grandiosen Selbst‹, den ›entwerteten, schattenhaften Imagines vom Ich und von anderen sowie den potentiellen Verfolgern‹ -, empfinden sie ein intensives Gefühl von Leere und fehlender Authentizität.« Lasch, *Das Zeitalter des Narzißmus*, S. 70.

23 Georg Büchner, *Leonce und Lena*, in: ders., *Werke und Briefe*, Frankfurt/M. [13]1979, S. 121.

24 Lasch, *Das Zeitalter des Narzißmus*, S. 44 f.

25 Womit wir bei C. G. Jungs kollektivem Unbewussten und Joseph Campbells *Hero's Journey* angelangt wären. Interessant in diesem Kontext ist, dass die Heldenreise in der Internetwelt nunmehr auch die Matrix ist, die als ausschlaggebend für das Kaufverhalten und die Psychologie des Konsumenten gilt.

26 Nietzsche, *Genealogie der Moral*, in: ders., *Werke in drei Bänden*, München 1954, Band 2, S. 888.

27 Etwas moderner könnte man auch von *Bovarysmus* sprechen, den man als Jahrhundertkrankheit des 19. Jahrhunderts aufgefasst hat.

28 Es ist nicht ganz zufällig, dass der junge Freud sich in seinen Briefen an den Jugendfreund Silberstein so fasziniert von dem Stoff zeigte, dass er sich, um den Text im Original lesen zu können, Spanisch zu lernen anschickte, wie er in einem Brief an Luis

López-Ballesteros y de Torres schreibt, 7. Mai 1923. Siehe auch: López-Muñoz u. a., »Cervantes Read by Freud: A Perspective«, in: *Athens Journal of History* 3/4 (2017), S. 275–296.

29 Der Soziologe Pierre Bourdieu, der in Anlehnung an Elias das Habitus-Konzept in die Soziologie eingeführt hat, hat die Divergenz zwischen sozialen Ansprüchen (Habitus) und Praktiken den Don-Quijote-Effekt genannt – und auf das Phänomen der Hysterese verwiesen: also auf die Tatsache, dass die sozialen Übereinkünfte (der Habitus) sich sehr viel langsamer ändern als die Praktiken selbst. Pierre Bourdieu, *Distinction, A social Critique of the Judgement of Taste*, Cambridge 1984, S. 109.

30 Es ist bezeichnend, dass Cervantes sich selbst in seinem Helden wiedererkennt: »Für mich allein ward Don Quijote geboren und ich für ihn; er verstand zu handeln und ich zu schreiben; wir gehören beide einander an [...].« Miguel de Cervantes Saavedra: *Leben und Taten des scharfsinnigen Edlen Don Quixote von la Mancha*, Berlin 1966, Bd. 2, S. 507.

31 Ein Literaturwissenschaftler hat sehr treffend bemerkt, dass Don Quijote für »den Tod einer Art von Fiktion und die Geburt einer anderen Art« steht: Northrop Frye, »From The Secular Scripture: A Study of the Structure of Romance«, in: Michael McKeon (Hg.), *Theory of the Novel: A Historical Approach*, Baltimore 2000, S. 139–143, hier: S. 141.

32 Ich habe vor allem in den *Metamorphosen von Raum und Zeit* die Logik der Repräsentation mit der Bildproduktion der Zentralperspektive verknüpft. Worin sich die Computerwelt kategorisch davon unterscheidet, ist, dass der Spieler eines Computerspiels in das Bild einsteigen kann.

33 Die Wirkungsgeschichte des Romans zeigt die Geschichte einer Apokryphe. Im 14. Jahrhundert konzipiert, wird die relativ schlichte Vorlage vom Autor Garci Rodriguez de Montalvo überarbeitet, entstehen jene genrespezifischen Logiken, die sich allein dem Funktionsmodus des Romans verdanken. Folglich wird

das Werk in alle europäischen Sprachen übersetzt. Der französische *Trésor des livres d'Amadis* (übersetzt von Nicolas d'Herberay, erschienen 1559) versammelte die verschiedenen Reden des Romans und wird zum Handbuch der höfischen Rede. – Kurzum: Die Fiktion über die mittelalterliche Ritterlichkeit wird zum *comme il faut*, zum Verhaltensbrevier der höfischen Gesellschaft.

34 Don Quijote sagt zu Sancho Panza: »Du musst wissen, oh Sancho, mein Freund, dass ich durch des Himmels Fügung in diesem eisernen Zeitalter zur Welt kam, um in ihm das Goldene zur Auferstehung zu bringen. Ich bin der, für den die Gefahren, die Großtaten, die Werke des Heldentums aufgespart sind.« Miguel de Cervantes Saavedra, *Leben und Taten des scharfsinnigen Edlen Don Quixote von la Mancha*, Berlin, Leipzig 1908, Bd. 1, S. 107 f.

Inhalt

Erste Auflage Berlin 2023

MSB Matthes & Seitz Berlin Verlagsgesellschaft mbH
Großbeerenstraße 57A, 10965 Berlin
info@matthes-seitz-berlin.de

Das auf S. 49 verwendete Bild *Das Experiment mit dem Vogel in der Luftpumpe* stammt von Joseph Wright of Derby, 1767/1768.

Umschlaggestaltung: Dirk Lebahn, Berlin
Layout und Satz: Tom Mrazauskas, Berlin
Druck und Bindung: GGP Media GmbH, Pößneck

ISBN 978-3-7518-0398-4

www.matthes-seitz-berlin.de

Martin Burckhardt

Philosophie der Maschine

360 Seiten, gebunden, mit Schutzumschlag
ISBN 978-3-95757-476-3

Die Maschine ist die große Unbekannte des Denkens. Wem dies sonderbar anmutet, weil man ihr als Metapher überall begegnet, werfe einen Blick auf unser Bild von Gott: Nacheinander wurde er von der Kultur zum Theaterereignis, zum Uhrmacher und schließlich zum Programmierer umgeschult. Worin liegt der philosophische Nerv der Maschine, dieser großen Unbekannten des Denkens? Ausgehend von der Rätselfrage des »deus ex machina« wird der Leser in kurzen, prägnanten Abschnitten mit dem »Denken ohne Denker« konfrontiert. Über die historischen Exkursionen hinaus führt Martin Burckhardt in dieser philosophischen Grundlegung den Leser in die Gegenwart auf den so langsamen wie unweigerlichen Rückzug der Philosophie und der gleichzeitigen Explosion maschineller Intelligenzen hin. Die Maschine ist kein technisches Gadget mehr, sondern längst zur geistigen Größe geworden. Sie ist das Unbewusste der Philosophie, der Gesellschaft überhaupt. Würde der Geist der Maschine freigesetzt, wäre endlich eine nun von allem metaphysischen Ballast befreite, radikal geistesgegenwärtig Philosophie denkbar.

»Ein Buch voller Ansätze und Überlegungen,
die zum Denken anregen.« – *taz*

Sophie Wennerscheid

Sex machina

240 Seiten, gebunden, mit Schutzumschlag
ISBN 978-3-95757-706-1

Schon immer hat sich der Mensch nach der Überschreitung einer ›natürlichen‹ Sexualität gesehnt. Neu ist, dass mit der Schaffung virtueller Welten und der Fertigung von lebensechten Sexpuppen und humanoiden Robotern nun die Möglichkeit besteht, dieses Begehren auch real auszuleben. Bevor aber entschieden werden kann, ob das die bisherige Begehrensordnung revolutioniert oder bestehende Geschlechterverhältnisse zementiert, muss die grundsätzliche Frage gestellt werden, was es heißt, eine Maschine zu begehren. Anhand zahlreicher Beispiele aus Film, Fernsehen, Kunst und Literatur zeigt *Sex machina*, wie unterschiedlich Begehren und Beziehungen zwischen Menschen und Maschinen imaginiert und organisiert werden können. Gleichzeitig ist es ein Plädoyer für einen entspannten Umgang mit Technik, der diese nicht als funktionale Vervollkommnung, sondern als Eigenart von Sexualität und Begehren einordnet.

»Die Kapitel, die lose zwischen Fakt und Sci-Fi-Kunst pendeln, geben gute Impulse für ein Thema, das weniger belächelt und mehr bedacht gehört.« – *taz*